Anonymous

Briefe eines Franzosen - geschrieben im 6. Jahre der Republik

über die geheime Policei in Wien

Anonymous

Briefe eines Franzosen - geschrieben im 6. Jahre der Republik
über die geheime Policei in Wien

ISBN/EAN: 9783743639898

Hergestellt in Europa, USA, Kanada, Australien, Japan

Cover: Foto ©ninafisch / pixelio.de

Weitere Bücher finden Sie auf **www.hansebooks.com**

Briefe eines Franzosen

geschrieben

im sechsten Jahr der Republik

über die

geheime Policey in Wien

nebst

Skizzen aus dem Leben

einiger Hauptpersonen der geheimen Policey.

———

Aus dem französischen Manuscripte.

Strasburg, 1799.

Erster Brief.

———

Wien, den 20sten Februar 1798.

Ich kam hier gestern Mittag noch früh genug
an, um verschiedene Merkwürdigkeiten dieser
großen Residenzstadt in Augenschein zu nehmen.
Vor allen Dingen aber meldete ich mich bei
unserm Gesandten, den General Bernadotte,
der mich, als seinen Landsmann und Freund,
aufs Beste aufnahm, und lange sich mit mir
unterredete. Doch, Du kennst ihn ja, so wie
die ganze Legation, deshalb halte ich mich nicht
mit der Schilderung dieser interessanten Menschen auf, sondern schicke Dir hier ein sehr
charakteristisches Gespräch, das ich gestern Abend
im Ochsen (der Name meines Wirthshauses)
mit anhörte. Ich gieng nämlich in den Hofhin-

A

unter, um etwas an meinem Wagen zu besehen, als ich jemanden sagen hörte: "Ja freilich ver= "steh' ich meinen Acker sehr gut zu verwalten und "habe dies Jahr allein zwei Tausend Fuhren Mist "darauf gefahren." Ich ward aufmerksam, und sah eine beinah riesenartige Figur, die ihrem Umfange, ihrem feuerrothen Gesichte nach zu urtheilen, eben keinen Mangel zu leiden schien. Ich drückte mich besser an die Wand und stellte mich hinter meinen Wagen, doch so, daß ich ihn beobachten konnte. "Ach," sagte eine andere mittelmäßig gestaltete, allein auch ziemlich vier= schrötige Figur, "alle deine Ackerbau= und "Gärtnerei=Geschichten sind nichts, gar nichts, "ich bin weder Landmann, noch Gelehrter, noch "Handwerker, noch Künstler, noch Soldat, "noch Kaufmann." — "Nun, was bist du "denn?" "Ich verstehe mich halter "aufs Intriguiren und damit habe "ich genug!" — Der Andere fing schrecklich an zu lachen, und fragte ihn: "wie meinst du "denn das mit deinem Intriguiren?" Er sagte in seinem Wiener Patois: "Nun schau, "das will ich Dir erklären. Ich passe den

«Jacobinern, den Spitzbuben von Franzosen und
«anderm deutschen Kanaillen-Volk auf, die so
«kannegießern und meinen, unser knodige Kaser
«habe nichts in diesem Kriege gegen die Franzo-
«sen ausgerichtet, melde es dann der Polizei,
«und bekomme mein schönes Geld für jeden
«solchen Schurken und Jacobiner." Wie ich
die Ohren bei diesem Gespräche spitzte, kannst
Du Dir leicht vorstellen. Zu meinem Verdruß
entfernten sich diese beiden Menschen, die ich
nachher an einem Tisch oben in den Saal, bei
einer Bouteille Wein, im tiefen Gespräch zusammen begriffen sah. Ich fragte den Markeur,
wer diese beiden Leute wären. Er kannte sie
aber nicht.

Dies Gespräch fiel mir außerordentlich auf;
kaum war ich aufgestanden, als ich zu meinen
guten Freund N. ging und ihm dies Alles
wieder erzählte: «Ach, wundern Sie sich nicht,
«mein Lieber, hier solche Leute zu finden; nur
«dies wundert mich, daß dieser Mensch nicht
«klüger war, und so etwas seinem Freunde auf dem
«Hofe in einem Gasthause sagte, und nicht
«behutsamer in seinen Reden war; dies ist mir

„unbegreiflich." Ich erzählte nun M., daß dieser Mann sich ein paarmal umgesehn habe, ob jemand da sei, und daß er dann jenem dies mit halblauter Stimme gesagt, und auf welche Art ich diesem Gespräche mit beigewohnt hätte.

Er sprach mir nun von Gräueln, die ich kaum glauben kann, und die mir ganz unwahrscheinlich vorgekommen wären, kämen sie nicht von diesem Manne, der so genau und seit so vielen Jahren Wien und die Oesterreichischen Staaten überhaupt kannte. Warrlich, ich glaubte nicht in Wien, nicht in Deutschland, nicht in diesem Jahrhunderte zu seyn, sondern ich glaubte mich zu Madrid, zu Goa oder zu Neapel, noch in die eisernen Zeiten der Inquisition und des Pabstthums versetzt; so war mir alles schauderhaft, neu und unerwartet. Ich hatte so vieles über Wien und die österreichischen Staaten, über die Gebräuche und Gewohnheiten, über die Vielfresserei und den Hang zu allen möglichen Vergnügungen der Wiener, über ihre Armenhäuser, Hospitäler, Kirchen und Klöster, und ihre vortreffliche Polizeiordnungen gelesen, aber nie etwas so ausführliches über die geheime Polizei,

als das, was mir mein Freund N. erzählte,
gehört. Ich notirte mir heute folgendes darüber.

In allen, östreichischen Staaten giebt es
zweierlei Arten von Polizei. Die öffentliche und die geheime. Die erste hat
ein wachsames Auge auf die Fremden und Rei-
senden, giebt und besieht die Pässe, wacht für
die öffentliche Ordnung, Ruhe und Sicherheit
der Bewohner ihres Bezirkes, sieht auf die Unterhaltung der Wege und Straßen, und auf
deren Reinlichkeit, auf die Güte und den Preis
der Lebensmittel, confiscirt auch wohl die verbotenen Bücher, kurz — versieht Alles das, was
einem österreichischem Polizei-Amte zukommt,
und soll wegen ihrer Thätigkeit, Ordnungsliebe
und Vorsorge, vorzüglich hier zu Wien, mit
Recht als ungemein nützlich und nothwendig
anerkannt worden seyn. Da diese aber schon
sehr bekannt ist, so sage ich Dir hiervon nichts,
sondern werde Dich bloß von der zweiten, der
geheimen Polizei, unterhalten, davon man
warrlich nicht dasselbe sagen kann, als von der

erſteren. Was kann man übrigens von einer geheimen Polizei auch Gutes erwarten?

Beide haben ſie dieſelben Chefs — vermuth-lich, damit dieſe einen deſto größeren Spielraum haben — allein ſie ſind in ihren Geſchäften gänzlich von einander unterſchieden. Hier werde ich nur von der geheimen Polizei ſprechen, da Du die öffentliche wahrſcheinlich ſchon durch ver-ſchiedene Reiſebeſchreibungen und andere Schrif-ten hinlänglich kennſt. Von dieſer Erſtern aber iſt noch gar nichts bekannt und publicirt worden, deßhalb hier eine ſo viel als möglich ausführliche Beſchreibung derſelben.

Der Grund dieſer geheimen Polizei ward von einem Manne gelegt, den wir bei uns für einen der weiſeſten Geſetzgeber, als Großherzog von Toscana, hielten, und der würklich auſſer-ordentlich viel Gutes bewürkte.

Leopold kam 1760 auf den Großherzoglichen Thron, als er 17 Jahr alt war; machte ſogleich vortrefliche Einrichtungen in dem Getraidehan-del, der um ſo nothwendiger war, da ſchon 1765 das Land mit einem Mißwachs und gänzlicher

Hungersnoth bedroht, und noch in diesem Jahre
nicht damit verschont ward. Ehemals war es
nicht erlaubt, fremdes Getraide einzuführen, er
hob dieses Verboth auf, und Ueberfluß herrschte
in seinem Lande, obgleich von 1766 bis 1774
fast keine Erndte ganz gut, die meisten mittelmäßig, und manche sehr schlecht waren. — Er
schaffte, durch strenge Verordnungen, den so
schädlichen Alleinhandel, und die Zölle auf
die nothwendigsten Bedürfnisse ab, errichtete
1770 unter dem Namen: la Camera del Co,
mercie Arti & Manufatture, eine eigene Ge-
richtsstelle, welche die Aufsicht über den Handel,
die Künste, Fabriken und Manufacturen hatte,
und deren Absicht war, nicht allein die darüber
entstehenden Streitigkeiten zu entscheiden, sondern
auch den Wachsthum der Künste und der Handlung zu befördern. — Er schloß einen Vergleich
mit Algier und den zweiten 1778 mit dem
Kaiser von Marokko, durch welche die Handlung und Schiffahrt gesichert wurden. 1772
machte er eine Reform in der Justizpflege, und
theilte das florentische und pisanische
Gebiet in kleinere Bezirke in Absicht der

Juſtiz. Er befahl 1777, daß kein Beamter Geſchenke annehmen durfte.

Den 5ten Juli 1782 ſchaffte er endlich die zwar ſchon durch Franz I. (1745) ſehr einge‑ ſchränkte, dennoch aber exiſtirende Inquiſi‑ tion im ganzen Großherzogthume ab. — Auch unter den Geiſtlichen machte er weiſe Reformen. Um tugendhafte und gelehrte Prieſter zu bil‑ den, ſtiftete er im Jahr 1783 die Academia ecclesiastica San Leopoldi. Der Fond dieſer Akademie ward von Mönchs‑ und Nonnenklö‑ ſtern genommen, die aufgehoben wurden. Er verbot, daß keine Familie oder irgend Jemand nach ſeinem Tode den Kirchen und Klöſtern über hundert Zechinen vermachen ſollte; hob die Freiſtätte in den geheiligten Oertern auf, benahm den Geiſtlichen die Gerichtsbarkeit in weltlichen Dingen, in Eheſachen und Benefi‑ cialſtreitigkeiten.

In eben dieſem Jahre 1783 hatte er die Todesſtrafe aufgehoben, bald darauf auch das ſchreckliche Schiffsziehen und Brandmarken; er gieng weiter: er ſchaffte ſogar den in ſo vielen cultivirten Staaten noch exiſtirenden, die

Menschheit erniedrigenden Gebrauch der Chri-
losigkeit des Vollstreckers der Gerechtigkeit ab.

Das Einziehen des Vermögens wurde verboten und die Geldstrafen blieben zwar; allein
sie fielen nicht an dem Fiskus, sondern wurden
zur Entschädigung der Beleidigten oder der unschuldig eingezogenen Personen angewandt. Es
blieben ausser diesen keine andere Strafen, als
Gefängniß, Verweisung, körperliche Züchtigung,
Pranger und Verlust des Adels und Amtes. —
Alles dies war in dem Jahre 1787 herausgekommenen Gesetzbuche über die Bestrafung der Verbrechen enthalten. Nach mehrern andern Verordnungen hörten auch der Reinigungseid, der
Eid von Gefährde, der Zeugeneid und die
cautio juratoria auf. Die Richter wurden
erinnert, daß die Abfertigung der Gefangenen
ein Geschäft wäre, das allen andern vorgehn
müsse.

Man weiß, welche vortrefliche Absichten er
bei der im Jahre 1787 angesetzten Versammlung der toscanischen Bischöfe zu
Florenz gehabt hat, und wie fruchtlos sie vorzüglich durch die Halsstarrigkeit und die Vor-

urtheile des Erzbischofs von Florenz gemacht
wurde. Noch verordnete er, daß Niemand
ohne obrigkeitliche Erlaubniß in den geistlichen Stand treten dürfe.

Sollte man es wohl glauben, daß ein so aufgeklärt denkender Fürst, schon als Großherzog,
die Spionerei in seinen Staaten nicht nur
duldete, sondern selbst beschützte, wenn man
Alles das Gute liest, was er als Großherzog
that! —

Kaiser Joseph II. starb den 20sten Februar
1790, und den 13ten März schon, als Leopold II. zu Wien ankam, ward diese Spionerei
von Toscana nach Wien, und nach und
nach in die österreichischen Staaten mit ihm
sogleich eingeführt. *) Sie vermehrte sich und
und breitete sich nach dem Tractate zu Pillnitz und der so schönen Kriegserklärung gegen

*) Bei dieser Stelle möchtest Du an die unter Ma-
ria Theresia gestiftete Keuschheits-Com-
mission denken, die auch Spione besoldete; allein
diese hatte einen ganz andern Zweck, als die, wovon ich hier rede. — Beide waren höchst schädlich.
Letztere aber weit mehr durch ihren großen Umfang
und ihrer Dauer.

uns, weit mehr, aus, und ward das Instrument der Minister. —

Kurz darauf starb Leopold (den 1sten März 1792), und nun wuchs diese Spionerei unter Franz II. zu der fürchterlichen Höhe, auf welcher man sie jetzt sieht, und wovon ich Dir ein Mehreres sagen werde.

Der Zweck dieser geheimen Polizei ist, dem Vorwande der Minister nach, politische Ketzerei, als Jacobinismus, Propagandismus, Illuminatismus, kurz — Revolutions- und Neuerungssucht, — wobei sich die Herren Minister nicht sehr wohl befinden möchten, auf das sorgfältigste zu verhüten. Ihrer Natur nach aber ist sie bloß das Spiel der Leidenschaften einiger wüthenden Menschen, die um desto gefährlicher werden, je verstellter sie es treiben. Ihre Zweige verbreiten sich ins Unendliche, und ihre Spione sind Leute von allen Ständen. Ordensbänder, Hof- und Geheime Räthe, Schuhputzer, Lakeien, Priester (wo findest Du diese nicht, wenn von Betrügereien die Rede ist), Freudenmädchen und Mönche, Damen vom Stande und Zollbediente, Gelehrte, Künstler, Tagelöhner und Handwerker, alles ist willkommen, wenn sie nur brav angeben können. Solltest Du es wohl glauben? Ich fand unter ihnen sogar Militairpersonen, **Vaterlands-vertheidiger!** die sich nicht schämen, dieses schändliche, die Menschheit entehrende Handwerk zu treiben. Welche Schande und welchen Abstich! — Daß Du Prinzen, Grafen, Barone, Geheime- und Hof-Räthe, Perruquiers, Lakeien, Freudenmädchen unter ihnen findest, dies wird Dich wohl nicht wundern; allein Soldaten! wahrlich, dies reimt sich gar nicht mit dem Begriff, den wir uns von unsern Vaterlandsvertheidigern machen.

Grade diese Mönche, Lohnbediente und Freudenmädchen sind die gefährlichsten Spione der Polizei.

Die ehrwürdigen Väter vorzüglich schleichen mit ihrem scheinheiligen zur Erde gesenkten Blick umher, hören auf Alles, was man sagt und nicht sagt, und gehen dann hin und bringen das, was sie mit so gespitztem Ohr von ihren guten Beicht-kindern gehört und nicht gehört haben, mit ihrer gottseeligen und frommen Miene in das geheime Register dieser vortreflichen Polizei!

Wie manches leichtgläubige fromme Beicht=
kind ist nicht das Opfer dieser Diener des Herrn
geworden! — Die Lohnbedienten und Freuden=
mädchen schmiegen sich vorzüglich an Fremde und
Reisende an, suchen ihre Denkungsart zu erfor=
schen, einige Reden, die als verdächtig ausgelegt
werden könnten, zu erhaschen, ihre Bekannt=
schaften und Geschäfte auszuspähn und Alles
der Behörde anzuzeigen; selten verfehlen sie ihren
Zweck; um so viel weniger, da der Fremde sich
nie die Sache so arg vorstellt, als sie ist, sich um
desto weniger Zwang anthun zu dürfen wähnt,
und desto sicherer in die ihm gelegten Schlin=
gen fällt.   Es giebt selbst Spione, die es
nicht einmal wissen, daß sie solche sind, so pfiffig
weiß es diese heillose Polizei anzulegen. Davon
hörte ich folgendes Beispiel.

Zu Anfange des Kriegs, als es noch erlaubt
war, den Moniteur in Wien zu lesen, (der
nun jetzt, wie alle übrigen französischen Journäle,
auf das schärffste verboten ist) hatten sich mehrere
Bürger dieser Stadt vereinigt, denselben unter
sich zu halten. Sie versammleten sich in dem
Hause des einen, um ihn gemeinschaftlich zu

lesen. Dabei rauchten sie ihr Pfeifchen, und der Eigenthümer des Hauses ließ, um seine Freunde zu bewirthen, Bier dazu kommen. Der Schenker, bei welchem die Magd gewöhnlich dasselbe holte, fragte sie, woher denn ihr Herr jetzt so viel Bier tränke? «Ja,» antwortete sie ganz unbefangen, «mein Herr trinkt es nicht allein, «er hat Gäste!» — «Ei, wer sind denn die «Gäste, was machen sie denn bei ihm? ꝛc. ꝛc.» — «Sie lesen.» — «So, sie lesen! Aber — was «lesen sie denn?» — «Ja, das weiß ich nicht; «ich glaube, es ist französisch, denn die Sprache «versteh ich nicht.» — Ein Spion der Polizei, der dies Gespräch mit angehört hatte, macht sich nun auf, und giebt das Erfahrne sogleich bei der geheimen Polizei an. Diese läßt die Gesellschaft ausspähen, und die Folge davon war, daß sie verfolgt, und als Jacobiner, unruhige Köpfe, Staatsverräther, arretirt und ins Gefängniß geworfen wurden.

Allein — höre ich Dich fragen, wie ist es möglich, daß ein Mitbürger den andern angeben und unglücklich machen kann? die Polizei muß denn doch mächtige Triebräder haben, um dies

zu Wege zu bringen? Ja wohl hat sie diese und
sie wendet sie auf verschiedene sehr mannigfaltige
Weise an. Einige dieser Spione bekommen
Ordensbänder, Kammerherrnschlüssel und Ehrenstellen, Andre Medaillen von Gold, Silber,
sogar auch Zinn; Andre Belobungsdekrete im
Namen Sr. kaiserl. königl. Majestät, wovon aber
mehrentheils die Majestät wenig oder gar nichts
weiß. Dieser sagt man, es sei unumgänglich
nöthig, das Tribunal zu erhalten, um die sogenannten Jacobiner nieder zu drücken; d. h. im
Oesterreichischen Hof- und Kanzleistyl: Alle diejenigen als Jacobiner zu verfolgen, welche aufgeklärt und muthig genug sind, um das Joch, das
man ihnen auflegte, zu verabscheuen, und sich
nicht fürchten, laut davon zu sprechen. Noch
andre endlich bekommen baares Geld oder liegende Gründe. — Daher wird es leicht glaublich, daß die Unterhaltung dieser politischen Inquisition mehrere Millionen Gulden koste,
und das zu einer Zeit, wo allerwärts die Wuth
des Kriegs tiefe Spuren des Elendes und Man-
gels zurückgelassen hat. Hier kann man mit
Recht mit dem römischen Dichter Properz sagen:

Aurea nunc sunt vere saecule, plurimus auro
Venit honos, auro conciliatur amor!
Auro pulsa fides, auro venalia jura,
Aurum lex sequitur, mox sine lege pudor.

So eben hatte ich dies niedergeschrieben, als mein Freund N. in die Stube trat und mich fragte, ob ich mit diesem Posttage nach Haus schriebe? «Warum fragen Sie darnach?» — «Ich muß Ihnen nur sagen, hub er an, zur «Schande der österreichischen Regierung muß ich «Ihnen gestehen, man erbricht im ganzen «Lande und vorzüglich auf dem hiesi= «gen Postamte alle Briefe, die nur «im mindesten verdächtig scheinen!»— Dies sagte er mit halblauter Stimme, und sah sich dabei schüchtern im Zimmer um.

«Was?» sagte ich, indem ich aufsprang, «das ist nicht möglich, dies sagen Sie nur «allein!». — Nach mehreren Betheuerungen der genauesten Wahrheit erzählte er mir folgenden Zug zum Belege dieser Behauptung: Ein Pri= vatmann schickte vor kurzem einen etwas dickern Brief, als das gewöhnliche Format, mit der Aufschrift an eine sehr bekannte Buch=

handlung, nach Leipzig. Der Brief wird aber
verdächtig befunden, erbrochen und durchgelesen.
Man findet einige freimüthige Aeusserungen über
die politische Lage der Hauptstadt und des ganzen
Landes, schickt ihn der geheimen Polizei und
der Verfasser wird arretirt und ins Gefängniß
geworfen!

Ich enthalte mich aller Bemerkungen über
diese Geschichte und sage Dir bloß, Du wirst meine
Briefe durch unsern Gesandten bekommen, der sie
in seinen Depeschen mit einschließen wird, ohne
jedoch zu wissen, was sie enthalten. — Mein
braver Freund N. versprach mir, als ich ihm
das Notirte zeigte, die Fortsetzung nächstens;
wir unterredeten uns über den Druck dieser interessanten Beiträge zu der Geschichte der geheimen
Polizei, die um so nützlicher ist, je warnender
sie für die Minister und die Chefs der Polizei
seyn wird, behutsam zu verfahren.

Zweiter Brief.

Wien, den 24ſten Februar 1798.

Heute etwas von den Chefs und einigen andern Werkzeugen dieſer geheimen Polizei. Präſident derſelben iſt der

Graf Johann Anton von Pergen ein alter ſehr paßiver Mann, der jezt beinah in den Zuſtand der Kindheit zurückgeſunken iſt. Dieſer war im ſiebenjährigen Kriege k. k. Commiſſar zu Frankfurt am Main, wo er wichtige Dienſte leiſtete. Darauf ward er Unterdirektor der Staatskanzlei und 1772 Landmarſchall. Er war einige Zeit Präſident der Studienkommißion, wo er ſehr viel Gutes thun wollte und der Umſtände wegen, nicht thun konnte. Endlich ward er zum Chef des Polizeidepartements ernannt.

Er hat in Wien sowohl als in ganz Oester:
reich den Ruf eines guten und redlichen, aber
schwachen Mannes und ist unstreitig den beiden
folgenden vorzuziehn.

Andre sagen dennoch von diesem Grafen
Bergen: er sey ein gefährlicher Mann, dessen
Grundsatz dieser wäre: ich bin ein alter Mann,
was würde das für Schande für mich seyn, wenn
ich nicht mehr Minister wäre; ich muß also
alles anwenden, um in meinem Posten zu blei:
ben. Diesem Grundsatze getreu, soll er Alle die:
jenigen von den öffentlichen Geschäften entfernen,
selbst verfolgen, von denen er glaubt, sie
könnten ihm gefährlich werden.

Vicepräsident der Polizei ist
Graf Franz von Saurau, k. k.
Finanz : Minister, Hofkammers:
Präsident ꝛc. ꝛc.

Dieser Minister ist ohngefähr 42 bis 43 Jahr
alt, im Steyermärkischen von einer alten und
alten Familie gebohren, die aber nicht reich ist.
Er ward im Theresiano zu Wien erzogen, und
kam als Gubernial: Rath nach Prag. Ein ange:
sehener Freund zu Wien rekommandirte ihn

als Hofmarschall dem damaligen Bischoffe zu Oll=
müß, um ihm in dieser Stelle bei der Kaiserkrö=
nung Leopolds II. nach Frankfurt am Main
zu folgen. Er nahm sie an, und hatte dort voll=
kommne Gelegenheit, sein großes Talent zur
Intrigue geltend zu machen. Er machte sich bald
dem Kaiser und seiner Familie bekannt; vorzüg=
lich ward er seinem Sohne, dem jungen Erzher=
zoge Franz, dadurch werth, daß er von Frank=
furt nach Wien als Courier die Nachricht von
den Feierlichkeiten bei der Krönung dem Erzher=
zoge überbrachte, bei welchen er sich sehr einzu=
schmeicheln wußte; und dies ward der Grund
seines künftigen Glückes.

Nach Leopolds Tode ward er bei der Polizei
angestellt, und ist seit 1795 das Hauptwerkzeug
der geheimen Polizei, die so viele Unglückliche
gemacht hat, und leider! wohl noch machen
möchte.

Er war es, der in die Stelle des allgemein
geschätzten Grafen Sauer, der von eines Schu=
sters Sohn sich zu dem hohen Posten eines Nie=
deröstreichischen Regierungs = Präsidenten ge=
schwungen hatte, im September 1795 trat,

nachdem dieſer nebſt vier Regierungsräthen ab=
geſetzt wurde, und in den Ruheſtand kam.

Nun ward die Niederöſtreichiſche Regierung
mit dem Polizei=Departement, wobei Saurau
ſchon angeſtellt war, verbunden, und er bekam
die Erlaubniß, die an die Stelle der abgeſetzten
Räthe zu Ernennenden, ſelbſt zu wählen.

Zur Belohnung ſeiner ſo treu geleiſteten
Dienſte, gab ihm Kaiſer Franz II. für zwei=
mahlhunderttauſend Gulden an liegen=
den Gründen, und das zu einer Zeit, wo das
Elend des Krieges alle Staatskaſſen erſchöpft
hatte, und ſo viele Tauſende an den Bettelſtab
gebracht waren.

Er ward 1797 zum Finanzminiſter er=
hoben, und arbeitet jetzt ſehr thätig an Verbeſſe=
rung der ſehr zerrütteten Finanzen des öſtreichi=
ſchen Staats. Als großer Hoffmann geht er
fleißig in die Kirche, heuchelt Religioſität, weil
der Hof religiös iſt, geht gewöhnlich alle 14 Tage
bei einen als ziemlich anerkannten Schurken von
Prieſter zur Beichte, und bildet ſich ganz nach
dem Ton des Hofes. — Man ſagt, er würde

nicht lange leben, weil er zu viel arbeitet, und sich zu sehr bemüht, Hoffmann zu seyn.

Dieser unternehmende und ehrgeizige Mini=ster steht in besondern Gnaden bei Jhro Majestät, der regierenden Kaiserin, und ihm ist kein Weg zu heilig, den er nicht erwählen würde, um Reichthümer und Ehrenstellen zu häufen. Groß, schön und wohlgewachsen, aber von kaltem und abschreckendem Ansehn, selbst für seine Freunde, weiß er sich so gut zu verstellen, daß er diese sogar hintergeht!

Auf den Gipfel seiner Größe, fürchtet er noch täglich, eben so schnell heruntergestürzt zu wer=den, als er sich emporgeschwungen hat. Dieser Gedanke quält ihn Tag und Nacht, und er wen=det deshalb auch Alles an, um seine heimlichen Feinde zu entdecken, verfolgt sogar Unschuldige, die nur den Anstrich haben, ihm entgegen arbei=ten zu können, die nie daran gedacht hatten, ihm etwas zu Leide zu thun. Seine ehemaligen Schulkameraden, seine intimsten Freunde sogar, diese weiß er so gut zu hintergehen, daß er ihre geheimsten Gedanken ausspäht und sie aufmerk=sam beobachtet, um zu sehen, ob sie mit seinen

Grundſätzen, ſeinen ehrgeitzigen Planen über=
tinſtimmend denken. Dies geht ſo weit, daß,
venn er einige unter ihnen findet, die durch ihre
Talente, ihre Grundſätze oder ihren Charakter
hm entgegen arbeiten könten, er nicht einen
Augenblick anſteht, ſie ſeinem Intereſſe aufzu=
pfern, ja ſie zu verfolgen, und auf ewig unglück=
ich zu machen. Er iſt um deſto gefährlicher, je
älter und überlegter er handelt, und je mehr
Kenntniſſe und Verſtand er beſitzt, die man ihm
llgemein hier zuerkennt.

Hier erzählte mir N. im Vertrauen Geſchich=
en, die dieſen Miniſter ganz charakteriſiren, und
ſchändlich ſind, daß ich ſie kaum glauben wollte,
ätte mir nicht eben dieſer Freund die Namen
nd die Umſtände der darin verflochtenen Perſo=
en ſo genau geſchildert, daß ich gar nicht umhin
onnte, an der Wahrheit einer Erzählung zu
veifeln. — Was hatte N. übrigens auch da=
on, ſolche Geſchichten zu erdichten, da er nie
iit dieſem Saurau zu thun gehabt, noch mich
egen ihn erbittern wollte. Hingegen, er lobte
ir ſeine große Arbeitſamkeit und Thätigkeit bei
erſchiednen Gelegenheiten, die mich ganz über=

zeugten, daß er nur unpartheiisch von ihm ur:
theile.

Daß Saurau ein moralisch schlechter
Mensch, ein um desto gefährlicherer Minister sey,
da er mit Klugheit, Kälte und Ueberlegung die
Macht, die er in Händen hat, zum Unglück seiner
andersdenkenden Mitbürger braucht, dies ist völlig
aus oben gemachter Schilderung der mir anver:
trauten Thatsachen zu schließen; da diese mir aber
anvertraut sind, so darf ich Dir nichts davon
hier mittheilen.

Der dritte Chef und eines der Haupttrieb:
federn dieser geheimen Polizei ist

Der Baron von Thugut, ehemaliger K.
K. Staats: und Polizei: Minister, ꝛc.

Sein Vater war Pächter oder Verwalter,
der so vernünftig war, und viel auf die Erziehung
seiner Kinder verwandte. Der Minister studierte
mit seinem jüngern Bruder, jetzigem Canzlei:
Direktor zu Wien, zeichnete sich früh aus, ward
in der orientalischen Akademie zu Wien aufge:
nommen, wo nur junge Leute von Geburt oder
von großen Talenten zugelassen wurden, that sich

h dort hervor, ward als Dragomann oder
llmetſcher zu Conſtantinopel angeſtellt, und
váng ſich zu dem Poſten eines Internuntius
auf; kam dann als K. K. Geſandte nach
apel, Madrid, London und mehrern andern
ſen.

Der Baron von Spielmann, damals
Generaldirektor der auswärtigen Angelegen=
en, erkannte ſein Talent, empfahl ihn dem
ſten Kaunitz ſehr dringend, deſſen Ver=
ien er ſich bald zu erwerben wußte. Kurz
auf ward Spielmann, eines Schuſters
hn, von ſeiner Stelle geſtürzt, und zwar nach
gemeiner Vermuthung, durch Thu=
t ſelbſt, der an ſeine Stelle kam; und der
er Thätigkeit geſetzte, verdienſtvolle Spiel=
nn bekam eine Penſion von zehntauſend Gul=
, mit dem ausdrücklichen Verbot, ſich in keine
ntlichen Geſchäfte, ſie ſeyen welche ſie
llen, zu miſchen.

Nach Kaunitzens Tode (im Julii 1794)
d der Direktor Thugut zum Reichsbaron
nnt, und folgte dem Verſtorbenen in ſeine
lle unter der Bedingung, wie man ſagte, er

solle nach dem Frieden mit Frankreich als
Minister der auswärtigen Angelegenheiten abtreten. — Dies möchte wohl die Ursach seyn, warum man ihn nicht allein in Wien, sondern in
ganz Oestreich mit Recht für den Fortsetzer
des unter Leopold und Kaunitz angefange-
nen, so verderblichen Krieges hält, der gegen
alle Regeln der Politik und der Klugheit angefangen, und so lange und hartnäckig fortgesetzt
wurde.

Hier noch eine andere Ursache, die auch nicht
wenig zur Fortsetzung dieses Krieges beigetragen
haben mag. Als Gesandter zu London hatte er
einen sehr einträglichen Posten, und sammlete
sich dort ziemliche Reichthümer; diese schickte er
noch lange vor der Revolution nach Frankreich auf
Leibrenten, und bekam dafür jährlich 40,000 Livres baar ausgezahlt. Beim Anfange des Krieges aber hörte diese Pension auf, weil die Franzosen verboten, Geld auswärts zu schicken. Alle
Bemühungen waren fruchtlos, er bekam nichts
mehr. Dies machte ihn so unmuthig, daß er
von der Zeit an ein eifriger Vertheidiger zur
Fortsetzung dieses so verheerenden Krieges ward.

Anfangs soll er dawider gewesen seyn; allein als man ihn für einen Jacobiner, einen Vertheidiger der heillosen alles verwüstenden Grundsätze der Franzosen ausschrie, lenkte er, vorzüglich durch den Verlust seiner einträglichen Pension bewogen, um, und ward ein heftiger Verfolger derselben.

Kaunitzens Stelle wurde anfangs dem Grafen von Lascy in der Eigenschaft eines Premierministers angetragen; dieser entschuldigte sich aber seines hohen Alters wegen, und nahm die Stelle nicht an. Nun trug man sie Thuguten an, der sie auch annahm. Er schlug die ihm angebotenen Tafelgelder aus, um nicht öffentliche Tafel geben zu dürfen, wie Kaunitz that.

Hier ein autentisches Beispiel, wie sehr man ihn mit Recht für den Fortsetzer und Vertheidiger der heillosen Kriegsgrundsätze gegen die Franzosen, hielt.

Bei den häufigen Conferenzen, die man Anfangs 1796 im Staatsrath über die mit Frankreich anzufangenden Unterhandlungen hatte, waren alle Staatsminister, da sie die verheerenden Folgen eines so verderblichen Krieges nur zu gut

einſahen, der Meinung, daß der Friede unum-
gänglichlich nöthig ſey, um das ganze Reich nicht
in den Abgrund zu ſtürzen.   Nur Thugut
allein, freilich auch Kaiſer Franz durch ihn,
ſprachen von der Nothwendigkeit zur Fortſetzung
des Krieges und — Oeſtreich hatte von neuem
Krieg.

Hier muß ich Dir ein Beiſpiel herſetzen, von
dem Haß der mehrſten Wiener gegen den Mann,
der ihnen Krieg, und die unvermeidlichen Folgen
deſſelben, Mangel, Armuth und Elend über ſie
gebracht hatte.

Im Mai 1797 fährt dieſer Miniſter eines
Abends durch die Leopoldſtadt zur kaiſerlichen
Burg *). In dieſer prächtigen Vorſtadt wird
auf einmal ſein Wagen von den dort lebenden
Arbeitsleuten und Einwohnern umringt, man
ſchreit ihm zu: »Thugut, Thugut, gieb
»uns Frieden und Brodt, thue guts,
»ſonſt gehts nicht gut!« — Dabei
machte man ihm das Zeichen des Henkens.
Schon ward der Haufe zahlreicher und drohen-

*) So wird hier das Schloß genannt, in welchen die
  kaiſerliche Familie zu Wien reſidirt.

er, als der Kutscher Befehl bekam, schneller zu
fahren. Nur die Geschwindigkeit und Geschicklichkeit, mit welche Letzterer diesen Befehl voll-
zog, riß den Minister aus einer großen Verlegenheit, die leicht gefährlich hätte werden
können.

Dieser Baron von Thugut verabscheut
und fürchtet die französische Revolution so sehr,
daß er nur mit größter Mühe in dem Frieden
mit Frankreich eingewilligt hat; allein da er von
allen Seiten ins Gedränge kam, mußte er's
wohl. Hier einen lächerlichen Zug seines großen
Eifers gegen unsre Revolution.

Man sagt nemlich hier allgemein, er ließe
sich die aristokratischsten Journale und Zeitungen
über Frankreich geben, und fände er darinn
Nachricht von einigen Unruhen: so freue er sich
recht herzlich, daß die Contre-Revolution da-
selbst gemacht würde.

Eines Tages, als ich mit einem Freunde über
diesen Baron von Thugut sprach, sagte ich:
„Dieser zweite Pitt hat doch warlich —“
Ach! unterbrach er mich lebhaft, Sie thun
ihm zu viel Ehre an, wenn Sie ihn mit Pitt

„vergleichen, denn er ist nur sein Sklav, sein
„Söldner, sein Affe, ohne sein Nebenbuhler
„seyn zu können, obgleich mir mehrere sagen, er
„habe Talente. "

Dies ist der Mann, der seit 1794 an die
Spitze des Oestreichischen Staats steht, und ganz
das Vertrauen des jungen Kaisers besitzt.

Hier hätte ich Dir nun die Chefs dieses Tribunals genannt; nun will ich Dich mit mehreren
ihrer würdigen Stützen bekannt machen.

Zu Wien leben schon seit geraumer Zeit drei
Exjesuiten, die in dem völligen Geruch arger
Schwätzer, Schmierer und niederträchtigen Menschen stehn, und allgemein unter dem Namen:
das Triumvirat, bekannt sind. Diese sau-
bern Herrn heißen Hoffmann, Haschka und
Hofstätter, und sind die getreuen Werkzeuge
der geheimen Polizei; deshalb verdienen sie, daß
ich Dich näher mit ihnen bekannt mache. Der
Exjesuit

Leopold Aloys Hoffmann

war unter Joseph dem II. ein Mann, der,
wie sein junger Monarch, Licht und Aufklärung

ı verbreiten suchte, die er allerwärts auspo:
unte. Er schrieb eine Critik derer zu Wien
haltenen Predigten (Von den wöchent:
chen Wahrheiten für und über die
rediger in Wien), zog viele dieser Herrn
it großer Freimüthigkeit durch, kurz — han:
lte ganz gegen seine itzige Denkungsart.

Im J. 1785 ward er als Professor der
utschen Litteratur und Sprache nach Pesth in
ıgarn geschickt, und dort als ein Neuerer ver:
rieen. Lange lebte er sehr kärglich von dem
trage mehrerer Collekten, welche verschiedene
eimaurerlogen für ihn machten, die er nachher
ür stark verläumdete und verfolgte.

Kaum war Kaiser Leopold auf den Thron,
er den Exjesuiten aus Pesth nach Wien 1790
Professor der deutschen Litteratur auf der ba:
n Universität rief; nun änderte er sein Betra:
ı ganz nach dem des Hofes, und ward einer
eifrigsten Spione desselben. Er verließ die
e Sache, weil er für die schlechte gut bezahlt
rde, verläumdete, weil man es von ihm ver:
gte, und versuchte, einen seiner Freunde zu
zen, der, wie er, zum Kaiser Leopold

freien Zutritt hatte, allein nicht wie er, brave
Leute anschwärzte und als Spion diente, sondern
den Muth hatte, Hoffmannen zu wiedersprechen
und ihm sein schändliches Verfahren vorzustellen
und dem schwachen Leopold manche sehr nützliche
vortrefliche Wahrheiten zu sagen.

Wie viele gute, aufgeklärte und redliche
Männer hat nicht dieser Exjesuit und Professor
in einem Journale das den Titel Wiener Zeitschrift führte, verschrien und wie sehr nicht gegen
Alles was gesunden Menschenverstand heißt, gearbeitet und wie viele Illuminaten, Jacobiner
und Propagandisten nicht immer gerochen.

Ich muß Dich doch näher mit diesem Journale bekannt machen, das unter den Fürsten,
Prinzen, Grafen und allen hohen und niedern
Aristokraten so sehr viel Aufsehn erregt hat,
wodurch dieser Herr Professor so manche
goldne Dose, so manches verbindliche Schreiben
(von dem Kaiser Leopold und Friedrich Wilhelm II.
von Preussen unter andern) aber auch so manchen
wohlverdienten Aerger und eine solche Menge
treffender satirischer und direkter Ausfälle von
verschiednen Gelehrten zuzog, so daß er oftmals

ein Geschmiere wohl in den Tartarus hin:
ingewünscht haben mag.

Der goldnen Dosen und andern schönen
Sächelchen der Art, das gewöhnliche Stecken:
ferd der regierenden Herren die mit Zueignungs:
chriften mancherlei Calibers beehrt werden, vor:
üglich von denen Gelehrten und Nichtgelehrten die
ir nagelneues Produgtlein ihres Geistes in die
Welt hineinschicken wollen und dem Dinge keinen
essern Werth zu geben wissen, als wenn sie es
em Gestrengen, Allerdurchlauchtigsten, Groß:
rächtigsten Landesfürsten mit einer demüthigen
nd sehr devotesten Dedikation in welcher sie die
hre haben sich unterthänigster Knecht zu
nterschreiben, mit der Post übersenden und dafür
inen Ring, eine goldne Dose und dergleichen Sä:
)elchen, mehrentheils aber baares Geld, was den
ungrigen Herrleins willkommner ist, retour bekom:
ien, warrlich dergleichen Präsente bekam unser Ja:
)binerritter sehr wenig oder gar nicht, ob er gleich
hr darnach angelte. Denn schon 1791 kündigte
: in mehreren öffentlichen Blättern Deutschlands,
iese Wiener:Zeitschrift mit posaunendem Tone an,

C

begnügte sich aber nicht damit, sie in den Zeitungen anzukündigen, sondern schickte den Plan des Journals an mehrern Obscurantenchefs, namentlich dem damaligen Könige Friedrich Wilhelm II. Im Jahr 1792 kam sie heraus, und schon bey dem 3ten Hefte konnte es der aufgeblasene Exjesuit nicht übers Herz bringen, länger dem Publiko die Freude vorzuenthalten, die er bei folgenden Cabinetsschreiben des Königs, die eine Antwort seiner überschickten Ankündigung war, empfinden mußte. Ich schreibe sie Dir hier wörtlich ab, weil Du daraus den damaligen Geist der Zeit und vorzüglich des Allergnädigsten Preussischen Königs ganz kennen lernen wirst, und noch mehr deshalb weil auch ich die große Freude meines theuren Al. Hoffmann's so lebhaft empfinde, daß ich nicht umhin kann, selbst meine Landsleute mit diesen treuen Freund, der uns so zärtlich liebt, bekannter zu machen. Nun freilich kann ich diese beiden Kabinetsschreiben nicht zu Anfange meines Briefes, so wie er an die Spitze seines 3ten Heftes mit großem Titel und noch größeren Buchstaben hinsetzen, auch die schöne Hand am Ende des Kabinetsschreiben nicht hinmalen,

leit — ich bitte Dich und alle übrigen Freunde
nen Du diesen Brief mittheilen wirst, ihn mit
sto größerer Aufmerksamkeit zu lesen.

Nun nehme ich das Buch zur Hand und
reibe so wie es hier steht, ganz genau ab: *)

Zwei

Kabinetsschreiben

Seiner Majestät

Friedrich Wilhelms II.

ztregierenden Königs von Preußen

an

den Herausgeber der Wiener
Zeitschrift.

I.

An den Professor Hoffmann.

Hochgelahrter, besonders Lieber! Der Gegenstand der periodischen Schrift, die Ihr unter dem
Titel Wiener Zeitschrift herauszugeben gedenkt,
verdient allgemeine Aufmerksamkeit: Ich kann

2) S. Wiener Zeitschrift 1792. 3tes Heft, S. 273. 2c.

C 2

diesem Eurem Vorhaben Meinen Beifall um
so weniger versagen, da Ich Mich versichert
halte, daß Ihr nichts verabsäumen werdet, dasselbe mit aller dem rühmlichen Zwecke angemessenen Gründlichkeit ins Werk zu stellen. Nach
der Mir unterm 8ten dieses von Euch einge-
schikten Anzeige, werde Ich für jetzt auf zwölf
Exemplare pränumeriren, und sonst zur Beförderung des Werkes gern die Hand biethen: Allein
ich behalte es Mir vor, Euch fernere Beweise
meiner Erkenntlichkeit und von der Huld zu geben, womit Ich bin Euer gnädiger

Friedrich Wilhelm.

Potsdam den 22sten Okt. 1791.

II.
Au Professeur le Sieur Hoffmann.

Hochgelahrter, besonders Lieber! Ich habe
Ihr Schreiben vom 17ten dieses mit Vergnügen
gelesen und daraus den Plan ersehen, nach welchem Sie die Wiener Zeitschrift, davon das
übersandte erste Stück mir sehr wohl gefallen
hat, künftig bearbeiten wollen, dieser Plan

...acht Ihrem Patriotismus in der That viel
...hre, und alle redlich gesinnte Einwohner des
...eutschen Vaterlandes werden es Ihnen danken,
...aß Sie die heimlichen Ränke eines verborgenen
...aufens übelgesinnter und schlechtdenkender
...Menschen ans Licht bringen, und durch diese
...eilsame Publizität jeden unbefangenen Leser
...lbst urtheilen lassen, was von solchen Stöhrern
...r Ruhe ihrer Mitbürger zu halten sey? Diesen
...nglücklichen ist nichts zu heilig, welches sie
...m Schwindelgeist einer eingebildeten, zügello:
...n Freiheit nicht aufopfern und sich dadurch der Ge:
...ihr bloß stellen, spät oder frühe das Rachschwerdt
...r göttlichen und menschlichen Gerechtigkeit ge:
...en sich selbst aufzuheben.

Es kann wohl seyn, daß Meine Länder auch
...icht ganz leer sind von solchen elenden Betroge:
...en, und ich werde es gar nicht übel nehmen,
...ndern es Ihnen Dank wissen, wenn Sie diese
...or der Welt entlarven und zu Ihrer gerechten
...Beschämung vor den Augen Meiner übrigen ge:
...euen und guten Unterthanen in ihrer häßlichen
...Gestalt der öffentlichen Verachtung Preiß geben.

Es würde Mich freuen, wenn Ich Gelegenheit haben sollte, Ihnen worinn nützlich seyn zu
können, indem Ich stets bin Ihr gnädiger

            Friedrich Wilhelm

Berlin den 28ften Dec. 1791.

Ich enthalte mich aller Bemerkungen über
diese so gnädige Kabinetsschreiben, die du dir
selbst machen wirst; allein um dich besser in den
Stand zu setzen, den Unterschied des zweiten
weit gnädigern Kabinetsschreibens, und das
S i e statt des I h r s zu bemerken, so
will ich Dir bloß hier die Innhaltsanzeige dieses
ersten, dem Könige überschikten Heftes hersetzen.
Das war grade Wasser auf seine Mühle.

Prolog, den Du in der Folge commentirt
von mir erhalten wirst. S. 3.

II. Gränzen einer vernünftigen Preßfreiheit
für Oestreich. Bemerkung über Kaiser Leopold
des Zweiten neue Censurverordnung. S. 7.
Davon auch in der Folge etwas.

III. Beiträge zur Kronik der Leopoldinischen
Gesetzgebung in Oesterreich. S. 41.

IV. Ueber die politischen Angelegenheiten
Frankreichs. In Briefen an den Herrn Edukt-

nsrath und Buchhändler Joachim Hein:
ch Campe in Braunschweig. S. 54.

Dieser eigennützige und arge Bücherjude ist
rselbe, der bei unserm Föderationsfeste nach
aris auf Speculation reiste, um dann sogleich
ie Reisebeschreibung darüber in Briefen
llefern, über welche ihn Alexander Hoffmann
ı wenig durchnimmt, und in vielen Stücken in
:ser Critik seiner Briefe auch in Briefform ihm
ınche derbe und gute Wahrheiten sagt. Es
derselbe Campe, der zu Paris mit dem auf:
blasenen Odendichter Klopstok das Bürger:
ɔlom — ob mit Recht oder Unrecht mag der
tscheiden, der sie näher kennt, — überschickt
kam. Letzterer, der Herr Legationsrath Klop:
ɔf fand aber für gut, diese Ehre die ihm zu
ɔeil ward, nach geraumer Zeit wieder retour
senden und soll gänzlich umgesattelt haben.

V. Denunziation der Sekte der Freunde
r Schwarzen, durch die Einwohner der franzö:
chen Colonien. S. 77.

VI. Aufklärungssottisen (!!) S. 87.

VII. Neue Krankenanstalt zu Wien. S. 94.

Diese Aufklärungs-Sottisen, Protestation, Schreiben rc. mußten warrlich der preußischen Majestät gefallen, die zu damaliger Zeit Kabinets-schreiben ertheilte, worüber Männer von Einsicht und Kenntniß nicht allein, sondern auch von ganz gemeinem Menschenverstande erstaunten und trauerten. Hoffmanns Wiener Zeitschrift hatte, wie Du Dir leicht denken kannst, jeden vernünftigen und rechtlichen Mann zum Antagonisten.

Die Erklärtesten und eine der Ersten dieser Gegner zwaren ein paar in Deutschland sehr

:schätzte und berühmte Männer zu Berlin, die
ich eine eigne Monathsschrift herausgaben,
nter dem Titel: Berlinische Monaths=
hrift. Ihr Zweck war gut und lobenswerth,
ufklärung und Kenntniße auch unter die mittlere
laße von Menschen zu verbreiten. Mehrmals lies
n sich diese Herren, welche Gedicke und Bie=
er heißen, doch zu sehr in Personalstreitigkeiten
in; allein wer kann das auch lassen, wenn man
ein Buch wie die Wiener Zeitschrift
or Augen bekommt und die erste die beste Stelle
arin aufschlägt. Hier einige Proben dieses Ge=
schmieres, damit Ihr Euch doch einen unge=
ähren Begriff von dem Geschreibsel des Herrn
Profeßors der Eloquenz machen könnt.

Als dieser Hoffmann von Berlin die Nach=
icht bekömmt, daß Gedicke und Biester ihn und
eine Zeitschrift ein wenig durchholten, so ließ er
sogleich folgende Nachricht von einer neuen
Verschwörung geheimer Faktionen
bekannt machen, wovon hier ein Auszug.

„Es sind ganz neue Dinge von der Wirklich=
lichkeit der Dinge vorhanden, welche im voranste=
henden Aufsatz als möglich aufgestellt wurden

(Er meint nemlich die Existenz geheimer Gesellschaften.) Die Welt soll diese Dinge erfahren.
Die Bosheit des Geheimnißes soll begreifen,
daß man vor ihren Ränken nicht erschrickt und
daß man noch Muth genug hat, ihre Bemühung
zu verlachen. — (Ja freilich Al. Hoffmann
sagt es uns, er verlache diese Bemühungen, in
seiner Herzensangst schreibt er aber doch
dagegen. Wie reimt sich dies?): —

«Laut guten und sichern Nachrichten hat eine
im Finstern, wie die Gespenster der Mitternacht
schleichende, aber stark und laut in der Welt her-
umwirkende Parthei zu ☉ am 12ten des Dezem-
bermonats 1791 in einigen misteriösen Abend-
stunden und bei festverschlossenen Thüren, eine
vollkommne Verschwörung wider die Wiener
Zeitschrift, ihren Zweck, ihre Beförderer und
ihren Herausgeber zu Stande gebracht, und am
gleichfolgenden 15ten des nemlichen Dezember-
monats, da kaum erst die feurige Depesche aus
☉ angekommen war, hat die mitverbundene
Parthei zu ☽ die nemliche Verschwörung unter
sich errichtet und augenblicklich einen sehr unter-
nehmenden Kopf aus ihrer Mitte, einen Kopf

er jeden litterarifchen und merkantilifchen Han=
el zu führen verfteht, als Emißar ins nahe Land
erfendet, um dort bei den Brüdern des Bun=
es den Sinn der Verfchwörung zu dollmetfchen
nd die fchleunigfte Betreibung der gefchwor=
en Dinge zu bewirken.

"Auch ich bin im Stande diefen Sinn vor
anz Deutfchland zu dollmetfchen, und fogar,
enn es verlangt würde — (d. h. wenn man
m dafür einige Louisd'or an den Kopf
ürfe ꝛc.!) — die Theilnehmer und allergefchäftig=
en Werkzeuge diefer Verfchwörung fowohl mit
ren Bundes= als bürgerlichen Namen an ganz
Deutfchland zu nennen,

Diefer Sinn alfo ift: die Wiener Zeitfchrift
ll durch alle Welt als das abfcheulichfte und
lendefte Gefchreibe (— hat man Unrecht? —)
erfchrien werden; man foll ihr die niedrigften
wecke andichten und darüber die fchändlichften
nekdoten verbreiten. Man foll den Herausge=
er als den fchamlofeften und um Geld gemiethe=
en Partheigänger brandmarken" (Sollte die
Ingerechtigkeit würklich fo himmelfchreiend
eyn? —) '" Man foll jedem Bundesverwandten

die Drohung machen, er werde für geschändet gehalten, wenn er die Zeitschrift auch nur läse oder
ohne Schimpf vom Herausgeber spräche. —
Alle Journale und alle pasquillverständige Mitverbundene sollen aufgefordert werden, in geschlos-
senen Reih und Gliedern mit Feuer und Schwerdt
gegen die Zeitschrift anzurücken. ” — (Man muß
hier warrlich die große Bescheidenheit des Verfas-
sers bewundern, dem nichts weniger als geschloßene
Glieder mit Feuer und Schwerdt bewaffnet,
gegen sein Geschmiere anzurücken genügt, indeß
es nichts weiter als zu Butterpapier und Makulatur zu brauchen ist. Wie lächerlich stolz nicht
der Jesuit hindurch schaut! —).

Allein Al. Hoffmann blieb nicht bei dergleichen
Invectiven stehn, er hatte die Stirn öffentlich in
eines seiner Pamphlets, womit er Oestreich zu
überschwemmen suchte, zu sagen: die Jesuiten müßten ganz nothwendig in die
k. k. Staaten wieder eingeführt werden, sonst sey es um die christka-
tolische Religion geschehn. Hier sind
seine eignen Worte:

"Die Nachricht, von der Wiederauflebung des Jesuitenordens ist wichtig, aber nicht so ungegründet wie manche, welche über die neuern und geheimern Zeitumstände zu wenig unterrichtet sind, zu glauben scheinen. Eigentlich zweifeln aber Diejenigen am lautesten daran, die: aus Haß, Vorurtheil oder Privatintereße den Jesuitenorden in alle Ewigkeit vernichtet wissen wollten u. dgl. m. "

In seiner Wiener Zeitschrift 2ter Band 6tes Heft S. 360 sagt er: "Briefe aus Rom und aus mehrern Gegenden Deutschlands versichern, daß die Wiederauflebung des Jesuitenordens nun wirklich kein Traum, kein bloßes Projekt mehr sey. Der Pabst und mehrere europäische, selbst protestantische (!?) Regenten sind darüber einig geworden, diesem Orden wieder seine Existenz zu verschaffen und ihn, mit einigen zweckmäßigen Modifikationen, den Bedürsnißen dieses Zeitalters anpaßend zu machen. (Ich wünschte Herr Al. Hoffmann setzte uns ein wenig auseinander, wie der Jesuitenorden den Bedürfnißen unsers Zeitalters anpaßend zu machen

sey! —) «Man hat bereits den Plan, welcher
«zu diesem Zweck entworfen ist — (In einer
Note verspricht er, ihn vielleicht nächstens
in seinem beliebten Journale, wenigstens im Aus:
zuge mittheilen zu können. Wahrscheinlich aber
hat es der Herr Erjesuit seiner und der Herren
Verfaßer dieses vortreflichen Plans Ehre willen
für gut gefunden, weder den Plan selbst, noch
den Auszug deßelben, dem Publikum mitzuthei:
len. Doch — da seine Wiener Zeitschrift einige
Zeit nachher Schiffbruch gelitten, so ist es wohl
wahrscheinlich, daß dieser saubre Plan auch in
einen Butterladen mit spazirt ist.) — — —
«Seine Hauptbestimmung wird seyn: dem
«Unglauben dieses Zeitalters mit vereinigten
«Kräften entgegen zu arbeiten, und die Machi:
«nationen der zahllosen Clubs und Faktionen,
«die jezt die Welt überschwemmen und regieren,
«zu bekämpfen und außer Wirkung zu setzen. —
«Der vormalige Abbé Maury, jetziger
«päbstlicher Nuntius, hat den meisten Antheil
«an diesem Plane. Ueberhaupt bemüht sich
«Rom am meisten für die schnelle und nachdrück:
«liche Ausführung der Sache; denn die durch

den Cagliostorschen Proceß entdekten Geheim=
nße, haben den Pabst in Absicht der gegen=
wärtigen Lage der Dinge auf so schreckliche
Wahrnehmungen geführt, daß er Alles anwen=
den zu müßen glaubte, einer Vereinigung aller
europäischen Fürsten zu bewürken, um, da noch
einige Zeit übrig ist, einem allgemeinen Umsturz
der politischen und moralischen Welt zuvor zu
kommen. — Der neue Erzbischoff von Nicäa
wird daher zu Frankfurt nicht bloß als Nunzius
für die Kaiserwahl erscheinen. ”

„Große Schwierigkeiten stehen diesem weit
ussehendem Geschäfte im Wege.” Es fehlen
e erforderlichen Gebäude. Es wird unmöglich
ın, die eingezogenen Güter wieder herzustellen.
ine Menge alter Ordensglieder ist gestorben;
e noch vorhandenen stehen meistens in großen
emtern, als Bischöfe, Pröbste, Domherrn,
äthe, Profeßoren. Herr Al. Hoffmann hat
h doch auch nicht vergeßen! — Das liebe Ich,
ickt allenthalben bei ihm durch und von ihm
nn man wohl mit Recht sagen: der eitle
rieſter! —”

«Die übrigen haben sich überallhin zerstreut: Viele sind wohl auch gar dem Ordensgeist abgeneigt worden, und haben sich in ganz entgegengeartete Verbindungen eingelassen. Die Schulen sind schon überall mit eigends besoldeten Lehrern besezt» — (glüklicherweise, sezze ich hinzu, damit kein Jesuit die Schüler verziehen und ihnen ihre Grundsäzze, die wir leider so gut bei uns kennen, anstoßen mögen! —) «und — was vielleicht die allergrößte Schwierigkeit seyn mag: Ein sehr großer Theil des Publikums, von den ersten Ministern angerechnet, ist gegen Alles, was Jesuitismus heißt, auf eine äußerst gehäßige Art eingenommen.» — (Ja wohl, mein Herr Exjesuit, und das mit Recht! —) —

In diesem Tone fährt er fort; doch mit dieser Probe genug, es verlohnt sich der Mühe nicht ihn weiter zu folgen.

Dies ist lächerlich und zeigt den Jesuiten; hier aber etwas anders, das den hämischen den verfolgenden Priester verräth.

In seinen höchst-nöthigen Erinnerungen zur rechten Zeit. Wien 1794 sagt er: Die Protestanten sollten lechterdings aus den kaiserlichen

taaten verbannt werden, denn diese

itten die Französische Revolu:

on veranlaßt!! Zu ſeinem großen Aer:

rniß und all' ſeines Reklamirens und Lärmens

nerachtet, wurde dieſe Schrift auf Anzeige des

rotestantiſchen Conſiſtoriums von der Regierung

rboten.   Dieß geſchah vorzüglich auf Anſtif:

t des damaligem Generalſuperintendenten und

igem Predigers zu Kiel, Fock genannt, der

z Conſiſtorium darauf aufmerkſam machte.

eshalb ließ ihm auch Hoffmann ſeinen ganzen

imm fühlen, indem er ihn in einem Briefe

r das Tribunal von ganz Deutſchland zitirte.

Als anfangs die Wiener Zeitſchrift herauskam,

l ſie eine Menge Leſer gehabt haben, weil man

) ſeiner poſaunenden Ankündigung gemäß vor:

llte, darinn die Geſchichte der Zeit geſchildert

finden.   Da man aber bald ſah, wes Geiſtes

nd dieſes Produkt ſey, ſo fiel die Anzahl der

ubſcribenten beträchtlich und Al. Hoffmann in

nem Grimm, ſchimpfte nun waidlich auf alle

ejenigen, die nicht ſubſcribiren wollten und

D

nannte sie Illuminaten, Jacobiner u. s. w.
Hier eine Probe. *)

«Eines bloßen Neujahrs- Compliments wegen
würde ich am Schluß dieses ersten Jahrgangs
diesen Epilog wohl eben nicht schreiben, wenn
nicht einige Gegenstände vorhanden wären, worüber ich mich mit meinen bisherigen Lesern nothwendig besprechen muß; denn es ist nicht unwahrscheinlich, daß einige oder andre derselben den
künftigen Jahrgang nicht mehr mithalten dürften.
(Ey, also ahndet es dem Herrn Verfaßer wohl
schon, wes Geistes Kind sein Produkt sey — daß
er an dem Absatz schon selbst anfängt zu zweifeln! —)
«Und an diese, sollten es auch die allerärgsten
Feinde der Zeitschrift seyn, müßte ich schon, wenn
weiter nichts, doch meine Erkenntlichkeit äußern,
daß sie die Theilnahme und Verbreitung meines
Journals bisher mitbefördern halfen. — (Das
heißt, ihm dem Verfaßer oder seinem Buchhändler einige Sols oder Livres zu verdienen geben,
ist Theil daran nehmen, und wie niedrig den-
nun und. kriechend ist nicht diese Pyphrase! —)"

*) Man sehe Wiener Zeitschrift 4ter B. S. 415, ꝛc.

«Indeßen halte ich mich berechtigt, solchen
Lesern auch hierüber mit Bescheidenheit die Frage
vorzulegen, was sie eigentlich bewegen könnte,
der fernern Theilnahme an gegenwärtiger Zeitschrift zu entsagen? — (Das will ich dem Herrn
Verfaßer so eigentlich die Ehre haben, im Namen mehrerer seiner ehemaligen Leser, die ich täglich
noch sehe und spreche, zu sagen: Weil seine Wiener
Zeitschrift das erbärmlichste, abgeschmakteste, un-
sinnigste, mitunter auch hämischte und schändlichste
Geschmiere ist, wie ich beßer unten beweisen
werde, was mir noch je zu Gesicht gekommen
ist. — Allein, weit entfernt von seiner Seite dies
zu glauben, löst er uns die Frage folgendermaaßen
auf:

«Ich bin im Stande, ihnen diese Frage selbst
zu beantworten. — Zweierlei Leser muß ich mir
überhaupt denken: Partheigänger des ganzen
heiligen, religiösen und politischen Zeitunwe-
sens — und vernünftige und kaltüberlegende
Männer, welche dieses Zeitunwesen verachten
und von der Erde vertilgt zu sehn wünschen. Die
erstern sind natürliche Feinde der Wiener Zeitschrift, die zweiten die natürlichen Freunde dersel

D 2

ben. (Darunter gehören, Priester, Mönche,
Erjesuiten, Abbés und dergleichen Geschmeiß
mehr, die vernünftig und kaltüberle-
gend, dies Zeitunwesen nicht verachten, sondern verfluchen und mit rasender Wuth alle diejenigen verfolgen die diesem Zeitunwesen anhän-
gen. Das heiße ich vernünftige Männer!")

———— "Man hat keine Abscheulichkeit ge-
spart um dem Herausgeber persönlich zu schaden;
ihn verächtlich zum Nichts in der bürgerlichen
Gesellschaft zu machen, (Spion der geheimen Polizei würde er aber denn doch wohl bleiben!) —
damit dann auch seine Schrift alle Achtung, allen
Werth, alle Wirksamkeit und also alle Erzielung
ihres hohen und wichtigen Zweckes überall durchaus verliere. Das heißt mit kurzen Worten:
der Aufklärer-Philosophen und deutscher Nation verübt an ihm und seiner Zeitschrift alle diejenigen Niederträchtigkeiten, die er schon seit mehr
als zehn Jahren her zur Verschreiung, Unter-
drückung und Verheimlichung aller solcher Schriften verübt hat, welche den infamen Absichten dieses Bundes, nemlich alle Religion und alle
bürgerliche Ordnung aus der Welt hinaus zu

nnen, entgegen zu arbeiten, gesucht haben. (Die
orte Niederträchtigkeiten und in-
m ꝛc. find dem Herrn Al. Hoffmann so geläufig
worden, daß er sich nicht entblödet diese, ich möchte
t ihm sagen — niederträchtigen Worte —
öffentlich und unbefangen zu brauchen, als wären
längst in der deutschen gelehrten Sprache ein-
ührt. Vielleicht mögen sie es in seinem
kel seyn! —)

In demselben Aufsatz geräth er in heiligen Eifer
> ruft aus: "Deutschland, gehen dir noch nicht
Augen auf, über die ganz unbegreifliche
haämlosigkeit deiner Schmierer und Libellisten"
>orunter sich Al. Hoffmann ganz bescheiden
h t mitrechnet) "Und ihr Deutsche, zumal
holische Buchhändler, fühlt ihr noch
t das aufgeklärte Messer an eurer Kehle, da
euch schon jedes verkaufte Buch nach-
)lt und bei jedem derselben auch
eure Kässe guckt? Da man eure Ge-
be bespionirt, eure Diener zu treulosen Ver-
)ern eurer Geschäfte und dann alle eure Ver-
nwaare, die dem Aufklärerbunde zuwider ist,
ewiger Makulatur zu machen

sucht? — — Ich rede hier nicht für mein
Intereße, für meine Zeitschrift. — —

"Man will jeden Deutschen Kopf in eine
vollkomne Geistessklaverei schmieden. Man
will Niemand mehr erlauben, eine Schrift zu
lesen, die nicht von dem Sinedrium des antichrist-
lichen Philosophenbundes ausgeht":c. — "Nein
Deutschland, das, werden deine Männer,
deine Christen, deine Patrioten nicht zugeben; (rechnet Herr Al. Hoffmann sich unter
die Christen?) Sie werden diejenigen Schriftsteller, die bis izt die Sache der Menschheit ver-
theidigten, durch ihre zahlreiche Theilnahme zu
neuem Muth erwecken; sie werden diese Schriftsteller nicht verstummen laßen, sondern vielmehr
immer Mehrere und Mehrere aufrufen, welche
mit gleicher Entschloßenheit den Feinden der
Menschheit unter das Gesicht treten. Die rechtschaffnen deutschen Buchhändler werden sich vereinigen, diese neuen Angriffe der deutschen
Union auf ihr Gewerbe mit Nachdruck zurückzu-
schlagen.

Eine dieser Schriften — und leider bis jetzt
noch die einzige dieser Art — ist die Wie-

er Zeitschrift. (Welche bescheidene Arro=
nz!) «Sie hat nun bereits ein Jahr hin=
rch eine Beharrlichkeit und einen Muth bewie=
, worüber viele geschaudert haben. (!!)»¿c. —

In diesem und ähnlichem Tone fährt der ·aus=
 Verfaßer fort zu deklamiren; da ich aber
ürchte, deine und meine Geduld zu ermüden,
sage ich dir weiter nichts von dieser Stelle,
wäre Schade um Papier und Zeit.

Er legte nun ein förmliches Glaubensbe=
ntniß ab, «daß er A. Hoffmann, als ein
uiger Sünder, vor der ganzen
)ristenwelt hier bekenne, er habe
emals unter Joseph II. kezerische
einungen geäußert, die er hiemit
ierlich widerrufe!»

Uebrigens ist dieser Priester wohl der Erste,
 durch sein Geschwätz von heimlichen Vere=
wörungen gegen die Staaten, von Propaganda
n, Illuminaten, Jacobitern u. s. w. Die Gemü=
r der Großen und regierenden Herren in Furcht
te. (Dies war vorzüglich bei dem schwachen
ffenliebenden Leopold der Fall) und dadurch

mehr als irgend Jemand die politischen Verfol=
gungen und Spionereien in Bewegung setzte.

Um ihn völlig zu schildern, will ich Dir folgen=
den, hier in Wien völlig bekannten Zug seines
hämischen, rachsüchtigen Charakters hersetzen.
Doch — wie könnte Dich dieser wundern, er
kömmt ja von einem Priester!

Ein junger Mann, Namens Wihling
ging eines Tages mit einem Rocke mit Stahlknöp=
fen versehen, spazieren. Al. Hoffmann begegnet
ihm und sagt zu ihm: "Ey, Sie tragen ja
"heute sehr viel Eisen an sich!" — "Ja antwortet
ihm jener, das ist wahr, aber doch nicht so viel
als Sie schon längst verdient hätten!"

Von diesem Augenblick an bewacht ihn der
Priester so lange, bis er von ihm einige freie
Reden aufgefangen hat. Nun geht er triumphi=
rend zur Polizei, giebt ihn an, und der junge
Mann ward — an die italiänische Armee als
Rekrute abgeliefert und ist vielleicht jezt dort schon
verstümmelt oder erschoßen.

Das Leben des Exjesuiten und Profeßor
Lorenz Ludwig Haschka,
:hrer und Aufseher des im Dezemb. 1797 wie:
:reröffneten Theresianums hat sehr viele Aehn:
chkeit mit dem des Ersteren.

Unter Joseph II. zeichnete er sich durch die
Stärke seiner Oden und Gedichte sehr aus: Vor:
iglich sind seine Oden gegen das Pabstthum,
:önigthum und die Mönche so stark, daß die
usbrücke völlig denen unsrer heftigsten Jacobiner
:ntsprechen. In der Ode gegen die Könige sagt
: unter andern: Reiner ist gut! —

Jezt nun bellt er, wie seine Collegen Hoff:
:ann und Hofstätter gegen die Illuminaten,
:ropagandisten, Jacobiner und Aufklärer an;
:nn Alles ist ihm gleich, wenn er nur bezahlt
:ird. —

Sein Bericht über die Behandlung der
:llmüzer Gefangenen Lafayette, Latour:
Mauburg und Büreau de Püsy zeigt
:ollkommen, wie frech er so öffentlich Unwahrhei:
:n ins Publikum zu verbreiten sucht, seine un:
nständigen, (um mich des schonendsten Ausdruks
: bedienen) Ausfälle gegen Archenholz und

Hennings die ihm, ersterer in seiner in Deutsch=
land stark gelesenen und beliebten Zeitschrift Mi=
nerva und letzterer in seinem Genius der
Zeit, widersprechen und entlarven, zeigen eben
so vollkommen den Mann wie er ist.

Er war ein Busenfreund des verstorbenen
Dichters Alxinger, von dem ich dir besser unten
reden werde, der als ein Mann von großem
Vermögen, diesem Paschka zehn tausend
Gulden schenkte. Was that er damit? Er
legte sie im Sklavenhandel an und soll sie verloh=
ren haben!

So eben finde ich eine sehr passende Stelle
in einem litterarischen häufig gelesenen Blatte,
die Litteratur=Zeitung genannt, das oft
sehr gute, allein auch häufig sehr lange und sehr
fahm ausfallende Recensionen über Bücher aus
allen Fächern der Wissenschaften, nebst verschiednen
gelehrten, in das Fach der Litteratur, Erfindun=
gen ꝛc. einschlagenden Nachrichten enthält. —
Hier ist eine von diesen Nachrichten. *)

*) S. Intelligenzbl. der Allg. Litt. Zeitung Nc. 38.
vom 3ten März 1797.

«Auf das Ansinnen der geheimen Hof- und Staatskanzlei ist dem Lorenz: Haschka, der sich durch seine politischen Oden, so lächerlich und durch seine Nachrichten von dem Gefängniße Lasayettens, um den gelindesten Ausdruck zu brauchen, so verächtlich gemacht hat, den Druck seiner Rede bei Eröffnung des Theresianums, wegen der Ausfälle gegen Frankreich und Joseph den II. auf das schärfste untersagt worden. — Merkwürdig ist es, daß Haschka und Hoffmann, die vereint mit Hofstätter in dem Magazin der Kunst und Litteratur jeden, der nur den Frieden wünscht! als Illuminaten, deutschen Jacobiner und Feind des Vaterlandes feierlich erklärten, zuerst sich hervordrängten, um den Frieden zu besingen. — Lustig ist es, daß Hoffmann in der Zueignung seines Friedensliedes, der Stadt Neustadt gewidmet, dem Herrn Lorenz Haschka den Krieg ankündigt, da er sich durch die Frage: Wozu nützen jene hohen Wolkenflüge, die Niemand versteht? an ihm i reiben sucht,

Der dritte und ärgste dieses berüchtigten Tri=
umvirats ist:

Der Exjesuit und Profeßor Hofstätter

der mit einer bewundernswürdigen Stärke gegen
die Illuminaten, Propagandisten ꝛc. die ins Ge=
heim sich in jedem Staate eingenistelt haben, um
die Grundfeste des Reichs zu untergraben, so
tapfer zu Felde zieht. Dieser hat die ganze Ge=
lehrten Republik bei allen Gelegenheiten, vorzüg=
lich in seinem berüchtigten Magazin der Lit=
teratur und Kunst, auf die unverschäm=
teste Art gemißhandelt und die deutschen
Schriftsteller als eine Horde von
Sansculotten und Weltstürmern ge=
schildert, die unter Anführung des Erz=
aufklärers Kant, der Religion und
den Staaten den Untergang drohen!

Zu seinem größten Aergerniß mußte dies Ma=
gazin, das man nur durchzublättern braucht, um
ihn bald kennen zu lernen, mit dem Junihefte
1797 auf die vom Hofkriegsrathe geführte Klage,
aufhören. Spion und Calumniant zugleich,
thut dieser Expriester den größten Schaden.

Dies sind also diese drei schändlichen Menschen, welche eines der Hauptwerkzeuge der ge-
eimen Polizei sind. Ihre Unverschämtheit und
Stirn ist so groß, daß sie warrlich jezt noch nicht
aufhörten zu schreien, zu schreiben und zu toben, wenn
ihnen nicht die vernünftiger denkende Regierung
st dieß ernstlich verbieten ließe. Sie leben
ier in der größten Verachtung, sowohl von
en Redlichgesinnten verabscheut, als auch von
enen, die sie als Werkzeuge ihrer schändlichen
Handlungen brauchen, verachtet. Sie verdienen
uch kein beßres Loos. Künftig mehr von ein-
en andern.

Dritter Brief.

Wien, den 28sten Februar 1798.

Versprochenermaaßen schicke ich Dir die Fort=
setzung der geheimen Polizei, und gehe
deshalb gleich zur Sache:

Johann von Alxinger,

dieser berühmte Verfasser des Dolin von
Mainz und Bliomberis und einer Menge
anderer Gedichte und prosaischer Aufsätze, so auch
der Oestreichischen Monathsschrift
würde sich gewiß wundern, mit Hoffmann, Hof=
stätter und Haschka in eine Classe geworfen zu
werden, wenn er noch lebte. Doch muß Wahr=
heit auch über die Todten richten und ob dies
Wahrheit sey was ich Dir von ihm sagen werde,
wirst du schon daraus ersehen, daß ich dies aus N.

Mund und Feder habe, der ihn sehr gekannt
hat.

Sein feuriger, lebhafter Charakter riß ihn
ft zu Dingen hin, die er gar nicht thun sollte;
aber besaß er einen so großen Ehrgeitz, daß er Alle
iejenigen aufs bitterste haßte, die ihn, seiner
Meinung nach, nicht genug zu schätzen wußten.
So war er unter Joseph II. einer der größten
einde dieses aufgeklärten Monarchen; er nannte
n einen Tirannen, weil dieser seinem erstau:
enden Ehrgeitze nicht genug schmeichelte. —
Sobald aber Leopold II. zur Regierung kam,
ard er Hoffmann, machte eine der kriechendsten
den an den Kaiser, gelangte nun zu Reichthü:
ern und Ehrenstellen, verfolgte dafür aus Dank:
rkeit nicht nur alle redlich denkende Männer,
ndern selbst seine intimsten Freunde.

Wer Alxingern zu der Zeit gekannt hat, wo er
ner der gefährlichsten Gesellschafter unter Jo:
ph war, nun die Gesänge der Bliomberts
st und die Deutung, die darinn liegt, auszule:
n weiß, muß staunen, daß er unter dem jetzigen

Kaiſer Franz zu dem Anſehn, den Ehrenſtellen und Reichthümern gekommen iſt, die er erhalten hat.

In öffentlichen Geſellſchaften ſprach er mit der größten Heftigkeit und mit Verachtung vom Adel; fand ſich aber ein Adlicher in die Geſellſchaft ein, ſo war er einer der kriechendſten und demüthigſten um ihn herum.

Dieſer Mann hatte die Stirn, folgendes Gedicht öffentlich unter ſeinem Namen bekannt machen zu laßen.

An den Kaiſer über ſeine Erklärung an Frankreich.

Fürſt, deßen Herz nicht an erfochtnen Fahnen
Nicht am Triumphsgeſchreie ſich ergößt,
Der Einen Tropfen Blut der Unterthanen
Mehr als des Philippiden Lorbeer ſchäßt.

Die beßre Tactik, Herzen zu beſiegen
Haſt Du erſchöpft; auch hemmſt du nicht im Lauf
Fortunens Rad und dringſt dich Ludewigen
Nicht zum gewaffneten Beſchüßer auf.

Zwar legten pflichtvergeßne Dämagogen
An die Gesalbten Gottes ihre Hand
Dann kämst Du schneller, als ein Pfeil vom Bogen
Und trügest Rach in der Verräther Land. –

Doch schlingt sich dort das Band der Eintracht
fester,
Sind würklich Beide, Volk und König frei,
Ersetzt die Nation auch deiner Schwester,
Durch Ehrfurcht nun des Pöbels Raserei;

Dann lächelst du und läßest in die Wette
Der Freiheit heisere Vertreter schrein,
Und über Menschenrecht und Etiquette
Mit gleichem Flammeneifer sich entzwein.

Wir aber in des Glückes Porte danken
Dir weiser Schiffelenker Leopold!
Und rufen in die offne See: Ihr Franken
Wir sind schon längst, wohin Ihr
kommen wollt!

J. v. Alxinger.

Ich enthalte mich aller Bemerkungen über
dies Gedicht, sie werden Dir eben so auffallend
seyn, als sie mir waren.

E

Ein Monument ist ihm zu Wien gesetzt worden; ich hab es nicht sehen können noch wollen, N. aber schlug mir dazu folgende Innschrift vor:

Hier ruhen die Gebeine des Herrn Johann von Alringers.

Unter Joseph warzer Verächter.

Unter Leopold Schmeichler der Majestät.

Unter Franz ein niedriger Denunziant.

Lebte er noch so würde ich ihn an die Geschichte Juz und Prantstätters erinnern, wovon ich Dir beßerhin ein mehreres sagen werde.

Der vorzüglich durch die travestirte Aeneide so bekannte Dichter

Aloys Blumauer,

K. K. Büchercensor und Buchhändler (!) verdient hier auch einen Platz unter den verstorbenen Dienern der geheimen Polizei, deren Anzahl zu Wien leider so groß ist. Man lese Alringers Portrait und denke sich Al. Blumauer hinzu, so hat man ohngefähr auch diesen, zwar minder bekannten, dennoch nicht minder schädlichen Menschen. Hier ein Zug unter vielen die man mir erzählt hat.

Ein redlicher, guter Bürger Wiens H....
hatte in Blumauern so großes Vertrauen gesetzt,
daß er sein Busenfreund ward; die große schöne
Frau des Bürgers wurde nun auch des Dichters
vertrauteste Freundinn. Eines Tages ward H.
aus seinem Bette von der Seite seiner Frau geholt und ins Gefängnis geführt, wahrscheinlich
auf Anstiften Blumauers, der nun ganz die Larve
abzog, und sich öffentlich mit der schönen großen
Frau seines Busenfreundes herum trieb.

Ich habe Dir nun dies eine Beispiel in
Wien allgemein bekannt, hier hersetzen wollen,
weil ich die Anführung von mehreren ganz unnütz
halte, der Blumauer todt, folglich keiner Aeußerung mehr fähig ist.

Nun komme ich zu einem der listigsten, gefährlichsten und mächtigsten Stützen dieser geheimen Polizei. Es ist ein Priester, ein Erzbischof, ein Cardinal, der so bekannte

Graf Carl von Migazzi, Erzbischof
von Wien ꝛc.

Dieser heilige und fromme Mann wüthet
unter dem Deckmantel der Frömmigkeit und
seiner geistlichen Würden nur um desto ungestör-

ter, je verſteckter er bleibt und je weniger man
die Leidenſchaften dieſes Prieſters unter dem Pur-
purmantel, dem ehrwürdigen Anſehn und dem
Ehrfurchteinflöſſenden Alter dieſes verkappten
Wütherichs finden ſollte. Doch — wenn man
die Geſchichte der Inquiſition lieſt, dort die
Gräuel von Prieſterhand begangen, beobachtet,
ſo wird man dieſen Migazzi noch als einen ſehr
gelinden Verfolger und Prieſter geſchildert finden.
Doch — Mores mutantur tempore & nos
mutamur in illis.

Unter Maria Thereſia war dieſer Erzbiſchof
der Gewiſſensrath der Kaiſerin und ſtand in dem
größten Anſehn; ob er gleich damals Spion war
und verſchiedenes ihm von der frommen Kaiſerinn
in der Beichte Anvertraute, dem heiligen Vater
treulich berichtete. Thereſia erfuhr dieſe Treulo-
ſigkeit und ging dem heiligen Mann, trotz ihrer
großen Frömmigkeit, ſo ſtark zu Leibe, daß dieſer
ſich ſchon völlig verlohren und in Ungnade gefallen
glaubte. Allein — Schmeicheleien, kriechendes
Weſen, verſchiedne mächtige Freunde dieſes Prieſters, ſelbſt die fromme Furcht der Kaiſerinn vor
der Rache dieſes heiligen Schurken, dies Alles

sammengenommen verschafften ihm bald sein
chwächtes Anſehn wieder, das nun täglich
eg.

Unter Joſeph II. wußte er mit vieler Kunſt
ie wahren prieſterlichen Geſinnungen zu ver-
gen, allein der kluge und damals noch junge
iſer ließ ſich nicht hintergehn, und der Kardinal
in Ungnade. Nun lebte er in einem gewiſſen
ivatſtande, der ihm um ſo läſtiger werden mußte,
öher er unter der vorigen Regierung geſtan-
hatte. Joſeph nahm ihm ſelbſt das Erzbis-
n Waitzen in Ungarn, mit einem jährlichen
)alte von 60 bis 70 tauſend Gulden. Dafür
ſuchte ſich dieſer ſeine Schüler Loyolas zu
en, indem er mit dem Erzbiſchofe von Me-
t *) vorzüglich Allem heimlich entgegen arbei-
was dieſer junge nur zu feurige und uner-
ne Monarch unternehmen wollte. Joſeph
ihn auf dem Todbette (19ten Febr. 1790)
um Vergebung, wenn er ihm Verdruß ge-
t habe, — Migazzi antwortete: «Ew. Maje-

Dieſer Erzbiſchof von Mecheln iſt der nemliche, der
bei den Unruhen der unter Joſeph II. anbefohlnen
Eröffnung des Generalſeminariums zu Löwen 1785
auch eine Rolle ſpielte.

«stät, ich kenne keinen, als Sie in dieser Lage
«zu sehn!" — Warrlich eine schöne Antwort,
wenn sie nur nicht aus eines Priesters Munde
wäre!

Als Leopold zur Regierung kam, stieg sein
Ansehn, dennoch war es nie höher als unter der
jetzigen Regierung. Er soll einer der schönsten
Priester gewesen seyn, noch jetzt da ich ihn verschie-
denemale bei Hofe gesehn habe; ist es eine große,
ansehnliche, ja imposante Figur, die nur freilich
durch das hohe Alter sehr geschwächt ist. Er
wußte sich so sehr das Vertrauen der jungen Kaiserin zu erwerben, daß er ihr Beichtvater geworden ist. — Nun bekam er zur Schadloshaltung
seines verlornen Erzbisthums eine ansehnliche
Summe Geldes und dies zu einer Zeit, wo so
manche treue Diener des Staats so drückende
Kriegssteuer zu bezahlen hatten.

Durch seinen Einfluß auf Franz II suchte er
Alles aufzubieten, um der Religion den Glanz
wiederzugeben, den sie unter Maria Theresia
hatte und er thut fast eben so vielen Schaden als
die geheime Polizei zusammengenommen. Denn
als ein geschickter Exjesuit weiß er bald diese,

bald seine zahlreiche Priesterschaft, die ihn schaarenweis umgiebt, mit solcher Kunst zu brauchen, daß er höchstselten seinen Zweck verfehle. — Hievon ein auffallendes Beispiel.

Ein auf ein Brett gemaltes Bild der Mutter Gottes mit dem Christuskinde kaufte 1676 ein ungarischer Bauer für sechs Gulden und gab es in die griechisch-catholische Kirche im Dorfe Pötsch in der Erlauer Gemeinde zu Ungarn. Zwanzig Jahre hindurch gab Niemand auf dies Bild Acht; 1696 aber wollte ein anderer ungarischer Bauer gesehn haben, daß aus den Augen dieses Marienbildes Thränen flößen. Nun sah es Jedermann auch, das Wunder war plötzlich ganz richtig und der Zulauf sehr groß, 1697 ward es in voller Pracht nach Wien gebracht, dort auf den hohen Altar in der M. Stephanskirche gesetzt, wo es in einem kostbaren silbernen Tabernakel steht. 1796 sollte diese wunderbare Vergiessung von Thränen eines auf ein Brett gemalten Bildes dieser heiligen Jungfrau Maria durch ein Jubiläum zum Andenken dieser Mutter Gottes feierlich begangen werden, und der Cardinal Erzbischof selbst gab

folgendes Werk darüber heraus: "Authen=
tische Nachricht über die Thränen,
welche die heilige Jungfrau Maria
von Pötsch im Jahr 1696 vergof=
sen hat." — Aller Protestationen sämmt=
licher Collegien zu Wien ohngeachtet; gegen die
vorgeschlagene Prozession mit diesem Bilde,
wußte es der schlaue Jesuit durchzusetzen und
Franz II. erlaubte es!—

Das eine Probe von der Frömmigkeit des
Cardinal=Erzbischofes; nun einige Beispiele
von seiner Verfolgungssucht.

Kick, Pfarrer zu Penzingen, war ein sehr
aufgeklärter biedrer Mann, der unter andern
seinen Pfarrkindern sagte: ihm alle Thorheiten
zu beichten, sey ganz unnütz, man sollte
sich nur lediglich an dem halten, was zum wahren
Christenthum gehöre; das andre (als z. B. Fa=
miliengeheimnisse, Klätschereien u. dgl.) gehöre
gar nicht zur Beichte und wäre ein bloßer Mis=
brauch derselben — Nun erhob die Schaar der
Priester, vorzüglich der Cardinal=Erzbischof ihre
Stimmen gegen diesen Mann, beschuldigten ihn:

wolle die Ohrenbeichte — ein für diese Priester
einträgliches Amt — ganz abschaffen ꝛc. Kurz
an schrie und kabalirte so lange, bis der redliche
Pfarrer abgesetzt ward, mehrere Wochen ins Gefängniß kam und endlich da man nichts gegen
ihn hervorbringen konnte, wieder in Freiheit
gesetzt wurde, mit dem Versprechen, eine andre
Stelle zu bekommen, da seine eigne schon besetzt
ꝛc. Kick aber wollte die Seinige wieder haben;
ein Migazzi hat nicht für gut gefunden, sein
Versprechen zu halten.

Hier noch ein zweites Beispiel.

Unter Joseph II. sollten verschiedne Alumnate
den Niederlanden, unter andern auch zu L & n nach denen im Oestreichschen existirenden,
geführt werden. Die Niederländer aber, de-
nen dies Institut nicht gefiel, lehnten sich dawider auf und das Alumnat kam nicht zu Stande
und dies hauptsächlich durch heimliches Bewür-
fen des Cardinals. Jetzt nun, da viele dieser
Männer, die dazu bestimmt waren, Stellen
darinn zu bekleiden, keinen andern Erwerb
haben, grade jetzt, da Migazzi den größten
Einfluß hat, werden diese Leute am härtesten

verfolgt, brodlos gelaſſen, ohne daß ſie ſich im
Geringſten darüber beklagen dürfen.

Auch iſt es derſelbe Kardinal Erzbiſchof Graf
von Migazzi, der den Pater Wieſer wegen
ſeiner berühmten Teufelspredigt ſtürzte und verfolgte.

Dies iſt dieſer Prieſter im Purpurmantel
verhüllt, der nun ſchon viel zu alt iſt, und deſſen
Seele viel zu ſtumpf geworden iſt, um ſich beſſern
zu können und das geſtiftete Uebel wieder gut zu
machen. Wie ſoll ſich ein beinah 80jähriger
Sünder nun erſt beſſern da er ſo lange Zeit ge-
ſündigt hat. Mit Joseph II. könnte auch ich
ausrufen: Laſter iſt immer Laſter — «Wie
«ſoll ſich der der Strafe ſchämen, der ſich nicht
«ſchämte das Laſter zu begehn, worauf dieſe
«Strafe geſetzt iſt. Will ein Laſterhafter unter
«Laſterhaften ein Vorzug haben, ſo kanns nur
«der ſeyn, daß der Laſterhafteſte am härteſten ge-
«ſtraft wird. — Nur der Tugend wartet Be-
«lohnung und je höher die Tugend deſto größer
«die Belohnung. Wöllte man Laſterhaften ihrer
«Perſon wegen Vorzüge einräumen und ſie nicht
«ganz die Strafe ihrer Vergehen fühlen laſſen,

was würde dann ~~Gerechtigkeit~~ seyn? — und hieſſe das nicht das Laſter in der Perſon beloh= nen. *)"

Joſeph urtheilte ſehr richtig; deshalb kam uch Migazzi nicht empor.

Dies wären, alſo, nun die Chefs, die Beför= erer und Spione dieſes liebenswürdigen Tribu= als, wovon ihr dort keinen zu ſtarken Begriff aben könnt. — N. kann mir nicht genug davon zählen; ich ſelbſt nicht genug darüber hören. s iſt endlich einmal Zeit, daß das im Schleier ehüllte Verfahren dieſer wüthenden, rachſüchti= en Menſchen gänzlich aufgedeckt werde; hebe ir deshalb alle meine Briefe ſorgfältig auf, ich erde ſie nach meiner Rückreiſe ordnen, und dem ruck übergeben.

*) Anekdoten und Charakterzüge aus dem Leben Jo= ſeph II. 1ſter B. S. 226.

Vierter Brief.

Wien, den 2ten März 1798.

In meinen vorigen Briefen theilte ich dir das mit, was mir unser brave N. von dem Ursprunge, dem Zwecke der Ausbreitung, den Chefs und den Instrumenten dieser geheimen Polizei erzählte, heute etwas von dem Verfahren und den Verwahrungsörtern derselben.

Von allem was vorgeht, durch ihre Spione genau unterrichtet, späht die geheime Polizei die verborgensten Winkel von den armseeligsten Hütten Wiens an, bis zu seinen größten Pallästen aus, und ist nirgends so thätig, nirgends so gefährlich als grade in dieser Hauptstadt der östreichischen Monarchie. Diese Spione schleichen sich in die Familjencirkel, sind oft Mitglieder derselen, suchen ihre Verwandten, Brüder, Schwestern, Vater und Mutter über ihre politischen Meinungen zu sondiren und gehn dann kaltblütig in und geben das Gehörte verdreht oder ganz tisch diesem Inquisitionsgerichte an. Es hat chrere dieser Ungeheuer gegeben und jetzt noch d dergleichen zu Wien.

Jedem Fremden rathe ich insbesondre, genau ejenigen Personen zu meiden, welche sich in entlichen Häusern bei Spaziergängen und andern Gelegenheiten unter irgend einem Vorwande fdringen; man kann sicher schließen, es sind olizeispione.

Gestern noch hatte ich einen sonderbaren Vorl als ich mit unserm Cousin B. und dem braN. nach Baden, einem warmen, ziemlich besuchtem Bade 2 Meilen südwärts von ien gelegen, fuhr. Wir traten im Casino em schönen steinernen Gebäude in welchem entliche Bälle, Concerte und dergleichen gege werden, ab, und fodderten ein gutes Mittag d. Unten an der Treppe bemerkte ich einen enschen, der uns sehr bedeutend ansahe, vorlich auf unsre Kokarden blickte. Ich gab

nicht weiter Acht auf ihn. Da wir noch nicht
Luft hatten, spazieren zu gehn, so schlug mir N.
eine Parthie Billard vor, das er vortreflich spielt.
Wir gingen in den Saal, der leer stand. In
dem Eifer mit welchem ich spielte, um ihm nach-
zukommen, bemerkte ich nicht, daß ich meine Tabaksdose, die wie du weißt, mir wegen eines gewissen Bildnisses äußerst theuer ist, auf einen
kleinen Tisch in der Ecke des Saales gelegt hatte,
als ich auf einmal eben diesen ziemlich wohlgeklei-
deten Menschen mit meiner Dose in der Hand
auf mich zukommen sah, und sie mit einer demüthigen Verbeugung und einem: Uehr Knoten,
halten zu Knoden, meine Tabaksdose über-
gab. In dem ersten Augenblick griff ich betroffen
in die Tasche, um auch zu sehn ob es die Meinige
sey; allein, der Mann mochte mich unrecht verstehn und glauben, ich wollte ihm ein Douceur
geben. Er machte also nochmals eine tiefe Verbeugung und bat häflichst ihn damit zu verschonen,
er fände sich hinlänglich belohnt, mir gedient
zu haben und stände zu Befehl, vorzüglich, da er
jetzt ohne Dienst sey, und einem so gnädigen und
guten Herrn wie ich wäre als Lohnbedienter gern

ine Dienste anböte. Ich wußte, was dies sagen
ollte, dankte ihm deshalb kalt, aber höflich und
zte, ich brauchte ihn nicht: Schauens Uehr
roten sprechen halter Teutsch wie unser eins;
o doch a Franzos? — Du kannst dir leicht
iken, daß ich nun die Unverschämtheit des Kerls
mlich kurz abfertigte und zu meiner Parthie
zend zurückkehrte und wohl wußte, weß Geistes
nd dieser vorgebliche Bediente war. — Den
end als wir zu Hause kamen, sagte mir Jean:
eser Mensch habe sich an ihn gemacht, eine
uteille Ofner mit ihm zu leeren angeboten;
er aber meiner gemeßnen Ordre gemäß weiß
ausgeschlagen; als dies nichts helfen wollte,
rlei Fragen an ihn gerichtet, allein da der gute
an nicht viel deutsch spricht und überdem mit
r Manövres dieser Art Leute bekannt war, so
igte er ihn kurz ab und so beschämt, schlich er
on.

Uns kam die ganze Geschichte lächerlich vor,
in nicht so wäre sie dem armen Fremden vor
ommen, der in die Schlinge dieses aller Wahr-
inlichkeit nach, Spions der geheimen Polizey,
llen wäre.

Der Proceß den sie einem Angeklagten macht,
ist um desto kürzer, je weniger sie sich an die Form
zu binden braucht; ihre Fragen selbst sind auch
oft so eingerichtet, daß man bei der geringsten
Unachtsamkeit nicht allein sich selbst, sondern auch
mehrere Unglückliche mit sich ins Verderben stürzt,
die eben so unschuldig sind, als man es selbst. —
Einer ihrer ersten Grundsätze ist folgender:

Angeklagte müssen Mitschuldige
haben; diese sind eben so gefährlich
als Erstere, sie müssen also sorgfältig aufgesucht und bestraft werden.

Diesem heillosen Grundsatze gemäß, frägt
man nicht allein, was man an diesem oder
jenem Tage gethan, gesprochen hat, sondern
mit wem man sich unterredet, wen man
gegrüßt, welchem man die Hand gegeben,
was diese oder jene Person über dies
oder jenes wohl denken und sagen möchte,
mit welchen Menschen man gewöhnlich um-
gehe und dergleichen mehr. — ?

Alles dies wird sorgfältig notirt und zu seiner
Zeit wieder hervorgebracht. Ein doppeltes Wehe
dann über den, der diese Fragen beantwortet hat.

Denn, hat er die Wahrheit gesagt, so werden alle diese Personen, die er genannt hat, citirt, scharf examinirt und nach Gutbefinden mit einem starken Verweiß auf einige Zeit ins Gefängniß geworfen oder nach den Umständen mehrere Jahre, ja Lebenslang in eine Festung gesperrt oder wohl gar hingerichtet. — Hat er aber Unwahrheiten ausgesagt so wird er als ein gefährlicher Mensch desto härter bestraft und seine Freunde, unschuldigerweise angeklagt, mit starkem Verweise entweder entlassen oder als verstockte Staatsverräther mit ihm auf eine Festung geschickt, wo es Niemand von ihren Freunden und Verwandten wagen darf, bei Gefahr, gleiche Strafe zu erleiden sich für sie zu verwenden.

Ich übertreibe nichts, ich versichere Dich nochmals, und werde Dir in der Folge dies Alles mit Belegen beweisen.

Als eine vollkommne Inquisition weiß die geheime Polizei sich auch mit der größten Geschicklichkeit ganz unschuldiger Menschen zu bedienen, um die Handlungen und politischen Meinungen ihrer Verwandten, Freunde, Herrschaften,

F

Dienſtbothen zu erfahren, wie ich oben ſchon be-
wieſen habe.

Selten iſt es daß man aus dieſem furchtbaren
Tribunale herauskömmt, ohne beſtraft zu werden
(wenigſtens bekommt man eine ernſtliche Warnung
oder auch einen harten Verweiß —) das Gewöhn-
lichſte iſt, wenn man nur im Geringſten über
Materien ſpricht, die der öſtreichiſchen Regierung
anſtöſſig ſeyn könnten, daß man des Nachts aus
ſeinem Bette, aus dem Schooß ſeiner Familie
geriſſen, nach einem Gefängniß und dann in eine
Feſtung bis zum Frieden oder auch auf Zeitlebens,
gebracht wird. Oft auch wird der ſogenannte
Staatsverbrecher nur mit Verbannung, Abliefe-
rung als Rekrute zu den öſtreichiſchen Armeen
an den Gränzen, mit Geldſtrafe, aber auch dann
und wann mit dem Tode beſtraft. Hebenſtreit
und Tauferer, und viele Andre, deren Geſchichte
beſſer unten folgt, dienen zu Belegen.

Bei dieſem Verfahren iſt es unvermeidbar
eine Menge ſogenannten Staatsverbrecher in kur-
zer Zeit aufzuhäufen. Dieſe Menge ſetzt auch
eine hinlängliche Anzahl von Gefängniſſen voraus.

r eine kurze Beschreibung der vorzüglichsten,
ich Dir hersetzen will.

Ollmütz, Hauptstadt des Kreises gleiches
mens im Markgrafthum Mähren, ist trotz
er sumpfigten und niedrigen Lage eines der ge-
esten Staatsgefängnisse des östreichischen Ge-
s. Bekanntlich eine der stärksten k. k. Festun-
dient die Citadelle und zwar der Theil, der
Obernthor nach dem Marienthor zu liegt,
eigentlichen Bewahrungsort für die Staats-
agenen. In diesem Theil der Festungs-
e liegt das Jesuitercollegium, deren Hinter-
das Gefängniß der berühmten Staatsge-
enen Lafayette, Latour-Maubourg, Bureau
ust, Bournonville, Lecamus, Bancal und
treuen Diener enthielt. Ausser diesen be-
n sich auch noch unter, neben und über ihnen
ere Unglückliche die als kaiserliche Untertha-
und sogenannte Staatsverbrecher im engsten
ahrsam, so wie jene ihre verlohrne Freiheit
ßten. Ein stinkender Kloak, eine Caserne
ein Hospital umgeben dies Gebäude, wodurch
uft so verpestet wird, daß Krankheit und

Tod oder doch ein auf Zeitlebens siecher Körper
den unglücklichen Gefangenen zu Theil wird. —

Neun Meilen von Ollmütz liegt tiefer ins Land
hinein der so bekannte und berüchtigte Spiel=
berg, eine sehr stark befestigte Bergfestung, die
mit der Hauptstadt Mährens, Brünn, in
Verbindung steht. Außerhalb derselben hat sie
das Ansehn eines hübschen und glänzenden herr=
schaftlichen Schlosses aus den alten Ritterzeiten,
da eine Zugbrücke, Gräben und Wälle mit Bat=
terien versehn, dieselbe umgeben, unter welchen
mehrere schöne und grosse Gebäude, Casernen und
das Commandantenhaus hervorragen. Diese
führen die verirrte Fantasie wieder zu unserm
Jahrhundert zurück; denn in der Entfernung we=
nigstens scheinen sie entweder neu gebaut oder doch
weiß übertüncht zu seyn. Einen desto grössern
Abstich mit diesen Gebäuden machen die hier an=
gebrachten unterirdischen Gewölbe, der Auffent=
halt so manches unglücklichen Schlachtopfers der
ministeriellen Tirannei, das hier völlige Zeit hat,
seine Unbedachtsamkeit oder seine Unschuld lebens=
länglich zu beweinen. Auf vermodertem Stroh,
in kalten, feuchten und dunklen Käfigten liegend,

wo den Unglücklichen weder Sonne noch Mond
bescheint, sind sie hier von ihren Weibern, Kindern, Geschwistern, Verwandten und Freunden,
ja selbst von ihren Mitgefangenen und von der
ganzen Welt getrennt und verlassen. Mit dem einzigen Gedanken beschäftigt, ihre traurige Existenz
nur mit dem Tode beendigt zu sehn, rufen sie
diesen mit Sehnsucht an und erwarten ihn als
das Erlösungsmittel ihrer zahlreichen Leiden.
Stirbt einer von ihnen — nun — so verschartt
man ihn dort in der Stille und überläßt seinen
Namen der Vergessenheit.

Ungesunder und furchtbarer als beide Vorher-
gehende ist die starke Bergfestung Kufstein
in Tyrol die auf einem steilen Felsen liegt, dessen
Werke zum Theil im Felsen gehauen, zum Theil
aus Tuffstein errichtet sind. Hier auch schmachten
eine Menge Unglücklicher, die selten mit dem Leben davon kommen. Geschleßts, so sind sie auf
zeitlebens krank und schleppen sich mit einem sie-
en Körper; darüber dürfen sie sich aber nie,
i Strafe wieder eingesperrt zu werden, bekla-
1; und geben sie nur die geringste Klage über
erfahrne Behandlung zu erkennen, und einer

der Polizeispione erfährts, so können sie sicher darauf rechnen, denselben Weg wieder dahin zu gehn, wo sie herkamen.

Der allerscheußlichste dieser zur Quaal der Menschheit erfundenen Kerker ist die für unüberwindlich geschätzte Festung Munkatsch in Ungarn. Sie liegt auf einem ganz mit Sümpfen umgebenen, aufsteigenden steilen Felsen, in welchem drei verschiedne Festungswerke, eins höher als das andre, nebst einem tiefen Graben, ausgehauen sind. Seit 1628 ist diese Bergfeste mit zwei Schlössern und sieben festen Bollwerken versehn und jetzt fließt der Fluß Latorza um dieselbe. Innerhalb ihrer Mauern befindet sich ein in dem Felsen gehauener Brunnen, der über 50 Klafter tief ist. Die aus den Gräben, dem Flusse Latorza und den umliegenden Sümpfen aufsteigenden Ausdünstungen machen diese Festung zu einer der ungesündesten, die existiren.

In diesem Gefängnisse sollen die größten Gräuel gegen die sogenannten Staatsverbrecher vorgenommen werden, man spricht sogar von heimlichen Hinrichtungen.

Aeufferst schwer hält es von diesen hier genänn-
ten Staatsgefängnissen eine vollständige und richtige Beschreibung zu bekommen; deshalb hat
auch M. hier nicht alles das aufgenommen, was
das Gerücht ihm auf seinen Reisen durch diese
Länder von alle dem sagte, was in diesem Staatsgefängnisse vorginge, sondern er hat mir blos das
gesagt, was er von mehreren Gefangenen selbst
hat, so wie auch von Männern, die im Stande
waren, richtige Urtheile darüber fällen zu können.
Wollte ers aus Erfahrung haben, so müßte ers
wie Linguet und La Tüde machen, die eingesperrt
wurden und nachher ihre Gefangenschaft dem
Publikum mittheilten, und das können wir doch
nicht verlangen.

Zum Beleg, daß ich nichts in dieser Schilderung Uebertriebenes gesagt habe, mag folgender
k. k. Befehl zur Verbesserung der Arreste
in Mähren dienen, der im Oktober 1791 vom
Kaiser Leopold in einem Schreiben an den Präsident der obersten Justizstelle gegeben ward.

«Ich habe bei Gelegenheit meiner Reise
durch Böhmen und Mähren und der von Mir
persönlich vorgenommenen Besichtigung der Arreste

und Gefängniſſe in Städten und bei Gerichten
gefunden, daß die meiſten derſelben ſchlecht, un-
geſund und im üblen Stande auch nicht luſtig
genug ſind, daß die Arreſtanten überhaupt und
beſonders die Inquiſiten, welche doch unſchuldig
befunden werden können, geſchloſſen, mit Eiſen
belegt auf ſchlechten und zu kurzen Pritſchen, ohne
Strohſack, Kötzen oder Betten liegen müſſen;
daß in einem Kerker zu viel Arreſtanten zuſam-
mengeſteckt werden und daß noch hie und da die
ſogenannten Brecheln, die ich ſchon durch wieder-
holte Befehle abgeſchafft habe, vorhanden ſind
und daß endlich der Mißbrauch ganz allgemein iſt,
die kleinen Delinquenten, ja ſogar Kinder mit
groſſen Verbrechern zuſammenzuſperren, wodurch
die Erſtern in mehrern Laſtern unterrichtet und
ſchlechter werden müſſen.   Dieſe Mängel habe
ich vorzüglich in den Gefängniſſen von Brünn
und Ollmütz bemerkt, und beſonders jene zu ebe-
ner Erde, unrein und ſchlecht gefunden. "

«Auch ſind die Klagen gegen Verzögerung
und zu langer Dauer der Criminalproceſſe und
Unterſuchungen ganz allgemein, wie auch, daß
die Inquiſiten zu lange oft unſchuldig in unge-

inden Arresten aufgehalten werden, welches uns
illig und ihren Familien, wegen Hemmung
hres Gewerbes, äusserst schädlich ist." Ferner
abe ich erfahren müssen, daß man in einigen
Gerichten zuwider den gegebenen Verordnungen
iejenigen, so beim Verhöre nicht eingestehen
ollen, mit Härte und mit Stockstreichen zum
Bekenntnis zwingt. Wie denn namentlich in
Broßnitz bei dem Proceß einer Jüdinn geschehn
eyn soll."

«Da ich ernstlich gesonnen bin, dergleichen
nfug abzustellen und die Behandlung der In=
iisten sowohl als der Arrestanten menschlicher
i machen, so trage ich hiemit der obersten Justiz=
elle auf, mir ehestens den Vorschlag zu einem
ircularbefehl an gedachte Criminalgerichte herauf
i geben, welche die Art vorschreibe, wie die Ge=
ingnisse erbaut und eingerichtet werden sollten,
m gesunder und ihrem Zwecke gemässer zu seyn,
i sie mehr als ein Verwahrungsort der Delin=
ienten, als Strafe anzusehn sind. Ferner wie
ie Gefangenen ernährt und gehalten werden
ilten, ohne mit Ketten beladen und geschlossen,
nd doch mit Strohsäcken und Decken oder

Kozen versehn zu seyn, und endlich wie alle
harte Behandlungen, besonders Stockstreiche bei
Abhandlung der Processe verboten werden sollten.
Und zur Beförderung der Criminalprocesse wird
mir die oberste Justizstelle die Vermehrung des
Magistrats an denjenigen Orten wo es nöthig
seyn sollte, vorschlagen, zu welchem Ende ich auch
die Bittschrift des Ollmützer Magistrats mit an:
schliesse. Brünn den 8ten Oktober 1791."

Dieser warrlich menschenfreundliche Befehl
hat die Folge gehabt, daß jährlich ein Hofrath
von der obersten Justizstelle eine eigene Unters:
chungsreise in Absicht der Gefängnisse aller östrei:
chischen Provinzen unternehmen und da alle Män:
gel und Unordnungen amtsmässig abstellen soll. —
Leider aber sind diese Reisen durch die Sorglosig:
keit der Beamten mehrentheils fruchtlos geblieben;
man stattet ihnen bei ihrer Visitation den besten
Bericht ab, räumt mit der größten Sorgfalt
alles aus dem Wege was dem Herrn Commissar
anstössig seyn möchte, besticht ihn wohl auch, um
ein Auge zuzudrücken und behandelt dann die
Gefangenen nach ihrer Abreise wie vorher. Die
Commandanten, Inspektoren, Gefangenwärter,

können Alles zur Visitation um desto bequemer einrichten, da sie gewöhnlich von der Amtsreise des Herrn Commissairs vorher berichtet sind. — Doch hat diese Verordnung manches Gute gestiftet.

O Kaiser Franz! warum besuchst du nicht diese Wohnungen des menschlichen Elendes, warum folgst du dem menschenfreundlichen Beispiele deines Vorgängers nicht?

Fünfter Brief.

Wien, den 4ten Märj 1798.

Ich gehe sogleich zu meiner Geschichte über. Die
Behandlung der Staatsgefangenen in diesem
fürchterlichen Gefängnisse, ist ganz dem Verfah-
fahren der geheimen Polizei gemäß, d. h. sie ist
willführlich und grausam. An keiner rechtlichen
Form beim Einziehen ihrer Schlachtopfer gebun-
den, glaubt sie um desto willführlicher handeln
zu dürfen, je geheimer und verstekter sie in diesen,
dem spähendem Auge des Menschenfreundes ver-
schloßnen Zeugen ihrer wüthenden Verfolgungssucht zu Werke geht. Unterirrdische, feuchte,
dumpfe und enge Kerker mit drei, vier bis fünf-
fachen eisernen und mit Eisen beschlagenen Thüren und nothdürftigen Luftlöchern, Schildwachen

ıd ein zahlreicher Haufe bewaffneter Söldlinge,
: blinden Vollstrecker der im Namen der Majestät
sgefertigten Befehle versichern hinlänglich, daß
r Gegenstand ihrer Wuth ihnen nicht entkommen
rde. Sollte der Gefangene unruhig seyn,
ersuche zu seiner Flucht machen, sogleich wird er
noch engere Verwahrung gebracht, ja ihm
hl gar Ketten angelegt oder ihm als einen ge-
rlichen Verschwörer wider die öffentliche Ruhe
r Proceß gemacht und er zum Tode verurtheilt.
a liegt er nun, der Bedaurenswürdige, auf
nem halbvermoderten Strohlager, beständig
t dem Gedanken beschäftigt: Hier sollst Du
ine Lebenszeit zubringen, ohne nur einmal die
ben wieder zu sehn denen Du gewaltsamer-
se entrissen bist und die vielleicht deinen Tod
weinen! Dir steht ewiges Gefängniß be-
r! Was mag wohl die Ursach einer so entsetzli-
n Strafe seyn ꝛc. — Dergleichen und ähn-
je Betrachtungen hat er vollkommen Zeit zu
chen, denn es versteht sich von selbst, daß ihm
e mögliche Gelegenheit benommen wird, sich
rch Lesen und Schreiben oder durch irgend
ıe andre Beschäftigung die Zeit zu verkürzen.

Und wie sollte er schreiben oder lesen? Seinen unterirrdischen Kerker bescheint weder Sonne noch Mond und Licht wird ihm gar nicht erlaubt zu brennen. Feurung und die nöthigen Nahrungsmittel um seine erstarrten und schwachen Glieder etwas zu beleben, werden ihm auch oftmals versagt, denn gutes Essen und Feurung sind zu theuer um dies den Staatsverbrechern geben zu können.

Jeder Gefangene bekömmt nach Verhältnis seines Standes, seiner Geburt, seines Vermögens oder seiner andern Umstände mehr oder weniger Verpflegungsgelder, die aber mehrentheils durch die Habsucht der hartnäckigen Aufseher und Kerkermeister so zusammenschmelzen, daß dem armen Verhafteten kaum soviel davon gereicht werden kann, daß er sein trauriges Leben damit erhält. Geld bekommt er nie in die Hände, wenigstens nie auf eine erlaubte Art; dies ist auf das strengste verbothen, wahrscheinlich weil die Polizei nur zu gut den allgewaltigen Einfluß desselben aus Erfahrung kennt.

So auch ist es bei Gassenlaufen, ja Todesstrafe aufs strengste verbothen, je mit den Ge-

fangenen zu sprechen, ihnen je die geringste Nachricht von dem zu geben, was ausserhalb des Ge-
fängnisses vorgeht, viel weniger ihnen Briefe
von ihren Verwandten und Freunden oder
Schreibmaterialien zuzustecken, um an diese zu
schreiben. Eben so wenig ist es auch den um den
Gefangenen lebenden erlaubt, den Auswärtigen
von diesen im Geringsten Nachricht zu geben.
Oftmals wissen die wenigsten Soldaten, Beamten
u. s. w. in diesen Staatsgefängnissen, den Namen,
den Stand, den Geburtsort, ja das Vaterland
der Verhafteten, da ihnen mehrentheils ihre Bedürfnisse durch hartherzige Menschen gereicht
werden die kein Wort sprechen, oder ihnen mit
einer empörenden Grausamkeit auf das Gefragte
so antworten, daß die Unglücklichen den Muth
verlieren, weiter zu fragen und ihr Name nie
oder höchst selten ausgesprochen wird, sondern
sie bloß nach ihren numerirten Käfigten bezeichnet werden.

Den besten Begriff von der Behandlung dieser Staatsgefangenen kann man sich aus der
Anno 1740 herausgekommenen Verordnung für
die Staatsgefängnisse in den k. k. Staaten ma-

chen, worinn zum ersten Grundsatz festgesetzt
wird: Ein Staatsgefangener ist und
bleibt für die moralische Welt abge-
storben. Man muß ihn also darnach behandeln. Die übrigen sind corollaria dieses erstern,
denkt Euch nun das Uebrige.

Doch genug von diesen die Menschheit entehr-
renden Gräuel; warrlich durch die Beschreibung
des Verfahrens gegen die Gefangenen in den
östreichischen Staaten, die der strengsten Wahrheit gemäß ist, kannst Du Dir einen Begriff von
diesem Tribunale machen. Kein Ausdruck ist zu
stark und hinlänglich genug, um diese geheime
Polizei hinlänglich zu nennen, deshalb auch hier
zum Schluß folgende Erzählung:

N. kömmt heute früh und bringt mir dies
Manuscript, sagt mir zugleich er hätte gestern
Abend von einem Grafen . . . versichern gehört,
es seyen im Sommer von 1796 mehrere dieser
Staatsgefangenen, als Soldaten verkleidet, dort
jede Nacht ein Dutzend und mehr auf einmal
auf der hinter dem Prater gelegenen Gänse-
weide geführt und von Soldaten als verurtheilte
Camaraden im Beisein eines Commissars der Po-

.lizei erschoffen worden! Auf diese Art sollen
ein paar hundert umgekommen seyn, deren Namen
man noch jetzt gar nicht weiß. — Auch klagte
er mir schon seit langer Zeit, es verschwänden
viele seiner ehemaligen Bekannten, Freunde, ja
selbst mehrere seiner Anverwandten, er könne
nicht begreifen wo sie geblieben wären. Heute
kömmt er mit Thränen in den Augen und versi=
chert uns, sie seyen in Verwahrung gebracht und
zwar von der geheimen Polizei, wo, wie, wann,
warum? Alles das wußte er nicht, er hätte aber
heute noch eine brave und redliche Hausmutter
von 6 Kindern verlassen, die ihm jammernd und
schluchzend Nachrichten von ihrem Mann abgefor=
dert hätte, die er ihr doch nicht geben könnte.
Auch sie vermuthete er sey von der geheimen Poli=
zei aufgegriffen und sitze auf irgend einer Festung. —
"O meine Freunde, sagte er uns, indem er sich
ganz erschöpft neben mir setzte und meine Hand
ergriff; O wie so grausam gehn doch Menschen
mit Menschen um." — Nach einem tiefen Seuf=
er und mit dem Ausdruck des tiefen Schmerzes t
Ja warrlich Tiger und Wölfe sind nicht schröck=
her als diese schändliche Polizei." Er sprang

G

auf, sah ängstlich im Zimmer umher, öffnete die
Stubenthür, sah hinaus: "Kein Mensch, gut" —
machte sie zu, schloß ab und bat um Verzeihung,
indem er sich wieder auf den Stuhl setzte und
weinte. Wir wußten nicht was dies bedeuten
sollte; da wir aber seine Heftigkeit kannten, so
winkte ich unserm Cousin B. die Stubenthür
heimlich wieder aufzuriegeln und bat ihn nur zu
sagen, ob ihm noch ferner ein Unglück bevor-
stünde. "Ach freilich, stieß er aus, ich darf nicht
"mehr mit Euch gehen, ich werde verfolgt,
"Spione lauern mir auf und meine Freunde war-
"nen mich auf meiner Huth zu seyn und nicht
"mit den Kokarden fernern Umgang zu pfle-
»gen! Wan sagt ihr wäret Spione, ihr woll-
"tet mit sammt Eurem Gesandten Bernadotte
"eine Revolution in Wien anfangen, das Mini-
«sterium stürzen, den Kaiser vom Thron stoßen,
"die dreifarbige Fahne wehen lassen, und was der-
"gleichen Dinge mehr sind! — Ich habe Eure
"Parthie ergriffen, habe meinen Kopf zum Un-
"terpfande Eurer redlichen Absichten gesetzt, kurz,
"ich habe als ein Mann gesprochen, der tief das
"Euch angethane Unrecht fühlt und Euch ganz

huldlos weiß. Jemehr ich aber sprach, je
ingender wurden die Bitten meiner Freunde
ich ja in Acht zu nehmen; sie wüßten ich
ürde beobachtet. — Kaum konnte ich ein
uge diese Nacht zumachen, beständig schwebten
ir die Geschichten des gestrigen Abends vor
ugen, ich dachte an unsre unglücklichen
eunde, schlummerte gegen 4 Uhr etwas,
rang auf, ließ mir einen schlechten Ueberrock
ben und ging zu unsrer Freundinn, dieser un=
glücklichen Mutter von 6 Kindern, und dann kam
zu Euch. Heute hoffe ich noch Ruhe zu
ben, aber Morgen gewiß gehts los, denn
on bin ich von Spionen umringt und darf
ich nicht mehr sehn." — Er umarmte uns
n nach dem Andern. — Bald faßte er sich
der und sagte: "Nun wohlan, ich muß mich
n Euch ihr Lieben trennen, meine eigene
icherheit, meine Familie, Alles erheischt es,
ch aber, verspreche ich Euch heilig, dies soll
ich nicht abhalten, Euch die Fortsetzung der
eschichte des geheimen Inquisitionstribunals
schicken, dabei sollt Ihr alle die Dokumente
ben, die ich mir darüber verschaffen kann."

«Alles geht durch die Hände meines treuen George,
«ihm und keinem Andern, übergebt Ihr die Briefe
«für mich. —

«Noch einen Zug, wie grausam diese arme
«Mutter und jeder der einen Verwandten,
«Freund, oder irgend einen Bekannten als
«Staatsgefangener hat, behandelt wird. Sie
«dürfen weder durch Mienen, Gebährden,
«Reden, noch vielweniger durch Bitten oder
«Drohungen sich merken lassen, daß sie grossen
«Antheil an das Unglück der Gefangenen nehmen;
«das geringste Zeichen dieser Art würde sie auch
«ins Unglück stürzen, ohne dabei das Bewußt-
«seyn zu haben, dem Unglücklichen nützlich ge-
«wesen zu seyn. Hingegen — er wird mit desto
«größrer Strenge und Härte behandelt, weil
«man dann alle mögliche Mühe anwendet, um
«ihn ganz den Nachforschungen der Anverwand-
«ten, Freunde und dergleichen zu entziehn. Eben
«so geht es mir; ich habe nicht einmal den Trost
«mein Unglück in den Busen eines Freundes
«auszuschütten zu können, ich muß befürchten es
«sey ein Verräther, ein Spion.!" — Du
kannst Dir leicht vorstellen wie uns bei diesem

spräche zu Muthe war. — Er nahm von
den zärtlichsten Abschied und seitdem habe
ihn nicht wieder gesehn. — Fürchtet nichts
uns, so lange wir unsern Landsmann und
und hier haben, hats keine Gefahr mit uns;
wird uns nicht so aufgreifen dürfen, und da
uns in gar keine politische Gespräche einlaß
auch nur bloß mit denen umgehn mit denen
e Geschäfte es unvermeidlich nothwendig
hen, so haben wir gar nichts weiter zu be-
hten. Lebe wohl.

Sechster Brief.

Wien, den 10ten März 1798.

Endlich habe ich die Fortſetzung von unſerm braven N. erhalten; er wird, wie er uns ſchreibt,
ſcharf beobachtet, hofft aber durch ſein offnes und
behutſames Betragen der geheimen Polizei keinen
Verdacht mehr geben, um ihn einkerkern zu können, ob ſie es gleich ſehr gern möchten, wie er uns in einem in luſtiger Laune ge-
ſchriebnen Brief ſchreibt.

Hier die Geſchichte der Polizei, wie er ſie mir
überſchickt hat.

Nun gehe ich zu der eigentlichen chronologi-
ſchen Geſchichte der geheimen Polizei über, nachdem ich in der Einleitung ihren Urſprung ihren
Zweck, ihr Verfahren, die Hauptbeförderer der-

ben, ihre angewandten Mittel und ihre furcht-
:en Verwahrungsörter geschildert habe. Diese
:schichte soll so viel als möglich in chronolo-
scher Ordnung die Erzählung und Schilde-
:g der durch diese Staatsinquisition verfolgten
:hlachtopfer enthalten, und das mit der Zunahme
Kriegsbegebenheiten immer furchtba-
eingreifende Verfahren dieser Polizei ganz
decken.

Ihr Grossen und Mächtigen an der Spitze die-
Tribunals stehenden Beförderer und Theilneh-
r desselben, Euch fodre ich hier öffentlich auf —
tet Ihr je diese Geschichte zu Gesicht bekom-
n, — sucht Mich eben so öffentliche Lügen zu
:fen und Euch vor den Augen der Welt zu
:tfertigen, als ich hier eure im Finstern schlei-
nde Handlungen aufdecken und sie euern Zeit-
:ossen und der Nachwelt zur Warnung hinstellen
) bekannt machen werde! — Zu Eurer und
Menschheit Ehre wünschte ich Unwahrheit
agt, Lügen bekannt gemacht zu haben, gern
rde ich sie widerrufen und meinen Irrthum
n so öffentlich wieder bekennen, als ich hier
erlich nochmals versichere: Nur Wahrheit,

nur reine lautre Wahrheit geschrieben zu haben.

Doch ein jeder von diesen Beförderern und
Theilnehmern wird gewiß am besten wissen, wer
unter ihnen dies, oder jenes Schlachtopfer ihrer
Leidenschaft, ihres falschen heuchlerischen Patriotismus, ihrer fanatischen Wuth dem ewigen
quaalvollen Gefängnisse oder dem rächenden
Schwerdte des Henkers überliefert hat! —

Könnte doch diese Erzählung, diese Rückerinnerung so manches unschuldig verflossenen Blutes
so manches in den Gefängnissen noch itzt schmach-
tenden Schlachtopfers, könnten doch diese getreuen Schilderungen der unterdrückten Menschheit noch einen oder den andern von ihnen, die
das Glück von Millionen ihrer Mitbürger und
Brüder in Händen haben, könnte doch diese
getreue Darstellung ihrer tirannischen Handlungen, sie, wo nicht gänzlich bessern, doch
scheuer und furchtsamer machen; schon hiedurch hätte ich Gutes gestiftet und manches
Schlachtopfer ihren Händen entrissen! Dann
würde ich ruhig meine Feder niederlegen und mich
des gestifteten Guten im Stillen freuen.

Warrlich jetzt ist die Zeit der Bedrückung, es Zwanges, der Geistestirannei vorüber; freilich schimpft noch mancher dicker Wiener auf die Franzosekerle und auf die Schurken von Jacobinern, gesteht denn aber doch bei weiterer Erklärung seines Gegners, daß diese verdammte Kerle nicht Unrecht gehabt hätten, alle die entsetzlichen Mißbräuche der monarchischen Regierung abzuschaffen ꝛc. und hören damit auf ein gut Glas Tokayer auf die Gesundheit ihres knotigen Kaisers Fränzel auszuleeren und sich, und die Regierung unter welcher sie leben glücklich zu preisen. — Andre seufzen aber im Stillen über den Druck den sie erleiden, entschuldigen zwar ihren Kaiser, allein nicht seine Regierung und seinen Minister und würden warrlich bei weitrer Unternehmung nicht so unthätig bleiben. — Doch — da ich Revolutionen in der Nähe gesehn und ihren oft grausamen und blutigen Gang beobachtet habe, so wünsche ich keinem Lande Revolutionen im eigentlichen Sinne des Worts, wohl aber Verbesserungen und weisere Regierungsformen und Regenten. — Oestreichs Thron hat auch so leicht keine Revolution zu be-

fürchten, viele Urfachen tragen dazu bei, diefe
Behauptung zu unterftützen; da fie mich aber
zu weit führen würde, fo kehre ich zur geheimen
Polizei wieder zurück.

Während im Weften der öftreichifchen Monar:
chie ein 25 Millionen ftarkes Volk dem erftaunten
Europa und den mächtigen Beherrfchern deffel:
ben zeigte, daß es ohne König, ohne monar:
chifche Verfaffung feine politifche Exiftenz be:
haupten, bloß den Gefetzen gehorchend, fich felbft
regieren könne, während Frankreich fich zu einer
Republik erhob und die Menfchenrechte feiner
Conftitution vorangefetzt hatte, während dort
Alles zur Veredlung und zur Freiheit der fo
lange fchlummernden Menfchheit gefchah, lag
Oeftreichs Genius im tiefften Schlummer, dem
Pfaffenthume, dem politifchen Aberglauben und
der kraffeften Unwiffenheit ergeben. — Hie
und da freilich zeigte fich ein fchwaches Licht in
der tiefen Finfternis, bald aber ward es mit der
größten Sorgfalt erftickt und fchien nicht mehr.

Der Thron war einem zwar guten, allein
auf feine Minifter fich zu fehr verlaffenden Mo:
narchen zu Theil, der lange nicht den Erwartungen

Genüge that, die sich die Freunde der Mensch=
heit von dem versprachen, der einst als Großher=
og von Toscana zu so grossen Hoffnungen berech=
igte. Leopold II. führte die Spioneret in sei=
en neuen Staaten ein, war dem Pfaffenthum
rgeben, trat der berüchtigten Pillnitzer Con=
ention bei, beschränkte die Preßfreiheit und
nachte Censuredikte. —

Dennoch sah man hin und wieder daß er das
Bute zu befördern wünschte und die schon zu ti=
annisch werdende Oberherrschaft der Polizei in
twas hemmen wollte, wie folgendes Beispiel
eigen wird und wie schon das in einem meiner
origen Dir überschikte Schreiben von ihm zur
Verbesserung der Gefängnisse hinlänglich ge=
eigt hat.

Der Hofkonzipist Kropatschek erhielt schon
unter der Regierung Josephs II. Erlaubnis, zur
östreichischen Gesetzsammlung und diese ward
ihm auch unter dem 30sten May 1790 bestätigt.

Kropatschek beschwerte sich aber bei dem
Monarchen, daß die bei seinem Verleger, dem
Buchführer Mößle, aufgelegte Gesetzsammlung
von der politischen Behörde gehemmt, ihm die

sonst gewöhnliche Mittheilung der Verordnungen
erschwert, und nicht mehr gestattet werden solle
daß auch jene, die in den vierteljährigen gedruck=
ten kronologischen Auszügen enthalten sind, seiner
Sammlung einverleibt würden. Weiter beklagte
er sich darübe:, daß seinem Verleger die der Cen=
sur vorgelegte Beantwortung jener Ankündigung
nicht zugelassen worden sey, die der von Kurzbek,
als Verleger einer anderweitigen selbst unter Auf=
sicht der politischen Stelle, und unter der Leitung
eines Hofraths veranstalteten Gesetzsammlung,
auf eine sehr nachtheilige Art wider die Mößlische
Sammlung den Zeitungen eingerückt habe.

Der Kaiser forderte hierüber von der erwähn=
ten politischen Stelle eine genaue Auskunft,
welche dieselbe unter dem 7ten Jenner 1792 durch
Vortrag erstattete.

In diesem Vortrag ward der Hergang der
Sache, und das hierüber beobachtete Benehmen
der Stelle umständlich angeführt; am Schluß
des Vortrags aber noch der Wunsch angehängt,
daß itzt, wo dem Publico eine zuverläßige unter
der Leitung der politischen Hofstelle erscheinende
Gesetzsammlung um wohlfeilere Preise in die

Hände gegeben würde, alle übrigen Privatgesetz=
sammlungen gänzlich eingestellt werden möchten.
Hierauf erließ Leopold folgende Entschliessung:

Die Kanzeley wird,

1) dem Koncipisten Kropatschek zur weiteren
Fortsetzung seiner bereits herausgegebenen politi=
schen Gesetzsammlung die gedrukten chronologi=
schen Auszüge so, wie es vorhin geschehen, und
zu dem nehmlichen Gebrauch, welchen er davon
in seinen drey ersten Bänden gemacht hat, ohne
weiteres mittheilen; zur Censur seiner Auf=
lage ist

2) der Hofrath von Birkenstock als Censor
aufzustellen, und so auch

3) dem Buchhändler Mößle zu gestatten, daß
er eine in anständigen Ausdrücken abgefaßte Wi=
derlegung und Vertheidigung gegen die seiner
Sammlung von dem Kurzbeck durch die öffentli=
chen Zeitungen gemachten Angriffe, welche
Mir aber vor deren öffentlichen Herausgabe zur
Einsicht vorzulegen ist, ebenfalls durch den Druck
bekannt mache; wie denn auch er Mößle von erst=
erwähnten drey Punkten sogleich wörtlich zu
verständigen sein wird. Was endlich

4) den von der Kanzlei am Schluſſe des Vortrags gemachten Antrag, wegen Einſtellung aller
Privatgeſetzſammlungen betrift, ſo kann ſolchem
als einer blos auf Monopol abzielenden Anſtalt, nicht Platz gegeben werden.

Zien, den 22ſten Januar 1792.

Leopold.

Ich habe Dir das ganze Ding ſo geſchickt
wie es mir N. abgeſchrieben hat. Wahrſcheinlich iſt es ein Schmeichler der Fürſten geweſen,
der es bekannt machte, es wäre ſonſt wohl etwas
beſſer ausgefallen.

Der ehrgeizige Premierminiſter Fürſt Kaunitz herrſchte damals allmächtig im Namen ſeines
Kaiſers; er haßte die Nation, die den Muth
gehabt hatte, ihre Feſſeln abzuſchütteln und ver-
achtete deren letzten Botſchafter *) ſo ſehr, daß

*) Der Marquis de Noailles, damaliger und letzter
franzöſiſcher monarchiſcher Bothſchafter am Wiener
Hofe, beſchwerte ſich in einer an ſeinen ſchon damals
conſtitutionellen Hof, überſandten Note, er hätte nie
die letzte Dereſche (von welcher die Entſcheidung über
Krieg und Frieden mit Frankreich abhing) ſelbſt
dem Fürſten von Kaunitz übergeben und mit ihm ſich
darüber erklären können.

er ihn nicht einmal vor sich lassen und anhören
wollte, als er ihm die Entscheidung über Krieg
und Frieden brachte, sondern den schon beschloß=
nen Krieg mit Frankreich anfing.

Al. Hoffmann und mehrere Andre trugen
nicht wenig durch ihr Geschmiere und durch ihr
Geschrei zur Stimmung für den Krieg bei. —
Unter andern sagte Ersterer in seiner damals erst
herausgekommenen und von vielen mit grosser
Begierde gelesenen Wiener Zeitschrift fol=
endes: *)

«Der jetzige allgemeine Freiheitstaumel in
Europa, die Empörungen und Aufwiegelungen
unmüthiger Nationen wider ihre Souveränen,
alle politische Gährungen und der heutige Un=
glauben aller Arten (auch an Spionerei und
Spione? —) sind die Früchte einer zügellosen
Aufklärung, einer fanatischen Philosophie und
überhaupt einer Horde kosmopolitischer und philo=
sophischer Schriftsteller (worunter wohl Herr Al.
Hoffmann schwerlich gehört!) von Mirabeaus
Geschlecht und Zweck. »

*) S. Wiener Zeitschrift, 1ter Band 1tes Heft .1792
   Prolog.

«Diese Schriftsteller säen noch täglich ihr
Gift in alle europäische Staaten aus, sie führen das grosse Wort bei den meisten Nationen
(wie Herr Al. Hoffmann bei der Oestreichischen? —) und zumal in ganz Deutschland. Die
öffentliche Meinung ist in ihren Händen. (Gottlob daß dies mit dem Herrn Exjesuiten Heffmann
nicht der Fall ist! —) Ihre meistens berühmten oder vielmehr berüchtigten Namen, ihr Hunger und ihre Habsucht, ihre unverschämte und
zügellose Schwazhaftigkeit, alle ihre Ränke und
Kniffe (wie passend auf den Herrn Verfasser
selbst!) verbunden mit der fürchterlichen Allmacht
der geheimen Orden, geben ihren verderblichen
Grundsätzen überall Gewicht, Einfluß und die
traurigste Würksamkeit. "

«Es ist die höchste Zeit, dieser öffentlichen
Meinung eine andre Richtung zu geben und die
Tonführer der Nation verstummen zu machen,
oder alle Thronen stehn in Gefahr endlich unter
ihren Trümmern begraben zu werden, und alle
Regierungen von Europa fallen durch demokratische Zügellosigkeit in die schrecklichste Anarchie
der philosophischen Aufklärung. "

"Schriftsteller müssen darum gegen Schriftsteller kämpfen; die öffentliche Meinung muß auf
eine andre Seite hingestimmt, die Nationen
müssen von ihrem wahren Vortheil belehrt, die
Volksverführer entlarvt und die politischen Mord-
brenner mit unerschütterlicher Standhaftigkeit vor
der Welt bekämpft werden. (Wie bescheiden sich
der Herr Al. Hoffmann von den politischen Mord-
brennern, worinn er doch einen so vorzüglichen
Platz verdient, ausschließt!)

Folgende Stellen werden dies am besten be-
weisen und vollkommen zeigen, wie sehr er, der
Herr Al. Hoffmann, ein Beförderer der geheimen
Polizei und Spionerei ist. *)

"Gesetze und öffentliche Anstalten des Staats
werden verlacht und bleiben ohne Kraft und Ge-
deihen, wenns die vom Staate getrennte Faktionen beliebt, durch ihren vereinigten Einfluß etwas
anders zu wollen als der Staat will. Sie werden Hindernisse zu finden wissen, wo niemand
solche finden würde. Sie werden ihre Glieder zum
Ungehorsam aneifern (!:) und sie werden Alles was

*) S. Wiener Zeitschrift, 1ster Band S. 322, ꝛc.

H

der Staat gut meint und gut will, durch verkehrte Auslegungen, als schlecht und einfältig darstellen.

„Gestützt auf seine innre Sicherheit und versehen mit ernsthaften Maasregeln gegen jeden unruhigen Kopf im Lande, könnte der Staat solche Bemühungen des geheimen Ordensgeistes allenfalls noch verlachen, wenn die Kette der Faktionen an seinen Gränzen ihr Ende hätte. Aber diese Kette verbreitet sich über den ganzen Erdboden. Jedes Land hat dergleichen Trennungen in seinem Schooße, und alle diese Trennungen formen nach ihrem eigenen, aber von dem allgemeinen Interesse jedes Landes weit abgesonderten Zweck, ein für sich einzeln bestehendes Ganze. Jeder Staat nährt dann seine Auflaurer und seine Spione. Wo diese Trennungen sich etwa am meisten gekränkt halten, sind sie feindseelige Controlleure aller Vorfälle im ganzen Lande.” (!!)

„So können Staatsgeheimnisse aller Arten verrathen und verkauft werden, wenn gleich die Glieder des Staatsraths schweigen wie die Bildsäulen. — (Hat etwa Herr Al. Hoffmann an die geheime Polizei gedacht?) So weiß der Nach-

ar, der diesen Trennungen etwa günstiger ist,
ie ganze innre Verfassung unsers Landes, unsre
innahme und Ausgabe, unsre Maximen, unsre
Plane ꝛc. — So wird der ganze Gang der
Geschäfte und alle geheimsten Particularitäten
er Kabinette binnen Monathsfrist durch alle
Trennungen von Europa bekannt." —

«Bei solchem Bemühen nach der Herrschaft
über die Meinungen des Landes ist augenschein-
liche Gefahr daß die wesentlich nothwendigen
Grundsätze der Moralität, der Religion und des
bürgerlichen Gehorsams entkräftet und ausgerottet
werden können. Aus den geheimen Winkeln solcher Faktionen können Emissaire ausgehn, die in
der Gesellschaft und bei jeder Gelegenheit den
Naamen der Lehre des Ordenssystems aus-
streuen. Bücher und Schriften können aus solchen Winkeln ins weite Land sich ausbreiten, die
besten Meinungen lächerlich machen, angenommene Wahrheit um ihren Werth bringen, den
Volksglauben schwächen." —

«Ein andrer Fall ist dieser, wenn der Regent
den Lockungen solcher Faktionen zu entgehn sucht:

H 2

wenn er kein Werkzeug ihrer Absichten seyn will. —
Die abscheulichsten Anekdoten werden dann er:
dichtet und überall verbreitet. Das ganze Pri:
vatleben mit hundert Lügen verschändlicht, er:
fährt der gemeinste Mann von seinem Monarchen.
Die Zeitungen werden in Sold genommen, die
Journale reißt man in die Kette der Faktionen
hinein; Poeten machen lustige Schwänke, Kupfer:
stecher erfinden hämische Bilder; Schöngeister
machen Pasquille. — Dann spricht jeder
Schuhflicker von den Gebrechen der Regierung —
(und jeder Exjesuit und Professor riecht geheime
Verschwörung). Im Weinhause halten die
Kannengießer großen Staatsräth über den
Staatsrath bei Hofe. Eine entsetzliche Aufklä:
rung fährt wie ein pestilenzialischer Südwind,
(wie edel und erfindungsreich ist nicht dies Epi:
theton!) durch alle Köpfe in der Bierstube; man
spricht da nicht von Bier und Käse (!!) son:
dern vom Parlamente zu London und von der
natürlichen Freiheit; und überall ist das 3te
Wort der Regent, und ein stilleres oder laute:
res Achselzucken über sein Thun und Lassen, denn
er hat doch Alles was er recht gut thun wollte

emals recht und nach dem Sinne der Faktionen
macht.

S. 340. scheint er ganz die Spione der ge-
men Polizei geschildert zu haben, indem er
t den Faktionen spricht. Groß sind die Nach-
ile, sagt er, welche jedes einzelne Glied der
sellschaft, das nicht zur Loge gehört, von diesem
eimen Zusammenrottungen zu besorgen hat.
ktionsgeist (sollte wohl heissen Spionsgeist)
t alle Liebe und alles thätige Wohlmeinen ge-
Uneingeweihte und Fremde. Man zieht
en magischen Kreis um sich her, den kein Pro-
er überschreiten darf. Man verschließt sein
t jedem, der mit seinem Finger oder seinen
eimen Worten uns nicht zu verstehn giebt, er
ein Mitgenoß des Bundes und ein Getrenn-
von der Gesellschaft des Staats (d. h. er
ße oft als Spion solche Dinge in einem freund-
schlichen Cirkel vorbringen, die er als treuer
erthan und Befolger der existirenden Gesetze
berühren dürfte, wenn er nicht dadurch die
inung Andrer erforschen will! —)
«Alle Liebe, alle Kräfte, alle Thätigkeit hat
t nur für die Eingeweihten des brüderlichen

Geheimnisses. Man spricht zusammen, man
trinkt zusammen, man freut sich mit Niemandem
als mit dem Bruder; man leistet sich Dienste
und sonst Niemandem und man wagt mit Niemand den Entwurf eines Bubenstücks zu über-
denken, als mit dem Bruder. — Aemter
und Ehrenstellen werden allgemein von ihnen er-
schlichen und ertrotzt; sie treiben Handel damit
(Schildert sich etwa der Verfasser unter Leopold II ? —) und Niemand als ein Mitverstan-
dener des Bundes kann fortkommen, in wiefern
das Amt von ihrer Disposition abhängt. Man
begreift in manchem Lande nicht (Oestreich?)
wie unbekannte Menschen, unbärtige Jünglinge
und arme Schlucker ꝛc. (ex. gratia Herr Al. Hoffmann) auf einmahl ansehnliche Ehrenstellen ein-
nehmen. Die Faktionen helfen ihren Genossen
fort. Am meisten aber sind sie besorgt, Aemter
von Einfluß und Wichtigkeit an sich zu ziehn und
da sparen sie weder Mühe noch Kosten, ihre Absicht durchzusetzen."

"Mancher ehrliche, arbeitsame und geschickte
Mann begreift oft nicht, warum er ewig im Amte
auf der nemlichen Stelle sitzen bleibt, indessen

lles um ihn her fortrückt, befördert wird und tägs
ch neue Subjekte ihm an die Seite treten. Er
oll aber zurückdenken, ob er nicht je einmal
nem Faktionsgenoſſen eine unangenehme Rede
ab,“ (z. B. wie Wihling an Hoffmann, H . . .
a Blumauer, Prandſtätter und Juſt an Alxins
er, D. Schulcamarad und Freund des Grafen
ranz von Saurau an dieſen Miniſter und
ergleichen mehr. —) „oder ſich allgemein vermers
n ließ, die ſämmtlichen Faktionen ſeyen eben
ine beſondre Gabe des Himmels.“

«Andre Beiſpiele hat man, die eben ſo traus
rig ſind. — Im geſellſchaftlichen Geſpräch ents
fällt dem bedachtſamſten Menſchen bisweilen
eine freie Bemerkung über allbekannte Gegens
ſtände; alſo wohl auch über die geheimen Orden
önnte auch heiſſen über die geheime Polizei
ad ihre Glieder, Chefs, Gehülfen und Spione).
Irgend Jemand ſagt, ein wohlgeordneter Staat
bedürfe dergleichen Orden nicht, und dieſe Rede
jört ein Ordensgenoß. Nach einiger Zeit kommt
der, welcher jene Bemerkung fallen ließ zu ſeis
nem Gönner, der ihm ſonſt mit Freundlichkeit
begegnete; jetzt findet er ihn kalt und ernſthaft.

«Diese Schriftsteller säen noch täglich ihr Gift in alle europäische Staaten aus, sie führen das grosse Wort bei den meisten Nationen (wie Herr Al. Hoffmann bei der Oestreichischen? —) und zumal in ganz Deutschland. Die öffentliche Meinung ist in ihren Händen. (Gottlob daß dies mit dem Herrn Erjesuiten Heffmann nicht der Fall ist! —) Ihre meistens berühmten oder vielmehr berüchtigten Namen, ihr Hunger und ihre Habsucht, ihre unverschämte und zügellose Schwazhaftigkeit, alle ihre Ränke und Kniffe (wie passend auf den Herrn Verfasser selbst!) verbunden mit der fürchterlichen Allmacht der geheimen Orden, geben ihren verderblichen Grundsätzen überall Gewicht, Einfluß und die traurigste Wirksamkeit.»

«Es ist die höchste Zeit, dieser öffentlichen Meinung eine andre Richtung zu geben und die Tonführer der Nation verstummen zu machen, oder alle Thronen stehn in Gefahr endlich unter ihren Trümmern begraben zu werden, und alle Regierungen von Europa fallen durch demokratische Zügellosigkeit in die schrecklichste Anarchie der philosophischen Aufklärung.»

„Schriftsteller müssen darum gegen Schrift=
steller kämpfen, die öffentliche Meinung muß auf
eine andre Seite hingestimmt, die Nationen
müssen von ihrem wahren Vortheil belehrt, die
Volksverführer entlarvt und die politischen Mord=
brenner mit unerschütterlicher Standhaftigkeit vor
aller Welt bekämpft werden. (Wie bescheiden sich
der Herr Al. Hoffmann von den politischen Mord=
brennern, worinn er doch einen so vorzüglichen
Platz verdient, ausschließt!)

Folgende Stellen werden dies am besten be=
weisen und vollkommen zeigen, wie sehr er, der
Herr Al. Hoffmann, ein Beförderer der geheimen
Polizei und Spionerei ist. *)

„Gesetze und öffentliche Anstalten des Staats
werden verlacht und bleiben ohne Kraft und Ge=
wichen, wenns die vom Staate getrennte Faktio=
nen beliebt, durch ihren vereinigten Einfluß etwas
anders zu wollen als der Staat will. Sie wer=
den Hindernisse zu finden wissen, wo niemand
solche finden würde. Sie werden ihre Glieder zum
Ungehorsam aneifern (!!) und sie werden Alles was

*) S. Wiener Zeitschrift, 1ster Band S. 322, 1c.

H

der Staat gut meint und gut will, durch verkehrte Auslegungen, als schlecht und einfältig darstellen.

„Gestützt auf seine innre Sicherheit und versehen mit ernsthaften Maasregeln gegen jeden unruhigen Kopf im Lande, könnte der Staat solche Bemühungen des geheimen Ordensgeistes allenfalls noch verlachen, wenn die Kette der Faktionen an seinen Gränzen ihr Ende hätte. Aber diese Kette verbreitet sich über den ganzen Erdboden. Jedes Land hat dergleichen Trennungen in seinem Schooße, und alle diese Trennungen formen nach ihrem eigenen, aber von dem allgemeinen Interesse jedes Landes weit abgesonderten Zweck, ein für sich einzeln bestehendes Ganze. Jeder Staat nährt dann seine Auflaurer und seine Spione. Wo diese Trennungen sich etwa am meisten gekränkt halten, sind sie feindseelige Controlleure aller Vorfälle im ganzen Lande." (!!)

„So können Staatsgeheimnisse aller Arten verrathen und verkauft werden, wenn gleich die Glieder des Staatsraths schweigen wie die Bildsäulen. — (Hat etwa Herr Al. Hoffmann an die geheime Polizei gedacht?) So weiß der Nach-

ar, der diesen Trennungen etwa günstiger ist,
le ganze inure Verfassung unsers Landes, unsre
innahme und Ausgabe, unsre Maximen, unsre
)lane ꝛc. — So wird der ganze Gang der
Geschäfte und alle geheimsten Particularitäten
r Kabinette binnen Monathsfrist durch alle
rennungen von Europa bekannt." —

"Bei solchem Bemühen nach der Herrschaft
ber die Meinungen des Landes ist augenscheins
che Gefahr daß die wesentlich nothwendigen
Grundsätze der Moralität, der Religion und des
ürgerlichen Gehorsams entkräftet und ausgerottet
erden können. Aus den geheimen Winkeln sol=
er Faktionen können Emissaire ausgehn, die in
der Gesellschaft und bei jeder Gelegenheit den
Saamen der Lehre des Ordenssystems aus=
reuen. Bücher und Schriften können aus sol=
en Winkeln ins weite Land sich ausbreiten, die
lten Meinungen lächerlich machen, angenom=
iene Wahrheit um ihren Werth bringen, den
Bolksglauben schwächen." —

"Ein andrer Fall ist dieser, wenn der Regent
en Lockungen solcher Faktionen zu entgehn sucht;

wenn er kein Werkzeug ihrer Absichten seyn will —
Die abscheulichsten Anekdoten werden dann er-
dichtet und überall verbreitet. Das ganze Pri-
vatleben mit hundert Lügen verschändlicht, erfährt der gemeinste Mann von seinem Monarchen.
Die Zeitungen werden in Sold genommen, die
Journale reißt man in die Kette der Faktionen
hinein; Poeten machen lustige Schwänke, Kupfer-
stecher erfinden hämische Bilder; Schöngeister
machen Pasquille. — Dann spricht jeder
Schuhflicker von den Gebrechen der Regierung —
(und jeder Exjesuit und Professor riecht geheime
Verschwörung). Im Weinhause halten die
Kannengießer großen Staatsrath über den
Staatsrath bei Hofe. Eine entsetzliche Aufklärung fährt wie ein pestilenzialischer Südwind,
(wie edel und erfindungsreich ist nicht dies Epi-
theton!) durch alle Köpfe in der Bierstube; man
spricht da nicht von Bier und Käse (!!) sondern vom Parlamente zu London und von der
natürlichen Freiheit; und überall ist das 3te
Wort der Regent, und ein stilleres oder laute-
res Achselzucken über sein Thun und Lassen, denn
er hat doch Alles was er recht gut thun wollte.

:mals recht und nach dem Sinne der Faktionen
nacht.

S. 340. scheint er ganz die Spione der ge=
men Polizei geschildert zu haben, indem er
t den Faktionen spricht. Groß sind die Nach=
ile, sagt er, welche jedes einzelne Glied der
sellschaft, das nicht zur Loge gehört, von diesen
eimen Zusammenrottungen zu besorgen hat.
ktionsgeist (sollte wohl heissen Spionsgeist)
t alle Liebe und alles thätige Wohlmeinen ge=
Uneingeweihte und Fremde. Man zieht
en magischen Kreis um sich her, den kein Pro=
er überschreiten darf. Man verschließt, sein
rz jedem, der mit seinem Finger oder seinen
eimen Worten uns nicht zu verstehn giebt, er
ein Mitgenoß des Bundes und ein Getrennt
von der Gesellschaft des Staats (d. h. er
ße oft als Spion solche Dinge in einem freund=
istlichen Cirkel vorbringen, die er als treuer
terthan und Befolger der existirenden Gesetze,
berühren dürfte, wenn er nicht dadurch die
:inung Andrer erforschen will! —)
«Alle Liebe, alle Kräfte, alle Thätigkeit hat
n nur für die Eingeweihten des brüderlichen

Geheimniſſes. Man ſpricht zuſammen, man
trinkt zuſammen, man freut ſich mit Niemandem
als mit dem Bruder; man leiſtet ſich Dienſte
und ſonſt Niemandem und man wagt mit Niemand den Entwurf eines Bubenſtücks zu über-
denken, als mit dem Bruder. — Aemter
und Ehrenſtellen werden allgemein von ihnen er-
ſchlichen und ertrotzt; ſie treiben Handel damit
(Schildert ſich etwa der Verfaſſer unter Leopold II ? —) und Niemand als ein Mitverſtan-
dener des Bundes kann fortkommen, in wiefern
das Amt von ihrer Diſpoſition abhängt. Man
begreift in manchem Lande nicht (Oeſtreich?)
wie unbekannte Menſchen, unbärtige Jünglinge
und arme Schlukker ꝛc. (ex. gratia Herr Al. Hoffmann) auf einmahl anſehnliche Ehrenſtellen ein-
nehmen. Die Faktionen helfen ihren Genoſſen
fort. Am meiſten aber ſind ſie beſorgt, Aemter
von Einfluß und Wichtigkeit an ſich zu ziehn und
da ſparen ſie weder Mühe noch Koſten, ihre Abſicht durchzuſetzen.”

“Mancher ehrliche, arbeitſame und geſchickte
Mann begreift oft nicht, warum er ewig im Amte
auf der nemlichen Stelle ſitzen bleibt, indeſſen

lles um ihn her fortrückt, befördert wird und täg-
ch neue Subjekte ihm an die Seite treten. Er
ll aber zurückdenken, ob er nicht je einmal
nem Faktionsgenossen eine unangenehme Rede
b,„ (z. B. wie Wihling an Hoffmann, H...
i Blumauer, Prandstätter und Just an Alxin-
r, D. Schulcamarad und Freund des Grafen
ranz von Saurau an diesen Minister und
rgleichen mehr. —) »oder sich allgemein vermer-
n ließ, die sämmtlichen Faktionen seyen eben
ine besondre Gabe des Himmels. ”

«Andre Beispiele hat man, die eben so traurig sind. —. Im gesellschaftlichen Gespräch ent-
fällt dem bedachtsamsten Menschen bisweilen
eine freie Bemerkung über allbekannte Gegenstände; also wohl auch über die geheimen Orden
önnte auch heißen über die g e h e i m e P o l i z e i
d ihre Glieder, Chefs, Gehülfen und Spione).
Irgend Jemand sagt, ein wohlgeordneter Staat
bedürfe dergleichen Orden nicht, und diese Rede
hört ein Ordensgenoß. Nach einiger Zeit kommt
der, welcher jene Bemerkung fallen ließ zu seinem Gönner, der ihm sonst mit Freundlichkeit
begegnete; jetzt findet er ihn kalt und ernsthaft.

«Er begegnet seinem Freunde, dieser spricht ein-
«silbig mit ihm und empfiehlt sich. Er geht in
«seine sonstige Gesellschaft; Alles zieht sich von
«ihm ab» — «Er will seinen Augen nicht
«trauen, er fragt sein Herz und seinen Kopf um
«jede mögliche Vergehung, wodurch er in der Ach-
«tung seiner Freunde und Bekannten so tief gesun-
«ken seyn könnte ꝛc. — die besten und unbescholten-
«sten Menschen kommen auf solche Art um Ehre,
«Brodt und ihre bürgerliche Ruhe. Unbekannte
«Feinde streuen Gift über ihren guten Namen.»
(Könnte Al. Hoffmann wohl treffender die Spionerei und die geheime Polizei schildern? —)

S. 346. heißt es ferner: «Alle diese Nachtheile würden jedoch für den Staat, für den Regenten und für die ganze Gesellschaft von minde-
rer Bedeutung seyn, wenn die Faktionen sich nicht
in den verdächtigen Mantel des Geheimnißes
einhüllten. Niemand soll sie kennen. Gegen
einen gefährlichen Menschen, der kühn genug ist
auf der offnen Landstraße uns anzugreifen, können
wir uns zur Wehre setzen, aber wer vermag es
sich zu wehren, wenn ein heimlicher Buchschkläp-

ser (wie edel!) aus der Finsterniß des Waldes
eine Rache auf uns losdrückt?" —

»Jede Faktion, die sich verkriecht, deren Glieder nicht gekannt seyn wollen, und die doch in
alle Geschäfte des bürgerlichen Lebens aufs thätigste sich verwickelt, hat den gegründeten Argwohn unredlicher Absichten gegen sich. — Welchen Werth hat die Redlichkeit solcher Menschen,
die immerdar verlarvt unter ihren Mitbürgern
herumwandeln, die immerfort in der Lage sich
befinden, jedermann ungestraft zu kränken und
zu mishandeln, weil der Gekränkte und Mishan-
delte seinen Feind nicht kennt, und also nie gegen
ihn sich in Sicherheit zu setzen im Stande ist."

In diesem Tone fährt der Exjesuit Al. Hoffmann fort, als wenn er nie die Spionerei, noch
ihre mächtige Triebfeder, das furchtbare Tribunal
der geheimen Polizei, gekannt hätte. Hier aber
zeigt ers denn doch, daß er gleichwohl im weitläuf-
tigen Sinn des Worts ein Anhänger dieser geheimen Polizei ist, und dieser einen noch größern
Würkungskreis bereitet. Hier sind seine eignen
Worte.

dischen, herz- und geistlosen Schulmeistereien dieser seynwollenden Helden des Zeitalters gar nicht
zu hören. Was gewinnt man denn doch durch
solches Hören? Nichts, als Mitleiden über die
Hinfälligkeit und Armseeligkeit des menschlichen
Hochmuths; und dies kann man sich doch wohl
ersparen." (Armer Wicht, wie lächerlich für den,
der dich kennt!)

Doch genug von diesem Bombast des Erz-
schmierers und Exjesuiten Hoffmann, der durch
alle sein Lärmen und Toben über geheime Verschwörungen und Faktionen und dgl. m. nicht
wenig dazu beigetragen hat, die geheime Polizei
in ihrem Wirkungskreis auszudehnen, und sie
noch furchtbarer zu machen.

Der Krieg brach nun aus, und brachte Tausende von unglücklichen und ganz unschuldigen
Menschen zur Schlachtbank. Manchen unter ihnen wollte es aber gar nicht einleuchten, wie sie
ihre Mitbrüder, die Franzosen, Leute, die ihnen
nie etwas zu Leide gethan hatten, todschiessen
sollten; sie konnten ihre Philosophie nicht mit

der der Regierung vereinigen — sie liefen zu
uns über, und befanden sich wohl *).

Kaiser Leopold starb am 1sten März 1792,
und sein Sohn Franz II. nahm die Zügel der
Regierung. Es ist ein guter, allein schwacher
junger Fürst, der zu bequem, Ruhe und Vergnü-
zungen liebend, vielleicht ein braver Hausvater
als Privatmann seyn würde; allein der auf dem
Thron sich noch zu sehr auf seine Minister und
Günstlinge verläßt. — Franz überließ Kau-
nitzen die Zügel der Regierung, ernannte den
Grafen von Colloredo zum Conferenz- und
Cabinetsminister, und nun gewann die geheime
Polizei einen wahrhaft furchtbaren Charakter,
da der Fürst Kaunitz mit dem Grafen von

*) Bei meinen, seit 1791 dreimaligen Reisen an den
Gränzen der Republik, habe ich mehrere dieser K. K.
Deserteurs gesehn und gesprochen, die französische
Kriegsdienste genommen hatten, und die sich ausserordentlich wohl befanden. Viele davon, die sich auszeich-
neten, wurden zu Offiziers, vorzüglich in dem 6ten Husarenregimente ernannt. Man errichtete ganze Corps
von östreichischen und preußischen Ueberläufern; das
bekannte furchtbare Husarenregiment Chamboran
bestand meistentheils aus Deutschen.

Pergen, als Präsident der Polizei, diese in
mehrere Thätigkeit sezte. —

Da Kaunitz noch mehreremale in diesen
Briefen erscheinen wird; so will ich Dir in meinem künftigen etwas über diesen Premierminister sagen, den Du doch kennen lernen mußt. Leb'
indeß wohl.

Siebenter Brief.

Wien, den 10ten März 1798.

Ich habe unsern guten N. um die Mittheilung
der Biographie des Fürsten Kaunitz
ersucht. Hier ist ein Auszug davon.

Kaunitzens Biographie im Auszuge.

Das Kaunitzische Geschlecht, dessen Stamm=
haus, die Herrschaft Kaunitz, in Mähren,
zwei Meilen von Brün, am Fluße Iglau liegt,
ist schon seit vielen Jahrhunderten bekannt.
Schon im J. 949 kömmt der Name Kaunitz in
den Jahrbüchern vor, und seit dieser Zeit zeigt
dieses Haus eine fast ununterbrochene Reihe von
Kriegs= und Staatsmännern.

Der Vater dieses verstorbenen Ministers
Wenzel Anton, war Maximilian Ulrich

dischen, herz= und geistlosen Schulmeisterelen die=
ser seynwollenden Helden des Zeitalters gar nicht
zu hören. Was gewinnt man denn doch durch
solches Hören? Nichts, als Mitleiden über die
Hinfälligkeit und Armseeligkeit des menschlichen
Hochmuths; und dies kann man sich doch wohl
ersparen." (Armer Wicht, wie lächerlich für den,
der dich kennt!)

Doch genug von diesem Bombast des Erz=
schmierers und Exjesuiten Hoffmann, der durch
alle sein Lärmen und Toben über geheime Ver=
schwörungen und Faktionen und dgl. m. nicht
wenig dazu beigetragen hat, die geheime Polizei
in ihrem Wirkungskreis auszudehnen, und sie
noch furchtbarer zu machen.

Der Krieg brach nun aus, und brachte Tau=
sende von unglücklichen und ganz unschuldigen
Menschen zur Schlachtbank. Manchen unter ih=
nen wollte es aber gar nicht einleuchten, wie sie
ihre Mitbrüder, die Franzosen, Leute, die ihnen
nie etwas zu Leide gethan hatten, todschießen
sollten; sie konnten ihre Philosophie nicht mit

her der Regierung vereinigen — sie liefen zu
uns über, und befanden sich wohl *).

Kaiser Leopold starb am 1sten März 1792,
und sein Sohn Franz II. nahm die Zügel der
Regierung. Es ist ein guter, allein schwacher
junger Fürst, der zu bequem, Ruhe und Vergnügungen liebend, vielleicht ein braver Hausvater
als Privatmann seyn würde; allein der auf dem
Thron sich noch zu sehr auf seine Minister und
Günstlinge verläßt. — Franz überließ Kau-
nitzen die Zügel der Regierung, ernannte den
Grafen von Colloredo zum Conferenz- und
Cabinetsminister, und nun gewann die geheime
Polizei einen wahrhaft furchtbaren Charakter,
da der Fürst Kaunitz mit dem Grafen von

*) Bei meinen, seit 1791 dreimaligen Reisen an den
Gränzen der Republik, habe ich mehrere dieser K. K.
Deserteurs gesehn und gesprochen, die französische
Kriegsdienste genommen hatten, und die sich ausserordentlich wohl befanden. Viele davon, die sich auszeich-
neten, wurden zu Officiers, vorzüglich in dem 6ten Husarenregimente ernannt. Man errichtete ganze Corps
von östreichischen und preußischen Ueberläufern; das
bekannte furchtbare Husarenregiment Chamboran
bestand meistentheils aus Deutschen.

dischen, herz= und geistlosen Schulmeistereien die=
ser seynwollenden Helden des Zeitalters gar nicht
zu hören. Was gewinnt man denn doch durch
solches Hören? Nichts, als Mitleiden über die
Hinfälligkeit und Armseeligkeit des menschlichen
Hochmuths; und dies kann man sich doch wohl
ersparen." (Armer Wicht, wie lächerlich für den,
der dich kennt!)

Doch genug von diesem Bembast des Erz=
schmierers und Exjesuiten Hoffmann, der durch
alle sein Lärmen und Toben über geheime Ver=
schwörungen und Faktionen und dgl. m. nicht
wenig dazu beigetragen hat, die geheime Polizei
in ihrem Wirkungskreis auszudehnen, und sie
noch furchtbarer zu machen.

Der Krieg brach nun aus, und brachte Tau=
sende von unglücklichen und ganz unschuldigen
Menschen zur Schlachtbank. Manchen unter ih=
nen wollte es aber gar nicht einleuchten, wie sie
ihre Mitbrüder, die Franzosen, Leute, die ihnen
nie etwas zu Leide gethan hatten, todschiessen
sollten; sie konnten ihre Philosophie nicht mit

der der Regierung vereinigen — sie liefen zu
uns über, und befanden sich wohl *).

Kaiser Leopold starb am 1sten März 1792,
und sein Sohn Franz II. nahm die Zügel der
Regierung. Es ist ein guter, allein schwacher
junger Fürst, der zu bequem, Ruhe und Vergnügungen liebend, vielleicht ein braver Hausvater
als Privatmann seyn würde; allein der auf dem
Thron sich noch zu sehr auf seine Minister und
Günstlinge verläßt. — Franz überließ Kau-
nitzen die Zügel der Regierung, ernannte den
Grafen von Colloredo zum Conferenz- und
Cabinetsminister, und nun gewann die geheime
Polizei einen wahrhaft furchtbaren Charakter,
da der Fürst Kaunitz mit dem Grafen von

*) Bei meinen, seit 1791 dreimaligen Reisen an den
Gränzen der Republik, habe ich mehrere dieser K. K.
Deserteurs gesehn und gesprochen, die französische
Kriegsdienste genommen hatten, und die sich ausserordentlich wohl befanden. Viele davon, die sich auszeich-
neten, wurden zu Offiziers, vorzüglich in dem 6ten Husarenregimente ernannt. Man errichtete ganze Corps
von östreichischen und preußischen Ueberläufern; das
bekannte furchtbare Husarenregiment Chamboran
bestand meistentheils aus Deutschen.

»Schlechte Grundsätze verbreiten sich indessen
doch von oben ab (herab) durch den ganzen Körper
der Faktion, bis auf das lezte Glied, wie ein Blitz-
strahl an einer elektrischen Stange. Es gehört
zur wesentlichen Existenz solcher Trennungen, daß
sie über die meisten Dinge in der Welt anders
denken, als alle übrige Menschen, darum sind
denn auch ihre Begriffe von Moralität, Religion,
Ehre, Recht und Unrecht meistens ganz verschieden von den Begriffen andrer Leute.« ——

Hier ist er Denunziant geheimer Faktionen,
und in folgender Stelle Schmeichler der Maje-
stäten und der Throne *).

»Und es ist doch wirklich auf den Thronen
jetzt überall viele auffallende unverkennbare Güte,
Weisheit und thätige Völkerliebe. Es geschehen
wirklich in jedem Lande immer große und schöne
Handlungen von menschenfreundlichen Fürsten;
wenn auch übrigens nicht täglich ein Spital gebaut, oder ein Philosoph täglich zum ersten Minister ernannt wird; wenn auch bisweilen irgend
eine Schwäche sichtbar zu werden scheint, oder
ein wohlgemeintes Project eines Weltverbesserers

*) S. Wiener Zeitschr. 3r Bd., S. 32.

nach dem Camine wandern muß. (Wie nie=
drig ſchmeichelt er nicht hier Leopold II. und
Friedrich Wilhelm II. von Preuſſen, die er bei
dieſer Stelle ganz vor Augen zu haben ſchien!) —
Es muß jedem redlichen und vernünftigen Manne
in jedem Lande wichtig ſeyn, die Summe guter
Regententhaten geſammelt, und durch deren wahr=
hafte Darſtellung die ſchlangenliſtigen Erfindun=
gen der Lügner, des Misvergnügens, der Rache,
des böſen Willens zerſtreut, und in das verdiente
Nichts der Erdichtung zurückgeworfen zu ſehen.

„Die Regentenläſterer — aber ſonſt auch gewiß
Niemand (wie dreuſt!) — werden in dieſem Un=
ternehmen der Wiener Zeitſchrift völlig nichts,
als — Despotenſinn, Sklavengefühl, Schmeiche=
ley, Wohldienen, und auch nicht den allergeringſten
Funken modiſcher Aufklärung finden. Das ſollen
ſie. Wer wird ſich ſolcher Menſchen wegen auch
immer in ſeinen beſten Vorſätzen irre machen
laſſen? Wer wird immer mit einer gewiſſen
Schwäche nach den Machtgeboten dieſer ange=
maaßten Allherren ſich ſchmiegen und erniedri=
gen? — Man hat es ſich bereits zum unver=
brüchlichen Geſetz gemacht, auf die elenden, nek

dischen, herz- und geistlosen Schulmeistereien dieser seynwollenden Helden des Zeitalters gar nicht
zu hören. Was gewinnt man denn doch durch
solches Hören? Nichts, als Mitleiden über die
Hinfälligkeit und Armseeligkeit des menschlichen
Hochmuths; und dies kann man sich doch wohl
ersparen." (Armer Wicht, wie lächerlich für den,
der dich kennt!)

Doch genug von diesem Bembast des Erz-
schmierers und Exjesuiten Hoffmann, der durch
alle sein Lärmen und Toben über geheime Verschwörungen und Faktionen und dgl. m. nicht
wenig dazu beigetragen hat, die geheime Polizei
in ihrem Wirkungskreis auszudehnen, und sie
noch furchtbarer zu machen.

Der Krieg brach nun aus, und brachte Tausende von unglücklichen und ganz unschuldigen
Menschen zur Schlachtbank. Manchen unter ihnen wollte es aber gar nicht einleuchten, wie sie
ihre Mitbrüder, die Franzosen, Leute, die ihnen
nie etwas zu Leide gethan hatten, todschießen
sollten; sie konnten ihre Philosophie nicht mit

der der Regierung vereinigen — sie liefen zu
uns über, und befanden sich wohl *).

Kaiser Leopold starb am 1sten März 1792,
und sein Sohn Franz II. nahm die Zügel der
Regierung. Es ist ein guter, allein schwacher
junger Fürst, der zu bequem, Ruhe und Vergnügungen liebend, vielleicht ein braver Hausvater
als Privatmann seyn würde; allein der auf dem
Thron sich noch zu sehr auf seine Minister und
Günstlinge verläßt. — Franz überließ Kau-
nitzen die Zügel der Regierung, ernannte den
Grafen von Colloredo zum Conferenz- und
Cabinetsminister, und nun gewann die geheime
Polizei einen wahrhaft furchtbaren Charakter,
da der Fürst Kaunitz mit dem Grafen von

*) Bei meinen, seit 1791 dreimaligen Reisen an den
Gränzen der Republik, habe ich mehrere dieser K. K.
Deserteurs gesehn und gesprochen, die französische
Kriegsdienste genommen hätten, und die sich ausserordentlich wohl befanden. Viele davon, die sich auszeich-
neten, wurden zu Officiers, vorzüglich in dem 6ten Husarenregimente ernannt. Man errichtete ganze Corps
von östreichischen und preußischen Ueberläufern; das
bekannte furchtbare Husarenregiment Chamboran
bestand meistentheils aus Deutschen.

Pergen, als Präſident der Polizei, dieſe in
mehrere Thätigkeit ſezte. —

Da Kauniz noch mehreremale in dieſen
Briefen erſcheinen wird; ſo will ich Dir in meinem künftigen etwas über dieſen Premierminiſter ſagen, den Du doch kennen lernen mußt. Leb'
indeß wohl.

Siebenter Brief.

Wien, den 10ten März 1798.

Ich habe unſern guten N. um die Mittheilung der Biographie des Fürſten Kauniß erſucht. Hier iſt ein Auszug davon.

Kaunißens Biographie im Auszuge.

Das Kaunißiſche Geſchlecht, deſſen Stamm-haus, die Herrſchaft Kauniß, in Mähren, zwei Meilen von Brün, am Fluße Iglau liegt, iſt ſchon ſeit vielen Jahrhunderten bekannt. Schon im J. 949 kömmt der Name Kauniß in den Jahrbüchern vor, und ſeit dieſer Zeit zeigt dieſes Haus eine faſt ununterbrochene Reihe von Kriegs- und Staatsmännern.

Der Vater dieſes verſtorbenen Miniſters Wenzel Anton, war Maximilian Ulrich

Joseph Fortunate, geboren im J. 1667, wurde K. K. Kämmerier, Landeshauptmann in Mähren und Reichshofrath, wie auch Geheimer Rath. Dann Gesandter am Churrheinischen Kreise, am Römischen Hofe und am Niederrheinischen Kreise. Er hatte neunzehn Kinder, worunter Wenzel Anton der fünfte Sohn war.

Dieser ward zu Wien am 2ten Februar 1711 geboren, und weil er unter seinen am Leben gebliebenen Brüdern der jüngste war, dem geistlichen Stande gewidmet, auch schon im dreizehnten Jahre seines Alters (1724) mit einer Domherrn Stelle zu Münster bekleidet. Als aber seine Brüder alle theils vor dem Feinde, theils auf dem Krankenbette starben, und er dadurch der einzige Stammhalter seines Hauses wurde, so verließ er den geistlichen Stand, um dem Staate seine Dienste anzubieten. Er studierte anfangs zu Wien, und darauf, wie es damals Sitte unter dem östreichischen Adel war, zu Leipzig; ward im J. 1737 Reichs-Hofrath, und zwei Jahr darauf, im 28sten seines Alters, zweiter Kaiserl. Commissar am Reichstage zu Regensburg. — Als aber schon im folgenden

Jahre Kaiser Karl VI. verstarb, und Kaunitzens Amt dadurch aufhörte, begab er sich auf seine Güter in Mähren. Doch schon im Jahre 1742 wurde er als bevollmächtigter Minister an den Sardinischen Hof gesandt, der eben mit dem Oestreichischen in eine neue Allianz getreten war, und legte die lezte Hand an diese Verbindung, welcher endlich auch der Großbrittannische Hof beitrat.

Bei der Vermählung des Herzogs Carl von Lothringen mit der Erzherzogin Maria Anna, die zu Wien am 7ten Januar 1744 geschahe, wurde Kaunitz zu derselben zum obersten Hofmeister, und an des Grafen von Königsegg Stelle zum Königl. Ungarisch-Böhmischen Minister an demselben Hofe ernannt. Er kam den 17ten Oktober allein nach Brüssel, um die Leitung aller dortigen Geschäfte zu übernehmen, die um desto bedenklicher waren, da der König von Frankreich schon den Krieg erklärt hatte. Im Februar 1745 ward Kaunitz zum bevollmächtigten Minister ernannt.

Die Franzosen waren indeß, wie Du weißt, in die Niederlande eingedrungen und im Februar 1746 bis vor Brüssel gekommen, was capi-

tuliren mußte, so wie auch Antwerpen, wo
Kauniß sich mit den Gliedern des Gouverne-
ments befand. Seiner geschwächten Gesundheit halber bat er um seine Dimission, die er
auch erhielt, und die Bäder zu Aachen ge-
brauchte.

1738, als zu Aachen die Friedenspräliminar-
rien geschlossen wurden, war er einer der Bevollmächtigten von Seiten der Kaiserin, allein er
hatte keinen Theil an den Schluß der Präliminarien, da unser Gesandte durchaus darauf bestand, daß Kauniß davon ausgeschlossen werden
sollte. Er protestirte zwar anfangs gegen diese
Präliminarien, allein er trat ihnen nachher am
25sten Mai bei, und am 18ten Oktober ward
der Definitivtractat geschlossen.

Zum Beweis, daß seine Gebieterin, Maria
Theresia, mit ihm sehr zufrieden war, erhielt er
1749 den Orden des goldnen Vließes, und wurde
zum K. K. Bothschafter nach Paris ernannt, wo
er bis zu Ende des Jahrs 1752 verblieb.

Während dieser Gesandschaft legte Kauniß
den Grund zu der Allianz zwischen Frankreich
und Oestreich, die im Jahr 1756 zu Stande

kam. — Er ward nun an des Grafen von
Uhlfeld Stelle, der um seine Entlassung ange-
sucht hatte, 1752 von Paris abgerufen, und
zum Hof- und Staatskanzler ernannt. Er reiste
1753 über Brüssel, hatte wegen der seit dem
Aachner Frieden von Oesterreichischer Seite auf-
gehörten Zahlung der Subsidiengelder für die
Barrieren eine Entrevüe mit dem Bevollmächtigten der Generalstaaten, Grafen Bentink. Sie
zerschlug sich aber bald, und Kaunitz kam 1753
nach Wien, wo er sogleich seine neue Würde an-
trat, dabei die oberste Leitung der Niederländischen und Lombardischen Geschäfte, und die
Würde eines würklichen Staats- und Conferenz-
Ministers verband; die er bis an seinem Tode
behalten hat. Im J. 1764 wurde er in den
Reichsfürstenstand mit seinen männlichen Leibes-
erben nach dem Rechte der Erstgeburt erhoben. —

Sein erstes Geschäft war, die Allianz zwischen Frankreich und Oestreich im J. 1756 zu
Stande zu bringen, die über uns so viel Verderben gebracht hat. — Er leitete unumschränkt
die auswärtigen Staats-Angelegenheiten, hatte

einen starken Einfluß in die innern, und dabei
das unbegränzte Vertrauen der Kaiserin Maria
Theresia. Joseph II. bei seiner Allein=Regie=
rung ließ diesem Minister lange nicht den Ein=
fluß; obgleich er ihn mit allen äusserlichen Zei=
chen der Hochachtung und des Vertrauens be=
ehrte, so befolgte er nicht immer dessen Rath=
schläge. — Unter Kaiser Leopold II. sank sein
Ansehn noch mehr, weil das des Erzbischofs Car=
dinals Migazi stieg. Seit Franz II. Re=
gierung war er fast ganz aus den Geschäften des
Staats, zu denen ihn sein hohes Alter und die
sorgfältige Pflege, die er seiner Gesundheit wid=
mete, auch nicht mehr fähig machten.

Der Hauptzug in seinem Charakter war wohl
Eigenliebe. Diese zeigte sich vorzüglich beim
Reiten. Er behauptete, er hätte die erste
Reitbahn in ganz Deutschland, welches ihm denn
doch aber nicht alle Pferdeliebhaber zugeben
wollten. Man mußte warrlich die Gewand=
heit und Geschicklichkeit des Greises bewundern,
der in seinem hohen Alter junge und muthige
Hengste zuritt. Befand er sich wohl, so ritt er
fast täglich zwei bis drei Pferde, und ließ die

Bahn im Winter mit vielen Argant'schen Lam-
pen erleuchten. Dann sahe er nichts lieber, als
wenn er eine Menge Zuschauer hatte.

Bei seinem Tode hat er ausdrücklich in
seinem Testamente verordnet, daß es der Welt
kund werden sollte: er habe seine Stall-
meister selbst gezogen! —

Er lobte sich ausserordentlich gern, und
wußte am besten seine Verdienste zu schätzen, die
er würklich auch hatte, allein sie noch weit mehr
gehabt haben würde, wenn er sie nicht immer
so viel gesehn hätte. Deshalb lobte er auch selten die Verdienste andrer. Vornehm und trocken
war er oft gegen Fremde aus seinem Stande,
gütig und herablassend gegen Niedre, weil diese
wußten, mit wem sie sprachen, und wie sie sich
dabei benehmen mußten; ernsthaft aber gegen
alle und immer; auch wohl in Anwandlungen von
Unmuth und Laune, die er ziemlich oft hatte,
sehr grob und derb. — Aus dieser Eigenliebe,
diesem Stolze entstand noch ein großer Fehler für
einen Staatsmann, vorzüglich auf dem das
Wohl so vieler Tausenden ankam, nemlich der,
zwei ja drei Stunden lange Toilette zu machen.

Dann blieben Geschäfte, Audienz und Alles liegen, was ihn hätte stöhren können, sein Haar ꝛc. zu schmücken. Fremde und einheimische Minister mußten auf die Vollendung dieser Toilette warten, und sich dies gefallen lassen. Dabei hatte er eine von den Andern ganz abweichende Lebensweise. Er aß nehmlich zu Mittage um 8 Uhr Abends, und zu Abend gegen Mitternacht. —

Doch nur noch eins von seiner großen Liebe zur Pracht, noch in den lezten Jahren seines Lebens.

Einer meiner Bekannten, der ziemlich oft bei ihm gegessen hatte, erzählte mir folgendes davon.

Er lebte damals in seinem Garten, ganz von Geschäften entfernt, zu Mariahülf. Um halb acht Uhr ging er zur Mittagstafel, die gewöhnlich einige Stunden dauerte. Gewöhnlich war er ganz schwarz in Seide gekleidet, mit seinen Orden behangen, die reich mit Brillanten versehen waren. Um seinen Stuhl standen mit Ehrerbietung die Minister und Großen, und warteten, bis sie der Fürst anredete. Unterdeß war in dem Saale eine Boutique mit Galanterie-Waaren aufgestellt, wobei ein wohlgekleidetes

Frauenzimmer die Geschäfte besorgte. Hier kaufte man, versteht sich zu sehr geringen Preisen, die größten Kostbarkeiten, Ringe, Medaillons, Uhren rc. — aber gewöhnlich alle mit des Fürsten Portrait geziert, das reichlich mit Brillanten besteckt war. — Alle Zimmer waren mit den kostbarsten Mahlereien versehn, und überhaupt herrschte die größte Pracht in allem, was ihn umgab.

Dabei war alle Abend Assemblee; aber Dienstags und Freitags wurde sie am stärksten besucht. Diese Versammlungen waren äußerst interessant und lehrreich, allein auch sehr kostbar. Hier sah man einen Zirkel um den Fürsten, die mit Ehrerbietung und tiefen Schweigen ihn betrachteten; dort einen andern um einige Fremde, deren Neuigkeiten und Erzählungen man anhörte; dort eine neue Mahlerei, Kupferstiche, Landkarten rc., die man besah, einige, die im Nebenzimmer Billard spielten, noch andre, welche bei der Galanterie-Boutique die niedlichen Sachen betrachteten rc. — Es wurden auch Spielparthien gemacht. Allein bei allen diesen Cirkeln war er beständig derjenige, um den sich alles drehte; er mußte bemerkt, gesehen, bewundert werden. —

Eines Tages', als ihn ein satirischer Kopf so mit seinen Ordensbändern behangen lange Zeit angesehn hatte, fragte ihn sein nebenstehender Freund, ob er das nicht schön fände: o ja! antwortete er, indem er sich entfernte, allein ich fürchte, daß dies zweibeinigte Thier schade, wahrscheinlich hat man ihm deshalb die vielen Halfter angelegt! indem er auf die Orden zeige.

Hier nur noch eine Anekdote, die man von ihm erzählte; ich könnte noch sehr vieles von ihm sagen, allein ich befürchte, Dich zu ermüden; auch wünschte ich nicht, alle seine Blößen aufzudecken, die denn doch nicht ein zu vortheilhaftes Licht auf seine sonst großen Verdienste werfen möchten. Diese Anekdote nur, um ihn wieder mit Dir auszusöhnen.

Als der Pabst nach Wien kam, um dort seine geistliche Farce zu spielen, hatte auch Kaunitz die Ehre, ihm vorgestellt zu werden. Gewöhnlich mußte man dem heiligen Vater den Pantoffel küssen, wie Du weißt. Allein Pius,

aus großer Achtung für den Fürsten, dispensirte
ihn von dieser herabwürdigenden Ceremonie, und
reichte ihm beim Eintritt die Hand zum Küssen
hin. Kaunitz aber, der wohl wußte, was dies
zu bedeuten habe, ergriff sie mit seinen beiden,
umfaßte sie, und schüttelte sie ihm ganz treuherzig
und auf alter deutscher Sitte. Dem Italiener
und heiligen Mann machte dies zu Anfang etwas
betreten; allein bald sezte er sich auch darüber
weg, und nun unterließ er alle Ceremonie mit
ihm, und sprach sehr lange und oft, ohne je wieder an dergleichen zu denken.

Doch nun zu F r a n z II. zurück.

Zu Anfang der Regierung des jungen Kaisers
sah man ein Bestreben in ihm, das Gute zu bewürken, und alles, was auf das Wohl und Weh
seiner Unterthanen Bezug hatte, mit Eifer betrei-
ben. — Hier einige Beweise davon.

Der griechische nicht - unirte Kaufmann zu
Gyöngyös, im hevescher Komitat in Ungarn,
M i c h á e l H o r v a t h, zeichnete sich schon bei
Gelegenheit des Türkenkrieges durch Rekruten-
stellung und Darbietung von Naturalien für den
K. K. Dienst rühmlich aus. Er wurde in Rück-

ficht deſſen, von dem Kaiſer und Könige Leopold
den zweiten in den ungariſchen Adelſtand unentgeldlich erhoben. Jezt nun entſchloß er ſich zum
Behufe des Kriegsdienſtes bey dem jetzigen franzöſiſchen Kriege 100 Rekruten auf eigene Koſten
zu ſtellen, 1660 Preßburger Metzen Haver, eben
ſo viel Metzen an Getraide und 300 Fuhren
Heu unentgeldlich zu liefern. Er wandte ſich
mit ſeinem Geſchenk an den illiriſchen Hofkanz-
ler, Grafen von Balaßa. Dieſer Miniſter unterließ nicht, das rühmliche Vorhaben eines
Gliedes der illiriſchen Nation vor den allerhöch-
ſten Thron zu bringen, und Seine Majeſtät, gerührt durch eine ſo auszeichnende Geſinnung
eines ſo getreuen Unterthans, fühlten ſich veranlaßt, demſelben durch ein Allerhöchſtes Hand-
ſchreiben nicht allein das würdige Lob zu ertheilen, ſondern ihn auch in den Freiherrnſtand zu
erheben.

Hier iſt der Inhalt dieſes in lateiniſcher
Sprache abgefaßten Handſchreibens.

„Entſchloſſen, für das Wohl Meiner Staaten und Meiner Unterthanen Alles auf-
zuopfern, hat es mich innigſt gerührt,

von einem Meiner Unterthanen das lobenswür=
dige Bestreben zu vernehmen, nach seinen Kräf=
ten, aus Liebe für das Vaterland und für Mich,
zum Schutz entfernter Provinzen nach Möglich=
keit beizutragen. Deine Handlung ist um so
rühmlicher, da du, weit entfernt von dem Schau=
platze des Krieges, dem allgemeinen Wohl ein
wichtiges Opfer bringst, wichtig durch den Ge=
danken, den du in mir befriedigst, daß ich von
Meinen Unterthanen geliebt werde,
daß sie, so entfernt sie auch von einander seyn
mögen, sich gegenseitig lieben, und daß diese
wechselsweise Liebe Meiner Unterthanen Mir
die angenehmste Aussicht darbietet, sie glück=
lich zu regieren,"

„Ich danke dir für deine Handlung; ich
danke dir für die Gesinnung, die Ich zwar mit
Mir auf den Thron gebracht, die Mir angeböh=
ren ist, die ich von der unvergeßlichen großen
Theresia, Meiner innigst geliebten Großmutter,
angeerbt habe, die du Mir aber auf das ange=
nehmste und lebhafteste wieder erneuert hast.
Die Liebe meiner Unterthanen ist
mein Wunsch, Ihre Glückseeligkeit

mein Bestreben; und Ich werde bey dem allgemeinen Besten das Wohl derjenigen nicht versäumen, die so wie du durch ihre Ergebenheit, den Beifall und den Dank ihres Königs zu verdienen wissen."

„Ich erhebe dich daher in den Freiherrnstand, dich und deine Nachkommen. Mögen sie eben so viele Ergebenheit für Mich und die Meinigen hegen, damit sie, so wie du ihren Mitbür: gern zum nachahmungswürdigen Bei: spiel dienen können."

Wien, den 28sten April 1792.

Franz II.

An die Deputation der Stände von Ungarn, welche ihn zur Krönung nach Ofen einluden, hielt der König folgende Rede in der öffentlichen Audienz, die er ihnen ertheilte.

„Mit Wohlgefallen nehme ich die Einla: dung der getreuen Stände an. Eilen will ich in ihrer Mitte! — Mein Geist, durch den Tod meiner Mutter niedergeschlagen, sucht Trost, und verspricht sich, solchen in den Herzen der Herren Stände zu finden."

„Sehr habe ich Mich gefreut, über das in Mich gesetzte Vertrauen der Herren Stände, ob es Mir schon, da Ich den edlen Karakter der Nation, der allein des Vertrauens fähig ist, kenne, nicht unerwartet war. — Mit der Freimüthigkeit, welche Mir die Reinigkeit der Gesinnungen, und das Bewußtseyn derselben einflößt, sage Ich getrost: niemals soll diese edelmüthige Nation das in Mich gesetzte Vertrauen bereuen; auf keine Weise werde ich Mich im gegenseitigen Zutrauen von derselben übertreffen lassen."

„Sagt, Meine lieben Getreuen, sagt euren Mitbürgern, wenn ihr in ihre Mitte zurückkomt, daß Ich der sorgfältigste Wächter der Reichskonstitution seyn werde; — sagt, Ich sey so beschaffen, daß zwar die Gesetze allezeit Meinen Willen, die Redlichkeit, die Offenherzigkeit und das Vertrauen des Volks aber allezeit Mein Herz regieren."

„Die Königin, Meine gelebte Gemahlin, wird in das Verlangen der Herren Stände mit Vergnügen willigen. Mir selbst wird es sehr lieb seyn, dieses neue Unterpfand der engeren

Verbindung mit der Nation zu sehen, damit
Meine Kinder, welche Mir das höchste Wesen
verleihen mag, nicht nur durch das Beispiel des
Vaters, sondern auch durch Anreizung
der Mutter, diese edle Nation schätzen
und auch lieben lernen. — Am 22sten
Junius werden wir uns in Ofen sehen."

————————

Am 3ten Junius hielt der König bei der ersten feierlichen Versammlung im großen Saale
der Stände vom Thron herab folgende Rede.

"Meines besten Vaters vor kurzem beraubt, komme ich in die Mitte der
Herren Stände, um bei ihnen für Mein be-
kümmertes, durch den Verlust Meiner lieben Mutter neuerdings verwundetes
Herz die kräftigste Linderung zu finden, bei
ihnen, die ihren Fürsten nicht nur Treue zu beweisen, sondern dieselbe auch mit kindlicher Liebe
zu verehren wissen. Ich komme, damit dem
besten Vater durch Mich und die Herren Stände,
welche Er nicht anders als seine
Söhne ansah, ein ewig dauerndes Denk-

mal der Liebe errichtet werde; nämlich das
durch, daß alles dasjenige, was Er zur Wohlfahrt des ganzen Vaterlandes entwarf, und wozu
Er durch die gesetzmäßig angeordneten Reichs-
deputationen den Weg bahnte, sobald als es die
Zeitumstände zulassen, zu Stande gebracht werden. Eine ganz neue Art von Dankbezeugung
wird es seyn, wenn seiner ehrwürdigen Asche
selbst durch die Weisheit der Gesetze, wozu er
den Grund zuerst legte, eine Lobrede gehalten
wird; es wird auch für Meine Wünsche und für
eure Würde das angemessenste seyn und zu
einem heilsamen Beispiele für diejenigen dienen,
welche die Grenzen zwischen Freiheit und Zügellosigkeit nicht kennen. Zwar hätte ich gewünscht,
daß dieses große Werk, wovon die Wohlfahrt der
Nachkommenschaft abhängt, schon auf gegenwär-
tigem Landtage hätte vorgenommen werden können; aber weil Mich mit dem Antritte der Regierung selbst dringende Sorgen, theils wegen
des Krieges, welchen die französische, von Mir
nirgends dazu gereizte Nation auf die beleidi-
gendste Art gegen Mich angefangen hat, theils
wegen der Regierung mehrerer Länder und ausser-

dem selbst die gegenwärtige Lage des Römischen
Reichs anders wohin abrufen; so werden Wir
ißt nur auf die geschwindere Beendigung dieses
Gegenstandes unser Augenmerk zu richten haben. Indessen werde ich den Gesetzen Genüge
leisten, die geheiligte Krone nach Art meiner
glorreichen Vorfahren nach der gesetzmäßigen
Weise auf Mich nehmen, und zu der Treue, die
ich ohnehin schon von dem Augenblicke an bei
Mir gehabt habe, wo die Regierung dieses meines Königreichs und der damit verbundenen
Provinzen, durch die Erbfolge, in meine Hände
kam, vor dem Angesichte des Volks feierlich Mich
verbinden, welches sämmtliche Herren Stände
aus Meinen, von meinem Ungarischen Hofkanz-
ler zu übergebenden Propositionen noch deutlicher
einsehen werden."

Wer hätte nicht geglaubt, König Franz
würde nach diesen Aeusserungen (die nur in
dem Munde eines Königs und Kaisers so vortreflich klingen, weil sie in deren Munde so unge-
wöhnlich sind) nun mit der rastlosesten Thätigkeit
an dem Wohl seiner Unterthanen mit dem Eifer arbeiten, von dem er hier so ganz befreit zu seyn schien.

Allein schon unter dem 9ten März 1792 kam folgendes Rescript an die oberste Hofstelle, die so ganz dazu eingerichtet war, um die geheime Polizei noch furchtbarer und mächtiger zu machen.

„Da Ich das Wohl des Staats mit dem Wohl der Einzelnen Glieder desselben zu verbinden, Mir als die theuerste Pflicht auferlegt habe, und die geheimen anonimischen Anzeigen die Ruhe und das Wohl eines jeden Bürgers untergraben; so will Ich, daß künftig von einer bloß anonimischen Anzeige kein Gebrauch zu machen, sondern dieselbe nur als eine Skartéke zu betrachten sei; sollte es sich aber ereignen, daß jemand für wichtig genug hielte, zum Wohl des Staats verdächtige Handlungen und deren Urheber anzuzeigen; so ist eine Anzeige, wenn selbe durch Beisetzung des Namens und Standes des Anzeigers bekräftiget ist, auf das strengste zu untersuchen, und wenn sie wahr befunden wird, auf den Anzeiger bei sich ereignender Gelegenheit der besondere Bedacht zu nehmen; denn so sehr der Verläumder zu verabscheuen ist, eben so sehr ist derjenige zu schätzen, welcher durch zeitige Aufdeckung der Gefahr dem Uebel vorbeugt, welches dem Staat durch übelgesinnte Menschen, oder untaugliche und nachläßige Beamte zuwächst.”

„Wonach sich die Hofstelle benehmen und die gleiche Richtschnur auch den untergeordneten Landesbehörden zur Nachachtung vorschreiben wird.”

Wer findet nicht in den Worten des Reskripts: denn so sehr der Verläumder zu verabscheuen ist, eben so sehr ist derjenige zu schätzen, welcher durch zeitige Aufdeckuug der Gefahr dem Uebel vorbeugt ꝛc. — eine wahre Aufmunterung zur Spionerei und heimlichen Angeberei?

Franz versank nun bald in Unthätigkeit; überließ die Ruder des Staats seinem Premierminister Kaunitz, der als ein kluger ehrgeitziger Mann dieselben sehr zu benützen wußte, und lebte sehr eingezogen mit seiner Familie. Hier etwas von seiner Jugendgeschichte.

Franz war der erste Sohn des damaligen Großherzogs von Toscana, Leopold, der mit der Prinzeßin Marie Louise, Carl III. Königs von Spanien Tochter, vierzehn Kinder zeugte, wovon das erste, Franz, den 12ten Februar 1768 gebohren ward. Er ward mit Sorgfalt erzogen, kam aber 1784 auf Verlangen seines Oheims, Kaisers Joseph II., nach Wien. — Hier studierte er fleißig, und machte gute Fortschritte in den Wissenschaften. Die Kriegskunst vorzüglich war sein Lieblingsstudium, in welchem er es dennoch nicht sehr weit brachte.

Den 16ten Januar 1788 ward er mit der Prinzeßin Elisabeth von Würtemberg vermählt, ein sehr gutes, kluges und vortrefliches Frauenzimmer, das von Joseph II. vorzüglich sehr geschäzt und geliebt ward. Sie starb zu früh für ihren Mann sowohl als für die ganze Oestreichische Monarchie; der 17te Februar war ihr Todestag, der durch eine schwere Niederkunft einige Tage vor des Kaisers Josephs II. Tode erfolgte.

Hier will ich Dir einen Beweis geben, wie zärtlich Kaiser Joseph diese Prinzeßin liebte.

Am 18ten Februar, Morgens gegen halb 7 Uhr, erfolgte die Niederkunft der Prinzeßin Elisabeth; sie wurde von einer Prinzeßin entbunden, bald darauf aber starb sie unter den schrecklichsten Schmerzen. — Die ganze Nacht hindurch ließ sich Joseph in jeder Stunde nach

ihrem Befinden erkundigen. — Endlich meldete
man ihm die Niederkunft. — Es war unmöglich, ihm ihren schmerzlichen Tod zu verheelen. —
Mit stammelnder Stimme brachte der Beichts-
vater ihm, dem auf dem Todbette liegenden Kaiser, die schrekliche Nachricht — der Kaiser
schwieg — er kehrte sich um, seine Augen wein-
ten die lezten Thränen. — Endlich machte ein
tiefer Seufzer seiner gepreßten Seele Luft. —
Er erhob seine Augen gen Himmel — dann rief
er aus: Herr, dein Wille geschehe! Als er sich
darauf umsahe, unt den Grafen (nachmaligen
Fürsten) Rosenberg bemerkte, rief er im Gefühl
der tiefsten Wehmuth ihm zu — »Ach Gott!
»ich leide unaussprechlich. — Ich war auf Alles
»bereit, was auch immer die Vorsehung beschlos-
»sen hatte, aber nicht auf die Bitterkeit dieses
»Schlags, der alle meine Leiden übertrifft. —«

Am lezten Tage vor seinem Tode ließ er sich
noch die neugebohrne Prinzeßin bringen, nahm
sie auf den Arm und küßte sie mit thränenden
Augen. — »Schönes Kind! — wahres Bild
»deiner tugendhaften Mutter,« sagte er. —

„Doch — tragt sie fort, die Stunde meiner Auf=
„lösung ist nahe." —

Willst Du mehreres über Kaiser Joseph le=
sen, so laß Dir folgendes Buch, aus welchem ich
diese Stelle ausgezogen habe, kommen: Anek=
boten und Charakterzüge aus dem
Leben Josephs des zweiten, 1r Band.
Neuwied, Wien und Leipzig, 1790. —

Es ist zwar nur oberflächlich und schlecht ge=
schrieben, dennoch aber, der darin enthaltenen
Anekdoten willen, der Mühe werth zu lesen,
vorzüglich für uns, die wir so wenig Schriften
darüber haben.

Joseph mußte sich nicht viel aus seinem Nef=
fen machen, denn er ließ ihn nicht einmal vor
sich kommen, noch erwähnte er seiner bei dem
Tode der Erzherzogin Elisabeth, der Gemahlin
und des Kindes des Erzherzogs.

Den 14ten März 1788, kaum mit seiner
jungen Frau bekannt, verließ Franz Wien, und
kam am 18ten in Semlin an, wohnte der
Eroberung von Schabacz bei, wo er unter den
Schüssen der Kanonen gestanden haben soll, und
bereiste den ganzen 180 Meilen langen Kordon,

wobei er die Belagerung der Festung Choczim
sah. — Er soll denn doch tapfer und muthig sich
in Siebenbürgen geschlagen haben, und bei dem
Rückzuge bei Karansebes in der größten Ge=
fahr gewesen seyn, gefangen zu werden, wenn
ihn nicht der Graf Kinsky in die Mitte des
Quarree eines Regiments gebracht hätte.

Ich sage, er soll muthig und tapfer gewesen
seyn, weil diese Nachricht nicht so ganz mit einer
bekannten Anekdote zusammenstimmt, die man
von ihm erzählt. Hier ist sie, so wie man sie
sich hier in Wien zwar nur heimlich, jedoch sehr
allgemein, erzählt. —

Bei seiner Reise in den Niederlanden, als
Kaiser, wovon ich Dir künftig ein Mehreres
sagen werde, soll er in dem Oestreichischen Lager
mit der Armee kampirt haben. Du kannst Dir
leicht vorstellen, daß wenn ein Kaiser kampirt,
dies ganz anders ist, als wenn unser eins auf
dem Stroh in einem elenden Zelte liegt, kurz —
er kampirte. Da aber sein kaiserlicher Magen
eben so hungrig werden kann, als der unsrige, so
fiel es ihm ein, einen Eierkuchen, nach Feldmanier
zubereitet, im Angesichte seiner treuen Soldaten,

zu verzehren, die ob dem Wunderwerke staunten,
und sich herzlich über ihren theuren Landesvater
freuten, der denn auch versuchen wollte, die Gefahren des Krieges mit ihnen zu theilen, und zu
sehn, wie einem eine erhaltene Wunde, ein Bein
oder ein Arm weniger, bekämen. Nun, dachten sie, nun wirds gut gehen, der Kaiser selbst
kömmt in Allerhöchster Person seine gekränkte
Ehre an den verruchten Franzosenknechten (wie sie
verschiedne deutsche Schriftsteller zu nennen beliebten) zu rächen, und tapfer für das Heil und
das Glück seiner Allerhöchsten Person, ihres Vaterlandes und seiner Mitbürger zu streiten. Sie
umringten seine Schüssel und riefen ein über das
andre: Es lebe unser theurer Landesvater, unser knotige Kaser Fränz'l! Kaum aber hatten
Se. Kaiserl. Majestät, höchst entzückt, über die
gute Laune Ihrer Soldaten, mit Ihren kaiserlichen zarten Fingern den warmen Eierkuchen be-
rührt, um ihn zum Munde zu führen (denn im
Lager war nicht die Rede von Messer und Ga-
bel, obgleich mehrere Dutzend davon in den kaiserlichen Küchenwagen befindlich waren) als ein
plötzlicher Lärm die kaiserlichen Ohren berührte,

und dessen Magen noch weniger behagte. Der
Generalmarsch ward geschlagen und Alles griff
zu den Waffen. Statt dem ganzen Lager nun
ein eben so gutes Beispiel im Gefecht zu geben,
als sie es bei der Schüssel gethan hatten, geru-
heten Se. Kaiserl. Majestät in höchst eigner
Person den schönen Eierkuchen zu verlassen, sich
auf ein Pferd zu schwingen, und seinem Reise-
wagen nachzugaloppiren und sich schlagen zu lassen,
wer da Lust hatte.

Dies ist die Anekdote, die mir wenigstens
von hundert Personen als w a h r versichert ward.
Ich aber, der ich sie Dir wieder erzähle, kann sie
Dir nicht für authentisch ausgeben, und habe
eben das Recht, an dieser, so wie an jener von
Kinsky zu zweifeln.

Er kam nun nach Wien zurück; man dachte
darauf, ihn zum zweitenmale zu vermählen.
Dies geschah den 19ten September 1790 mit
der Kronprinzeßin von Neapel, M a r i a T h e-
r e s i a C a r o l i n a, der jetzigen Kaiserin, die die
Hofintriguen sehr liebt, und sie vorzüglich jezt
mehr als jemals ausübt. Sein Vater starb am
1sten März Nachmittags, im 45sten Jahre

seines Alters, und zwar nach einer Regierung von 2 Jahren und 9 Tagen der östreichischen Erbstaaten, und sein Sohn F r a n z unter dem Titel der II. folgte ihm in der Regierung.

Es ist ein ziemlich hübscher und wohlgewachsner Mann, der viel Sanftmüthiges auf seinem Gesichte trägt, das so ganz das Gepräge seiner Seele ist. Als Privatmann wäre er vortreflicher Gatte, zärtlicher Hausvater; als Kaiser kennst Du ihn ja, deßhalb nichts davon. — Bei den Audienzertheilungen ist er oft und mehrentheils sehr verlegen; selten wirst Du aus seinem Munde eine entscheidende Antwort hören. Wartet man darauf, oder kommen dergleichen Gelegenheiten vor, so sagt er: W i r wollen sehen, w i r müssen die Sache in Ueberlegung nehmen, w i r können Ihnen hierüber keinen Bescheid geben 2c., kommen Sie wieder. — Nie sagt er: Das k a n n nicht seyn, oder das s o l l geschehn und dergl. m., was er doch bei vielen Dingen sagen könnte. — Man sieht deutlich daraus, daß er sich nicht getraut, etwas für sich selbst zuzusagen, weil er seine Minister, oft auch die Kaiserin um Rath fragen muß. Abschlagen will er auch nicht gern, weil dies seiner Herzensgüte, die man ihm gar nicht absprechen kann, zu nahe kömmt. So bleibt also aus gar zu großer Güte und Aengstlichkeit manches unentschieden, was denen, die es angeht, den größten Schaden zufügt. Uebrigens spricht er außerordentlich viel bei Audienzen, allein oft von ganz andern Sachen, als von dem Gegenstande des Supplikanten, der manchmal ganz betäubt von dem kaiserlichen Geschwätz zurückkommen soll.

Zu seiner Charakteristik gehört noch folgende Anekdote:

In einer Conferenz, die er mit seinen Ministern hatte, wurde die für ganz Europa so wichtige Frage aufgeworfen, die vorzüglich Oestreichs Bewohner außerordentlich interessiren mußte; nehmlich: Ob Oestreich mit der Republik Frieden machen oder den Krieg fortsetzen sollte? Der Kaiser, den Blick starr auf einen Tisch geheftet, schien ganz in seinen Gedanken vertieft zu seyn. Die Minister, in Debatten über diese wichtige Frage begriffen, bemerkten dies nicht. Endlich aber sieht es einer von ihnen, der die andern darauf aufmerksam macht. Sogleich herrscht die tiefste Stille, und man erwartet mit Ehrfurcht die Entscheidung Sr. Kaiserl. Majestät. Diese befiehlt ihnen, fortzufahren. Se. Majestät verfällt wieder in tiefes Nachdenken; einige Bewegungen, die sie macht, verursachen eine neue ehrfurchtsvolle Stille; neuer Befehl fortzufahren. Endlich macht Se. Kaiserl. Majestät ein Zeichen mit der Hand und schreit laut auf: „Drei für Eine." Die Minister schweigen und warten in ehrfurchtsvoller Stille die Entscheidung dieses mystischen Ausspruchs von ihrem Allergnädigsten Herrn und Kaiser. Er nähert sich ihnen mit den sichtbarsten Zeichen der Freude und thut die Hand auf, aus welcher drei Fliegen hervorkommen. „Sehn Sie, sagt Ihro Majestät, ich habe Drei für Eine gefangen!"

Nun zu den Kriegsbegebenheiten und der Geschichte der geheimen Polizei wieder zurück.

Wer sollte nicht durch folgendes Handbillet des Kaisers an den Landmarschall der Niederöstreichischen Stände, Fürsten von Khevenhüller, vom 1sten Mai 1792 glauben, wie sehr Kaiser Franz oder vielmehr sein Ministerium an der

Fortſetzung des Krieges gegen die franzöſiſche Nation unſchuldig ſey. Hier iſt es.

„Es thut Mir leid, mein lieber Fürſt, Ihnen anzukündigen, daß ich von den Franzoſen zu einem Kriege herausgefodert werde, da ich kaum den Thron meiner Vorfahren beſtiegen habe. Ich habe nichts gethan, mir dieſen Krieg zuzuziehen; davon zeugen meine letzten Erklärungen an Frankreich und der Beweis davon iſt, daß ich nicht dazu vorbereitet bin."

„Sagen Sie indeſſen meinen lieben Ständen und treuen Unterthanen von Ober= und Nieder= Oeſtreich, daß ſie ſich darüber keinen Kummer machen, daß ich Ihnen in Zeit von zwey Jahren durch keine außerordentliche Auflage zur Laſt fallen werde, da ich bereits mit meinen Brüdern übereingekommen bin, daß wir unſer ganzes Erbtheil und alle Güter unſerer Vorfahren dazu anwenden wollen, weil es entſchieden iſt, daß die Franzoſen uns blos deshalben angreifen, weil wir dem Syſtem des verſtorbenen Kaiſers, unſeres Vaters, gefolgt ſind, und dieſer die Ungerechtigkeiten eines Komplotts verabſcheuungswürdiger Menſchen nicht länger leiden wollte, welche

sich der unwürdigsten Behandlung gegen den König, seinen Schwager, und die Königin, seine
Schwester, zu erlauben, kein Bedenken getragen
haben.

Die Kriegsbedürfniße wurden tagtäglich immer dringender, die Auflagen immer läftiger, und
mit ihnen nahm auch das heimliche Murren, das
Elend und die unglückliche Lage vieler Tausenden
sehr zu. —

Um die Beiträge zur Fortsetzung des Krieges
desto wirksamer zu machen, verfiel man auf verschiedne Mittel, die alle nicht fruchtlos blieben.
Die vornehmsten Contribuenten wurden entweder in den Adelstand oder in den Freiherrn- und
Grafenstand erhoben, bekamen auch Ordensbänder, Belobungsschreiben u. dgl. mehr. Die armen Tagelöhner und Handwerker, die oft die
Hälfte ihrer Baarschaft, einige Kreuzer zur
Kriegskanzlei trugen, bekamen en masse einen
kaiserl. königl. gnädigen Dank in den öffentlichen
Blättern eingerückt, mit dem huldreichen Bescheid: Ihro K. K. Majeftät hätten geruhet, diese patriotischen Beiträge

huldreichſt und gnädigſt anzuneh=
men! — So lockte die Majeſtät, die wenig
oder gar nichts davon wußte, dieſen armen Un=
glücklichen ihr in dem Schweiße ihres Angeſich=
tes erworbenes Tagegeld aus der Taſche, um es
zu dieſem unglücklichen und für Oeſtreich ſo ſchäd=
lichen Krieg zu gebrauchen. —

O, Kaiſer Franz! hätteſt du gewußt, wie
manche Thräne des Kummers, ſelbſt der Ver=
zweiflung dieſe Kreuzer den armen Beitragen=
den gekoſtet hätten, warlich du hätteſt das
Schärflein dieſer Unglücklichen nicht angenom=
men. Du hätteſt ihrer geſchont, ſie hatten es
um dich verdient; ihre Anhänglichkeit an dein
ganzes Haus, an deine eigne Perſon iſt herzlich,
ungeheuchelt und warm. Deine Unterthanen
ſind patriotiſch geſinnt, d. h. in deinem Sinne
des Worts, ſie hängen an ihre Regierungsform,
an ihren König und Kaiſer, dieß muß ich mit
Wahrheit und Aufrichtigkeit bezeugen; ob ich
gleich ein Feind deiner Regierungsform bin, ſo
bin ich es keineswegwes deiner Unterthanen und
Mitbürger. Sie ſind empfänglich für alles Gute,
edel, würden es weit mehr ſeyn bei größerer Bil=

dung, tapfer (denn welche Nation hat die Wi-
derwärtigkeiten des Krieges mit mehrerer Standhaftigkeit, mit mehrerem Muthe und größrer
Beharrlichkeit geduldet, als die Oestreichische?)
hängen fest an das regierende Haus — auch
dies hat seine sehr guten Seiten; es zeigt von
Dankbarkeit und Charakter, und sichert dem
Landesherrn Ruhe, Ordnung und Beobachtung
der Landesgesetze, in welchen der Oestreicher
sich auch auszeichnet; kurz, es verhütet gewaltsame Ausbrüche der Volkswuth, Revolutionen
und dergl. mehr, die beständig die Folge der Un-
terdrückung und Despotie sind, und denen, die
ihnen beiwohnen müssen und sie befördern helfen,
jederzeit zum größten Nachtheil gereichen. Freilich
giebt es Zeiten, in welchen Revolutionen nothwendig, Widerstand gegen Tirannei und Volks-
bedrückung zur Pflicht werden. Diese Zeiten,
Kaiser Franz, sind aber in deinen Staaten noch
nicht eingetreten, bleib deshalb ruhig und ganz
ohne Sorgen; denn, glaube mir, deine Unterthanen sind noch nicht reif, noch nicht aufgeklärt
genug, hängen noch zu sehr an dem Katholicis-
mus, der heiligen und gebenedeiten Priesterschaft,

und an manchem Aberglauben, über welchen viele
andre Nationen längst hinweg sind, um so leicht
eine Revolution anzufangen. Allein dies sey dir
zur Warnung gesagt: Je mehr du Revolutionen fürchtest, je sorgfältiger du sie vermeiden,
unterdrücken, Aberglauben und Finsterniß befördern willst, desto schneller gehst du grade dem
Ziele entgegen, das du so sorgfältig zu vermeiden
wünschest. — Doch — es ließe sich hierüber
noch sehr vieles sagen — nur dieß noch. Wenn
ich dir hier von deinen Unterthanen spreche,
so verstehe ich das Allgemeine oder die Maße derselben; einzelne Ausnahmen, deren es allerwärts,
sowohl im guten als im bösen Sinne des Worts,
sehr viele giebt, kann ich hier nicht berühren, sie
würden mich zu weit führen, und gehören hier
nicht her.

Wie konnten aber diese armen Unglücklichen
nichts beitragen? — Man trug ja die größte
Sorge, alle diese Beiträge in den Zeitungen,
nebst dem Namen der Geber sorgfältig abdrucken
zu lassen, so daß derjenige, dessen Namen nicht
dort stand, oft für ein schlechter Patriot, oder
wohl gar für ein Feind des Vaterlandes, Ver-

räther, Staatsverbrecher gehalten und verfolgt
wurde.

Auch die geheime Polizei war hierin äußerst
wachsam. Genau bemerkte sie diejenigen, welche
sich nur das Geringste gegen diese sogenannten
freiwilligen Beiträge merken ließen, oder no=
tirte auch die, welche gar nichts oder ver=
hältnißmäßig nur wenig dazu beigetragen hat=
ten. — Die Furcht, der geheimen Polizei ver=
dächtig zu werden, that sehr viel, und feuerte
manchen an, mehr zu geben, als er wohl sonst
gegeben hätte.

In Ungarn, dieser Vorrathskammer der
Oestreichischen Monarchie, war dies vorzüglich
der Fall. Ein Reisender machte uns von diesem
Königreiche neulich folgende Schilderung, die ich
Dir hieher setzen will.

„Man glaube nicht, sagte er, daß Ungarn einen
gänzlichen Mangel an vortrefflichen Männern
leide, denen Wahrheit und Menschenwohl über
alles geht; die im Stillen in ihrem Wirkungs=
kreise des Guten viel verbreiten. Es giebt deren
nicht wenige. Auch unter den katholischen Pre=
digern lernte ich manchen rechtschaffnen, helldem

L

fenden Mann kennen, befonders unter denjeni=
gen, die im Jofephinifchen Seminarien ihre Bil=
dung erhalten hatten. (Wahrfcheinlich verfolgt
fie deßhalb der Erzbifchof und Cardinal Mi=
gazzi.) Einige von ihnen fühlen das Drückende
ihrer Lage, fprechen mit Begeifterung von den
Fortfchritten, welche die Aufklärung im Aus=
lande, befonders in Teutfchland, macht, mit Un=
willen von den Feffeln, in die man ihren Geift
zwingt — lachen über päbftliche Autorität, und
mißbilligen im höchften Grade die Intoleranz
vieler ihrer Amtsbrüder, und die Ungerechtigkei=
ten, die fie fich gegen die Proteftanten zu Schul=
den kommen laffen."

„Diefen traurigen Zuftand des Drucks
empfand man kurz nach Jofeph II Tode.
Nichtswürdige Ignoranten fahen nun nichts als
traurige Vorbedeutungen, wo der beßer gefinnte
Patriot Heil und Seegen für die Zukunft er=
blickte; fie fchrieen dies als das gefährlichfte
Gift aus, welches diefem die kräftigfte gefundefte
Nahrung dünkte; Revolutionen fahen fie aufkei=
men, wo Andre fich über das Aufleben der Künfte
und Wiffenfchaften und über den glücklichen Fort=

gang der Aufklärung in Ungarn freuten; dem
Uebel mußte vorgebeugt, es mußten strenge Censuredikte geschmiedet, ausländische Bücher, die
den Stempel der Vernunft zu unverkennbar an der
Stirne trugen, nicht über die Gränze gebracht,
und den inländischen, wenn sie nur mit etwas Freimüthigkeit geschrieben waren, das imprimatur
versagt werden. Seit dieser Lähmung der Gei-
steskräfte hat sich über das ungarische gelehrte
Publikum ein tiefes, düstres Stillschweigen verbreitet, welches viel Gutes verhindert, und
schändlichen Machinationen bösgesinnter Obscu-
ranten mit jedem Tage mehr Umfang und Glück
verschafft. Den größten Antheil daran haben die
Katholiken, wiewohl es auch unter den Protestanten nicht wenige giebt, die, wenn auch nicht
vieles dazu beigetragen haben, doch sehr zufrieden
mit den strengen Censurverfügungen sind; ver-
muthlich weil ihr träger, schleichender Geist dadurch gegen das mühsame Geschäft des Nach-
denkens und Fortschreitens in den Wissenschaften
gesichert ist. Es geht hier, wie überall. Man
macht sich ein Systemchen, schließt es sehr frühe
(gewöhnlich mit der Erhaltung eines Amtes,

oder am Hochzeitstage); nimmt von den nachherigen Fortschritten der Wahrheitsfreunde keine
weitere, wenigstens bloß eine oberflächliche No-
tiz; widmet sich beinahe ganz der Oekonomie,
vermeidet jede Untersuchung, die mit Geistesan-
strengung verknüpft ist, auf das sorgfältigste;
verfolgt junge Männer, weil man ihre Superio-
rität in Kenntnissen und Einsichten nicht vertra-
gen kann; schreit über Neuerungssucht, Reli-
gionsindifferentism, Heterodoxism und seit einiger Zeit über Jacobinism; macht sich ein
Gewissen, Lehrer zu befördern, die in Jena stu-
dierten, weil sie hier zu wenig Dogmatik und
Symbolik, zu viel Philosophie, neuere Sprachen
oder gar — Vorlesungen über Aesthetik hörten,
tanzen und zeichnen lernten; sich Wahrheitsliebe
erwarben, das Weiße weiß, das Schwarze
schwarz zu nennen sich gewöhnten, und daher — principia pervertissima einsogen. —"

So geht es also in diesem schönen, fruchtba-
ren Königreiche her, das unter Joseph II. schon
so gute Fortschritte in der Aufklärung machte.
Allein — der furchtsame und pfaffenliebende
Leopold umgab sich mit Exjesuiten, Priester,

Mönche und Pfaffen, die ihren giftigen Hauch bis nach Ungarn hinblasen ließen. Kaum hatte sich dieser im Lande verbreitet, als auch schon Spuren davon sichtbar wurden, und dem Sirocco ähnlich, die aufkeimenden Saatfelder darnieder warf, erstickte und ausdorrte. —

Eine fürchterliche schauderhafte Todesstille herrschte über das ganze Reich, schwere Kriegs-steuern drückten deren Bewohner, die mächtigen Adlichen, die vielköpfigte Hyder Geistlichkeit und deren Anhang hoben triumphirend die Köpfe empor, dankten dem Monarchen für seine Vater-liebe und Huld, schmeichelten und boten ihm neue Subsidien und freiwillige Kriegssteuern an, die ihnen um so weniger kosteten, da sie das Mark und Blut ihrer Untergebenen oder ihrer Sklaven vielmehr aussogen.

Davon zu Anfang seiner Regierung folgende Liste.

Betrag der Summen, welche von den Stän-den in Ungarn an Subsidien, Krönungsgeschenk und Rekruten im Juni 1792 am Krönungs-feste König Franz II. zu Buda dargeboten und

angenommen wurden, die sich nach einem speciel-
len Verzeichniß belaufen:

nehmlich an Subsidien 4,072,000 Guld. — Kr.

an Krönungsgeschenk   337,500 —   42½ —

an Rekruten   5000 Mann.

Bei allen diesen heimlichen Gährungen mußte
die Aufmerksamkeit der Minister vermehrt, die
Spione der Polizei verdoppelt werden. Diese
Maaßregeln aber waren noch nicht genug, man
mußte zeigen, daß die Regierung Recht habe,
diesen alles verheerenden Krieg fortzusetzen, und
so ergieng am 19ten Februar 1794 folgendes
merkwürdige Dekret.

„Die Wichtigkeit des gegenwärtigen, von der
Französischen Nation uns abgedrungenen Krieges, und die verderblichen Folgen, welche die
von dieser Nation aufgestellten, und von ihr
größtentheils ausgeführten höchst schädlichen
Grundsätze mit ihrer absichtlichen Verbreitung
auf jeden Staat und auf jede Klasse der Menschen wirken müßten, sind jedermann zu sehr bekannt, und durch das vor Augen liegende Beyspiel von Frankreich bewährt, als daß es

nothwendig wäre, solche in einer umständlichen Schilderung darzustellen."

"Zerstörung aller bürgerlichen Ordnung, der so heiligen Religion, gänzliche und nur der Willkühr einer usurpirten Gewalt überlassene Unsicherheit des Eigenthums, vollkommene Unwirksamkeit der Gesetze, Verscheuchung aller guten Sitten, und damit die Auflösung aller jener Bande, durch welche bürgerliche Gesellschaften sich allein in aufrechtem Stande erhalten können, sind die Wirkung davon, und jede noch so gewaltsame und verabscheuungswürdige Mittel werden als erlaubte Wege angesehen, um den bösen Endzweck zu erreichen."

"Wie sehr Unsere getreuen Stände und Unterthanen einem solchen unübersehlichen Unheil entgegen zu arbeiten sich beeifern, und den zur Ruhe und Sicherheit eines jeden nothwendig fortzusetzenden Krieg zu unterstützen sich bemühen, dieses haben sie durch die in den abgewichenen Jahren von den zahlreichen Güterbesitzern, Gemeinen, und beinahe allen Klassen der Staatsbürger geleisteten freywilligen Kriegsbeyträge zu Unserer innigsten Rührung bewiesen."

„Indeſſen iſt es jedem guten Staatsbürger
einleuchtend, daß der gegenwärtige Krieg, wozu
zahlreiche und mächtige Kriegsheere in entfernten Gegenden unterhalten, und mit allen Erfor-
derniſſen verſehen werden müſſen, einen Koſten-
aufwand verurſachen, der aus den gewöhnlichen
und bisher eingefloſſenen Staatseinkünften, auch
mit Beſeitigung alles entbehrlichen Aufwandes,
in der Folge nicht ganz beſtritten werden kann,
ſomit die Eröffnung auſſerordentlicher Quellen des
Geldeinfluſſes unumgänglich erfordert."

„Nach der dringenden Lage der Umſtände,
von deren Ausſchlage die Ruhe, Sicherheit und
das Wohl eines jeden einzelnen Staatsbürgers
für ſich und ſein Eigenthum abhängt, wären Wir
allerdings berechtiget, in dem bereits eingetrete-
nen dritten Kriegsjahre eine allgemeine Kriegs-
ſteuer, zu kräftiger Hindanhaltung eines gemein-
ſchädlichen Feindes, ohne weiteres zu fordern."

„Nur die beſondere Liebe, mit welcher Wir
unſeren Unterthanen, nach der von ihnen im-
merhin bezeugten Treue und Bereitwilligkeit zu-
gethan ſind, und der feſte Vorſatz, ſie bei jeder
Gelegenheit, ſo weit es die Umſtände immer

erlauben, zu schonen, und die Entrichtung der
Abgabe zu erleichtern, bestimmt uns dermahl
noch, den gelindern Weg eines allgemeinen Darlehns nach den hier unten verordneten Sätzen
einzuschlagen, und solches in dem gewöhnlichen
Wege von Unseren getreuen Erblanden für dieses
laufende Militärjahr 1794 dergestalt zu verlangen, daß für solche Darlehen Versicherungsscheine ausgestellt, diese nach geendigtem Kriege wieder eingelöset, oder bey den Abgaben an Zahlungs-
statt angenommen werden sollen.‟

„Die Sätze, nach welchen diese Darlehen
einzubringen sind, finden Wir auf folgende Art
zu bestimmen:

1) Alle Besitzer der Güter, Grundstücke und
anderer fruchtbringenden Realitäten, haben das
Darlehen nach der Grundlage der Kontribution
und Steuer, welche auf ihre Realität nach der
jetzigen Verfassung zur ganzjährigen Zahlung
vorgeschrieben ist, dergestalt zu entrichten, daß
nach den ausgemessenen Kontributionsgulden die
Unterthanen Dreyßig, die Obrigkeiten aber Sechzig vom Hundert der ganzen Kontribution abzuführen haben.‟

„Die Abfuhr dieser Darlehen hat von den
Obrigkeiten und Unterthanen, da bereits ein
Quartal verflossen ist, in den nächstfolgenden drei
Quartalen, nach der in einem jeden Lande üblichen Steuerzahlungsart zu geschehen; von Obrigkeiten und Unterthanen aber, ist der sie betreffende dießfällige Betrag in eben jene Kasse, in
welche die laufende Kontribution oder Steuer gezahlt wird, zu entrichten, und solcher alsdann in
gesammelten Beträgen an die Staatsschuldenkasse
abzuführen."

„Bey einer jeden Abfuhr werden Obrigkeiten
und Unterthanen in den Böhmischen Ländern von
den Filial-Kaßieren, und in den Oesterreichischen, von den ständischen Steuerämtern über
den richtigen Empfang abgesondert quittirt werden, und nach Vollendung des ganzen Darlehens
gegen Ueberreichung ihrer in Händen habenden
Partial-Quittungen, von den Ständen Versicherungsscheine mit einem laufenden 3½ procentigen Interesse vom Tage der Ausstellung erhalten, daß dieses Anlehen nach geendigtem Kriege
in ordentliche ständische Obligationen umgewech-
selt, oder bei currenten Abgaben nach einer zu

feiner Zeit zu beſtimmenden Modalität an Zah=
lungsſtatt werde angenommen werden."

"Hieraus fließt aber von ſelbſt, daß, weil die
bemeldten Verſicherungsſcheine bis zur erwähn=
ten Umwechslung die Eigenſchaft einer förmli=
chen Obligation nicht haben, ſie auch in der Zwi=
ſchenzeit nicht in Umlauf geſetzt, weder von dem=
jenigen, auf welchen ſie lauten, gültig zedirt
werden können."

"Dieſe Verſicherungsſcheine ſind in allen Län=
dern nur nach den Dominien, für Obrigkeiten
und Unterthanen abgeſondert auszuſtellen, und
müſſen die Verſicherungsſcheine der Unterthanen
in der Kontributionskaſſe liegen bleiben, auch die
von ihnen abgeführten Beträge allemahl in das
Steuerbüchel eines jeden Individuums eingetra=
gen werden."

"Unter dieſe Klaſſe der Darleiher gehöret auch
die in manchen Ländern befindliche Judenſchaft,
die ebenfalls von den auf ſie unter verſchiedenen
Benennungen ausgemeſſenen Steuerbeträgen
Dreißig vom Hundert zu entrichten, und dagegen
gleichmäßige nach den Gemeinden auszuſtellende
Verſicherungsſcheine zu empfangen hat."

2) Die Hauseigenthümer in der Hauptstadt einer jeden Provinz haben das Darlehen von der ausgemessenen ganzjährigen Haussteuer mit der Hälfte, oder mit 50 vom Hundert, gegen Ueberkommung ebenmäßiger Versicherungsscheine von obenerwähnter Gattung zu entrichten, und die Absuhr davon in den gewöhnlichen Steuerterminen zugleich mit der Haussteuer zu leisten.

3) Von denjenigen Realitäten, welche von der gewöhnlichen Kontribution oder Steuer entweder auf immer, oder nur auf bestimmte Jahre befreyet sind, ist das Darlehen nach jener Kontribution oder Steuer auszumessen, welche dergleichen Realitäten ohne Steuerfreyheit zu tragen hätten.

4) Da es noch viele Klassen der Menschen gibt, die weder Realitäten besitzen, noch unter den landesfürstlichen, ständischen und städtischen Besoldungs, oder Pensionsstand (wegen deren Behandlung, so wie auch in Ansehung der Geistlichkeit ohne Ausnahme des Rangs, das Erforderliche an die Behörden untereinstens verfüget wird,) gezogen werden können, und nach der Beobachtung der vorigen Zeiten als quartum ge-

nus hominum betrachtet, und genannt werden,
so sind dieselben zu diesem allgemeinen Darlehen
dergestalt beizuziehen, daß sie von ihren jährlichen
Einkünften, sie mögen aus den Bezug der Inte=
ressen, oder was immer für einer Erwerbungsart
entstehen, zwölf von Hundert alsdann zu entrich=
ten haben, wenn diese jährlichen Einkünfte, es
sey gleich an Geld oder Deputaten, über jähr=
liche Dreyhundert Gulden sich erstrecken.

Was diejenigen betrift, deren jährliche Ein=
künfte 300 Gulden nicht übersteigen, so sind sie
bis auf 100 Gulden Einkünfte von dem Darlehen
ganz frey zu lassen, von 101 Gulden Einkünften
aber bis auf 150 Gulden sind vier Prozent, von
151 Gulden bis einschlüßig 200 Gulden sechs
Prozent, und von zwey Hundert ein bis 300
Gulden acht Prozent an Darlehen abzunehmen.

Zu dieser Klasse gehören die in einem jeden
Lande wohnenden Kapitalisten, Wechsler, Nie=
derleger, Großhändler, Kauf= und Gewerbsleute,
Agenten, Wirthschaftsbeamte, herrschaftliche
Hausoffiziere, Advokaten, Aerzte, Apothecker,
und überhaupt alle von der Universität abhangen=
de Fakultisten, ferner diejenigen, welche wittib=

liche Unterhaltungsgelder, Apanagen und jähr=
liche letztwillige Vermächtnisse, oder jährliche
Privatpensionen genießen, und alle übrigen Gat=
tungen der Insaßen, die unter einer andern Ru=
brik nicht schon begriffen sind."

„Obwohl Wir bei Einhebung dieses Darlehns
den unangenehmen Weg der Fatirung beseitiget
wissen wollen, so kann doch bey solchen Gattun=
gen der Staatsinsaßen, deren Einkünfte nicht öf=
fentlich bekannt seyn können, die Sicherheit bey
der Einhebung nicht anders erreicht werden, als
daß jedes Familienhaupt, oder jeder einzelne Pri=
vatmann eine schriftliche Erklärung von sich gebe,
wie viel er an sothanem Anlehen zu entrichten
habe; und versehen Wir Uns dabey gnädigst,
daß Jeder getreu und aufrichtig diese Erklärung
verfaßen werde."

Von dem Anlehen werden befreyet:

a) Die im Felde stehenden und zum Kriegs=
staat gehörigen Personen, doch mit Ausschluß
ihrer etwa mit besonderen Einkünften versehenen
Ehegattinnen und Kinder.

b) Die aus fremden Staaten in Unseren Erblanden domitilirenden Fremde, so weit sie ihre Einkünfte von auswärtigen Ländern beziehen.

c) Ueberhaupt alle diejenigen, deren Einkünfte über jährliche Einhundert Gulden sich nicht erstrecken.

5) Bei denjenigen Staatseinwohnern, die außer ihren Häusern und Realitäten, worüber die Vorschrift schon hier oben in dem ersten und zweyten Punkte enthalten ist, oder die außer landesfürstlichen, ständischen und städtischen Besoldungen, oder Pensionen, worüber das besondere untereinstens verfüget wird, noch ein anderes Vermögen oder Einkünfte besitzen, wird zum Grundsatz zu nehmen seyn, daß von diesen nebenseitigen Einkünften, wenn sie eben soviel oder noch mehr als die Einkünfte von Realitäten und Besoldungen zusammen genommen betragen, insbesondere das Darlehen mit 12 vom Hundert entrichtet werden müsse.

6) Obgleich Wir von Unseren so gut gesinnten Unterthanen nicht vermuthen, daß sie sich diesem für die allgemeine Kriegsbedürfnisse so nothwendige Darlehen, durch irgend eine unrichtige

Fatirung auf eine ungebührliche Art entziehen
werden, so finden Wir doch den besondern Fall,
und wenn gleichwohl jemand wider Verhoffen
seine Einkünfte entweder ganz, oder zum Theil
geflissentlich verschweigen würde, zu bestimmen,
daß von demselben im Entdeckungsfalle die Strafe
des vierfachen Betrages dessen, was ihn an diesem Darlehen ordnungsmäßig getroffen hätte,
eingetrieben werden, und der Staatskasse heim-
fallen soll.

7) Da zu Berichtigung dieses Geschäfts im
einzelnen und vorzüglich zur Herstellung und
Beobachtung der Gleichheit, nach welcher jedermann zu sothänem Darlehen verhältnißmäßig
beizutragen hat, eine obere Leitung von Seiten
des Staats unumgänglich nothwendig ist, so
wollen Wir, daß in einem jedem Lande unter
dem Vorsitz des Landeschefs eine eigene Kommiß-
sion in der Art, wie sie im Jahre 1789 bestan-
den hat, wieder bestellt und von derselben die
nöthige Einleitung zur Flüßigmachung dieses Darlehens nach den Lokalumständen eines jeden Landes schleunigst getroffen werde. Dieser Kom-
mission räumen Wir die Macht ein, mit der in

einem moralischen Körper vereinigten Gattung
Leute, als: Wechslern, Großhändlern, Kauf-
und Handelsleuten, Fakultäten, Innungen, Zünften, und dergleichen einen billigen, und ihrem
Industrialbetrag, welchen dieselben unter sich
nach eigenem Einverständniße zu vertheilen hätten, zu behandeln, und zum Ertrag bringen zu
laſſen, wo sodann auch in solchen Fällen der sonst
bey dem quartum genus hominum für das erlegte Darlehen den einzelnen Individuen auszufertigende Versicherungsschein auf das ganze Gremium der Innung oder Zunft, auszustellen seyn
wird."

„Immer jedoch sind auch diese Versicherungsscheine von eben derselben Eigenschaft, wie die
Versicherungsscheine der Obrigkeiten; Unterthanen und Hauseigenthümer, so daß sie nur von
dem darleihenden Individuo oder Corpore, auf
welches sie lauten, in der Folge ausgewechselt
werden können."

„Die Termine, in welchen das Darlehen von
dem quarto genere hominum einzubringen ist,
werden für das gegenwärtige Kriegsjahr auf den
ersten April und den ersten Julius festgesetzt.

M

„Uebrigens versehen Wir Uns zu der erprobten
Bereitwilligkeit, und dem Eifer Unserer getreuen
Stände und Unterthanen, daß sie in diesem mit
ihrem eigenen Interesse so nahe verbundenen Geschäfte, mit jener patriotischen Thätigkeit vorge-
hen werden, zu welcher die Wichtigkeit der gegenwärtigen Umstände und das allgemeine Wohl
jeden gutdenkenden Staatsbürger billig auf-
fordern."

Gegeben Wien, den 13ten Januar 1794. *)

Lies den §. 4 mit Aufmerksamkeit durch,
und Du wirst leicht finden, daß dieses Dekret
warlich den Unterthanen nicht angenehm seyn
konnte, und äußerst drückend vorkommen mußte.

Hier setze ich Dir noch folgendes hin, was
dem andern zur Seite gestellt zu werden verdient.

„Se. K. K. Majestät haben durch das Patent vom 13ten Januar d. J. zu erkennen zu
geben geruhet, daß Höchstdieselben um das, für
das bereits eingetretene dritte Kriegsjahr berech-
nete Geldbedürfniß durch außerordentliche Beyträge zu ergänzen, sich gnädigst entschlossen haben, ein Kriegsdarlehn auszuschreiben."

*) S. Wiener Zeit. Nr. 15 und 16. Jahrg. 1794.

»Da in eben diesem Patente §. 4 vorkommt, daß wegen der landesfürstlich-ständisch- und städtischen Beamten und Pensionisten, dann wegen der Geistlichkeit das gehörige verfüget werde, so wird hiermit, auf höchsten Befehl, Folgendes zur allgemeinen Wissenschaft nachgetragen:

»1) Sind die gedacht landesfürstlich-ständisch- und städtischen Beamten ohne Unterschied, wenn ihre Besoldung oder Pensionsgenuß die Summe von 300 Gulden nicht übersteigt, von dem Kriegs-beytrage frey, hingegen ist ein höherer Genuß, und zwar: von 301 Gulden bis einschlüßig 6co Gulden mit 5 von Hundert, von 601 Gulb. bis 999 Gulb. mit 7, von 1000 Gulb. bis 2000 Gulb. mit 10, von 2001 Gulb. bis 4000 Gulb. mit 12, und von 4001 Gulb. bis zum höchsten Bezug mit 15 von Hundert zu belegen, und dieser Betrag vom 1sten Februar d. J. in eben den Fristen, in welchen die Besoldungen und Pensionen bezahlt zu werden pflegen, bis letzten Januar 1795 als eine Kriegssteuer sogleich zurück zu behalten, dann nach dem Verlaufe eines jeden Quartals an die Universal-Staatsschuldenkasse abzuführen.«

„2) Soviel es die Geiſtlichkeit belangt, ſind jene geiſtlichen Perſonen ohne Unterſchied des Ranges, welche den Unterhalt nicht von ihren verſteuerten Realitäten, ſondern von beſtimmten Einkünften beziehen (nur mit Ausnahme derjenigen, deren Einkünfte die gewöhnliche Congrua von 300 Gulden nicht überſteigen,). in ganz gleicher Art, wie die Beamten und Penſioniſten zu behandeln, und es wird hierunter immer der ganze ſo geſtaltete Genuß, den ein Geiſtlicher wo immerher bezieht, zum Grunde der Steuer= beſtimmung anzunehmen ſeyn."

„Uebrigens iſt im gedachten Patente bereits umſtändlich vorgeſchrieben, wie ſich jede Klaſſe Menſchen, die nicht ausdrücklich für frey erklärt worden, bey dieſem Kriegsdarlehn zu benehmen habe; und es kommt nur noch auf den Unterricht an, auf welche Art die anbefohlenen ſchriftlichen Erklärungen einzurichten, und zu überreichen ſeyn; in dieſer Abſicht ergeht hiermit nachſte= ſtende weitere Verordnung: es ſollen nehmlich:

„3) alle Hausinhaber, Adminiſtratoren, Sequeſter und andere Hausbeſorger hier in der Stadt und innerhalb den Linien, das gedachte Pa=

fent und die gegenwärtige Circularverordnung,
ihren Einwohnern zur Einsicht und genauen
Durchlesung mittheilen, von jedem im Hause
wohnenden Familienhaupte, oder einzelnen Pri-
vatmanne, eine schriftliche Erklärung, wie viel
an dem Darlehen, dem Patente gemäß, zu entrichten sey, abfordern. Diese Erklärung muß

„4) jeder Einwohner offen oder verschlossen,
doch im letztern Falle mit Aufschreibung seines
Nahmens von aussen, unweigerlich ausstellen,
und dem Hausinhaber oder Hausverwalter übergeben, welche alsdann

„5) die sämmtlichen Erklärungen mit Beylegung seiner eigenen Erklärungen in ein Verzeichniß ordentlich mit Nummern zu bezeichnen;
hierin aber

„6) auch jene Partheyen, die sich die Ausstellung einer schriftlichen Erklärung zu verwei-
gern anmassen möchten, anzuzeigen; und sodann

„7) diese Verzeichnisse sammt den dazu gehörigen Beylagen dieser cum derogatione om-
nium instantiarum aufgestellten Hofkommißion,
binnen 14 Tagen nach Kundmachung des gegenwärtigen Circulars, unter eigener Dafürhaftung,

daß keine im Hause wohnende Partey verschwiegen geblieben sey, zu überreichen haben, von welcher alsdann an die einzelnen Parteyen die Zah-
lungsanweisung von hieraus erfolgen wird.

Wien, ben 12ten Februar 1794.

(Diesem Circulare sind die nöthigen Formu-
larien beygefüget.) *)

*   *   *

„Dem unter dem 13ten Januar l. J. in
Kriegsdarlehnssachen ergangenen Patente und der
Circular = Verordnung vom 12ten Februar ist
durch ein Circular der in Kriegsdarlehenssachen
aufgestellten Hofkommission, vom 11ten d. M.
eine Hofentschliessung folgenden Inhaltes nachgetragen worden.   Es sind nehmlich

1) Die Livree = Bedienten sind, so wie im
Jahre 1789 von der damaligen Kriegssteuer,
auch von dem für heuer ausgeschriebenen Kriegsdarlehen frey.

2) Unterliegen die herrschaftlichen Hausoffi-
ciere, welche an jährlichem Gehalte mehr als
100 Gulden beziehen, dem Kriegsdarlehen ohne

*) S. Wiener Zeit. Nr. 17. Jahrg. 1794.

Unterschied, ob sie nebst der Besoldung auch die Kost geniessen, oder nicht; sie müssen daher vor allen dem, was sie, es sey schon unter dem Nahmen eines Kostgeldes oder einer Besoldung in baarem Gelde empfangen, das Kriegsdarlehen nach dem 4ten §. des gedachten Patents entrichten.

3) Sind von den Kriegsdarlehen nur jene Einkünfte ausgenommen, welche aus fremden Staaten einfließen; nicht aber auch jene aus den nur dem Kriegsdarlehen nicht unterliegenden Ländern. Es haben also alle erbländischen Parteyen sso, wie es schon im Jahre 1789 durch Circulare vom 10ten Jänuar bei der damaligen Kriegssteuer erkläret worden war, das Darlehen auch von den Zinsen solcher Kapitalien, die in Ungarn, Siebenbürgen ꝛc. in der Lombardey, oder in den Oesterreichischen Niederlanden anliegen, zu entrichten u. s. w." —

Heute bin ich N. begegnet; wir wurden beide etwas betreten; doch ging er rasch vor mir vorüber, zog etwas den Hut, und fragte im Vorbeigehn leise: Wie gehts —? Kaum konnte ich

antworten: gut! — ſo war er auch ſchon um
die Ecke. Er ſchien außerordentlich verlegen, und
ſah ängſtlich um ſich her, gleichſam um zu ſehn,
ob auch Niemand uns bemerkt habe. Warlich,
ſein Zuſtand dauert und beunruhigt mich, ich
wünſchte, ihn beruhigen, ihm helfen zu können;
allein ich würde ſeine Verfolger noch weit auf-
merkſamer, und ſeine Sache noch viel ſchlimmer
machen. Wir müſſen dem Dinge nun ſeinen
Lauf laßen! —

Siebenter Brief.

Wien, den 10ten März 1798.

Der gute, brave N. glaubt, er sey verlohren; man beobachtet, verfolgt ihn, macht ihn unglücklich; er ist ganz ausser sich. Doch urtheile davon selbst. — Hier sein Brief, den ich diesen Morgen von ihm bekam.

„Liebster Freund wo soll ich mich hinstecken,
„in welchem Winkel mich vor den Satelliten die=
„ser verzweifelten Inquisition verbergen? Wache
„gehe stehe und schlafe ich, so sind sie um mich,
„so stehn sie mir vor Augen, so beobachten sie
„mich, und folgen jedem meiner Schritte. —
„Was wollen diese Menschen von mir? meine

„Freiheit, mein Vermögen, mein Leben? Ich
„kann's nicht begreifen; — je mehr ich darauf sinne,
„je dunkler und verdächtiger kömmt mir ihr Be-
„tragen vor. Schweizer von Geburt ist es ja
„ganz natürlich, daß ich mich an Franzosen an-
„schließe, daß ich sie als meine Landsleute, meine
„Freunde betrachte, deren nähern Umgang ich
„schon wegen der langen Entfernung aus meinem
„Vaterlande suchen muß, damit sie mir Nach-
„richt von dem, was auswärts vorgeht, geben.
„Und nun gar an Sie, deren Familie ich kenne,
„deren Umgang und Freundschaft ich so lange
„Jahre hindurch genossen, an Sie, den ich so
„sehr schätze und so aufrichtig liebe, der warlich
„nicht den kleinsten Funken von den Absichten
„hat, die man Ihnen so fälschlicher Weise andich-
„tet; Sie soll ich grade meiden, und auf allen
„Umgang mit Ihnen auf ewig Verzicht thun.
„Nein — dies ist zu stark und wird und kann
„nicht lange so bleiben. — Urtheilen Sie selbst,
„liebster G., aus dem, was mir den Abend wi-
„derfuhr, als Sie mir begegneten."

„Gegen 8 Uhr Abends kam ein Polizeidie-
„ner und sagte mir, der Herr Commißair von S.

„verlangte mich zu sprechen, und das sogleich.
„Als ich erschien, fragte mich dieser Herr Com-
„mißair, der mich sehr gut kannte, und ehemals
„freundschaftlich mit mir umgegangen war, in
„einem mir ungewohnten rauhen Ton und mit
„finstrer Miene, indem er vor seinem Pulte
„sitzen blieb: Wo sind Sie zwischen vier und
„fünf Uhr diesen Nachmittag gewesen, Herr
„N.? — Indem er diese Frage that, sah er
„mich mit forschendem ja mit drohendem Auge
„an. — Ganz betroffen frage ich ihn, etwas
„erstaunt, warum er mir diese Frage thäte?
„Was, Herr, Sie können mir's noch fragen!
„(ohne deshalb auf meine Frage zu antworten,
„fährt er fort) Wissen Sie, daß ich hier im
„Nahmen des Kaisers sitze, und Sie hier fra-
„ge? —! Bei diesen grimmigen Ton und die-
„ser donnernden Stimme that ich, als besänne
„ich mich, und antwortete ihm mit gemäßigtem,
„allein festem Ton: Herr von S. Sie kennen
„mich wahrscheinlich nicht, sonst würden Sie mir
„dies auf eine ganz andre Art gesagt haben! —
„Ein finstres — Nun? — war seine ganze
„Antwort. — Ich bin heute auf dem Graben

»ſpatzieren gegangen. — Das weiß ich, ant=
»wortete er mir in etwas gemäßigterm Tone —
»mit wem haben Sie aber geſprochen? — Mit
»wem? — mit Niemanden? — Was, mit
»Niemand? Herr, ich weiß, daß Sie Je=
»mandem begegnet ſind, ihn gegrüßt und geſpro=
»chen haben! — Ganz erſtaunt darüber, dachte
»ich gar nicht auf unſer kurzes Geſpräch, und
»ſuchte aber vergeblich nach dem, mit welchem
»ich zwiſchen 4 und 5 Uhr geſprochen haben
»ſollte. Endlich fällt mir doch ein, vorher mit
»K. einige Minuten auf die Straße bis an einer
»Ecke gegangen zu ſeyn. Ich nannte ihm alſo
»denſelben. — »»Ach nein, ſagte er mir ver=
»»drüßlich, das iſt nicht die Perſon, nach welche
»»ich Sie jetzt frage, ich kenne den Mann, den
»»Sie mir ſo eben nannten: es iſt einer unſrer
»»beſten Patrioten, ein vortrefflicher Mann.«»
»(Man hatte ihn ſtark in Verdacht, es ſey ein
»Spion der Polizei.) »»Es war nicht an der
»»Ecke des Joſephplatzes, ſondern nahe beim
»»Graben ohnweit dem Hauſe des Hofraths S.
»»Sie waren es, der zuerſt den Huth zog,
»»ſchnell vor dem andern vorbeiſchlüpfte, und

»»ihm häufig etwas ins Ohr raunten, und die=
»»ſer antwortete eben ſo ſchnell, indem er ſich
»»nach Sie umdrehte. — Nun, nun, ſagte
»»er ganz gelaſſen; Sie dürfen kein Geheim=
»»niß mehr daraus machen, daß Sie mit
»»Franzoſen Umgang haben, wir kennen ihn,
»»dieſen Menſchen, iſt es nicht . . . . ? »«
»Damit ſtand er auf und klopfte mir vertraulich
»auf die Schulter. — Ich ſtand wie ein armer
»Sünder, der ſich ſehr ſchuldig findet und auf
»einmal ſeines Verbrechens überführt wird, ei=
»nige Minuten lang vor dieſem meinem ehemas
»ligen Freunde. — Endlich aber faßte ich mich,
»weil ich ſeine menſchenfreundlichen Geſinnungen
»kannte, und geſtand ihm ganz aufrichtig meine
»Verbindung mit Ihnen, meine ehemaligen
»Verhältnißen mit Ihrer Familie, alles, was
»ich Ihnen zu danken hätte, und wurde außer=
»ordentlich geſprächig. — Er, die Doſe in der
»einen Hand und die andre mir auf die Schulter
»gelehnt, ſchien ſeinen alten Freund ganz wieder
»zu kennen, und von meiner Unſchuld überzeugt,
»ſagte er mir dieſe mir noch ins Ohr hallenden
»Worte: »»Lieber M. ich für meine Perſon

„„glaube Ihnen völlig, ich weiß', Sie sind ein
„„ehrlicher, braver Mann, der seine Pflicht
„„als Bürger und Hausvater treulich erfüllt;
„„allein glauben Sie mir, Sie haben viele, viele
„„Feinde, die Ihnen stark auflauren; manches
„„ist mir hier vor Ohren gekommen, worauf ich
„„gar nicht geachtet habe. Allein nehmen Sie sich
„„vor diesen Franzosen in Acht, man glaubt',
„„sie wollen hier heimlich Unruhe anzetteln, und
„„führt Sie schon mit auf der Liste der Unruh:
„„stifter und Beförderer an. Die kleinste ihrer
„„Handlungen ist verdächtig, und wird mich nö:
„„thigen, ganz nach der Strenge der Gesetze zu
„„verfahren, wenn ich nicht selbst risquiren will,
„„von diesen Menschen als Ihr Freund und
„„Mitschuldiger angeklagt zu werden. Ich
„„warne Sie nun zum leztenmal.‟‟ — „Und
„damit drückte er mir die Hand, und entließ
„mich.‟

„Sie können leicht denken, daß wir bei dem
„leztern Gespräche allein waren, und daß bei
„dem erstern ein andrer Polizei:Commißair in
„der Stube war, der aber bald nachher heraus:
„gerufen ward.‟

„Ach! wie so schwer liegt mir dies Gespräch
„noch auf dem Herzen, mit dem besten Gewissen,
„mit den besten Absichten glaube ich mich schul-
„dig, sehe mich wie der ärgste Verbrecher ängst-
„lich nach jeder Menschenfigur um, und denke —
„ha, da ist ein Spion, das ist er, das ist er! —
„So werde ich als ein Missethäter gefoltert,
„und traue mir nicht das Geringste zu unterneh-
„men, aus Furcht der Polizei zu mißfallen.
„Wie traurig sind jetzt meine Gedanken! ich
„sehe nichts als Gefängniß, Marter und Tod,
„und ach! was soll aus meiner armen Frau, aus
„meinen guten unmündigen Kindern werden?
„Freund! ich rechne viel auf Sie — sollte ich
„das Unglück haben, ein Opfer meiner Feinde
„zu werden, nun, so werde ich doch um desto
„ruhiger von allen diesen Lieben scheiden, wenn
„ich die Versicherung habe: Meine Frau, meine
„Kinder, das, was mir am Theuersten auf Er-
„ben ist, in gute Hände zu wissen. — Ein herz-
„liches Lebewohl!

Ihr

N.

P. S. Verbrennen Sie alle meine Briefe,
das Manuscript aber schicken Sie unsern Freunden; mit ihren Briefen
mache ich es eben so.

Dieser Brief hat mein ganzes Erstaunen und
mein höchstes Mitleiden mit dem Schicksale dieses braven Mannes erregt. Ich schrieb ihm sogleich einen beruhigenden Brief, und that ihm
darinn die heiligste Versicherung, mich seiner
Frau und Kinder als sein treuer Freund aufs thätigste anzunehmen, wenn ihm ja das Unglück
träfe, seinen Verfolgern und Feinden unterliegen
zu müssen.

Ich sagte Dir in einem meiner vorhergehen-
den Briefe, der Herr Exjesuit Al. Hoffmann
mache sich kein Gewissen daraus, die Freimäurerlogen von denen er Gutes genoßen, weidlich zu
verläumden; hier eine Probe davon.

Die Präger Freimäurerlogen ließen unter
dem 28sten Hornung 1792 und unter der Unterschrift: Die Mitglieder der drei vereinigten Freimäurerlogen zu Prag
folgende vortrefliche Erklärung auf einen aparten
Bogen drucken; davon hier ein Auszug:

»Nach den öffentlichen, vielfachen und wie=
»derholten Angriffen, welche Herr Profeß. Hoff=
»mann in seiner Zeitschrift auf die Prager soge=
»nannten geheimen Gesellschaften sich
»erlaubt, kann es ihn nicht befremden, wenn
»einige von den Mitbürgern dieser dadurch ge=
»kränkten Stadt izt eben so öffentlich aufstehen;
»und wenn sie, voll Gefühl ihrer eignen Un=
»schuld, aber auch voll des Wunsches: eine fal=
»sche Beschuldigung nicht länger tragen zu dür=
»fen, ihn hiedurch laut auffodern: ohne Winkel=
»züge zu sagen, was er weiß oder so ehrlich zu
»widerrufen, als er unvorsichtig anklagte.«

»Im 2ten Hefte der Zeitschrift stehen nem=
»lich S. 178 folgende — in jedem Betrachte —
»auffallenden Worte: So häufig als irgendwo,
»hat der Faktionsgeist auch seine Sitze und Tem=
»pel in Wien und fast noch häufiger in den durch
»geheime Verbindungen aller Arten merkwürdig
»gewordenen Prag, Pesth und Ofen; und
»ganz laut und kek versichert man ohngeachtet
»dessen, es sey jedoch gar keine Gefahr: Nie=
»mand solle eine Sylbe glauben daß geheime
»Komplotte irgendwo vorhanden wären, man

N

»solle ganz sicher seyn, und gar nichts fürchten
»und darum auch gar nichts sehen, hören und
»denken.«

Nun fahren die Freimäurerlogen fort: daß
diese Worte Sensazion — und zwar vielleicht
nicht in Prag, Pesth und Ofen allein — ma:
chen sollten, ist wohl augenscheinlich: daß sie
solche wirklich machten (und ein willkommner
Fingerzeig für die geheime Polizei waren) ist
ganz gewiß. . . . Man rieth hin und her und
das einstimmige Urtheil Aller war: daß man in
Prag von nichts was einer geheimen Gesellschaft
auch nur ähnlich sey, wisse; wenn man nicht
etwa die drei hier befindlichen Freimäurerlogen
so nennen wolle. —

»Herr Prof. Hoffmann hat freilich diese nie
genannt. Alle Winke die er zeither gab, sind
versteckte Winke. (Weil er keine andre ge:
ben konnte und dennoch geben wollte!) Aber
eben darum sind sie noch nachtheiliger, als un:
maskirte Angriffe; sie lassen sich — je nachdem
es Vorurtheilen und Verhältnißen beliebt — auf
jede geheime Gesellschaft deuten. Eben der
Mangel bestimmter Gränzlinien giebt Raum

zum Hinzudenken. (Grade das, was so sehr mit den Grundsätzen der geheimen Polizei übereinstimmt, dessen so theurer Spion der Herr Hoffmann ist.)

„Oft wird am Ende der Schuldlose verdächtig und der Strafbare geht frei aus. Wir sind es daher theils der Wahrheit überhaupt, theils dem Publikum, theils der Regierung, die uns bisher schützte, theils unsrer eignen Ehre schuldig, von ihm eine präcise Erklärung zu verlangen und uns vorläufig gegen ungerechte Beschuldigungen zu verwahren.”

„Wir wollen izt uns nicht mit Vermuthungen über die Quelle der bittern Beschuldigungen (die vorzüglich im 3ten Hefte: Ueber die Entstehung und mögliche Schädlichkeit der geheimen Orden und Fakzionen, wahre kriminelle Anklagen werden) Zeit und Raum verderben. Wir wollen nicht mit gleichem, schneidendem Ausbruck oder mit dem Ton des Rezensenten, sondern als Männer sprechen, denen das Wesentliche und die Wahrheit heilig ist.” — — — —

„Wir begehren nur hiedurch, Herr Profeßor,
vor dem Angeſichte des Publikums: „daß Sie
„mit gerader Freimüthigkeit, vor
„der Regierung oder vor dem Publi-
„kum (wie Sie es als Patriot, für
„das gemeine Beßte am zuträglich-
„ſten halten) die geheimen Verbin-
„dungen und gefahrvollen Komplotte
„anzeigen, wodurch Prag ſo merk-
„würdig geworden ſeyn ſolle."

„Sie verſprachen ohnedem im Vorberichte
Ihres Journals: die geheimſchleichende
Bosheit verrätheriſcher Volksanfüh-
rer überall, wo Sie ihr begegnen
würden, zu entlarven. Thun Sie das
jezt, hier, künftig, überall. — — Nur geheime Winke gehn mit geheimer Bos-
heit in faſt gleichem Range. (Dies iſt eine harte
aber warrlich ſehr heilſame Lection, mein theurer
Herr Profeßor, möge ſie doch Ihre ſchreibſeelige
Feder beßern und Ihre gallſüchtigen Ausfälle zu-
rückhalten. Sie ſind ja doch kein verſtockter
Sünder.)"

Allein Hoffmann war durch diese männlich starke und noch sehr gemäßigte Erklärung der drei Prager Freimäurerlogen ein wenig betroffen, doch nicht lange beschämt. Denn wie sollte ein so schaamloser, so oft an den Pranger gestellter Mensch nur beschämt werden können. Er ließ also schnell diese Erklärung in seiner W. Zeitschrift drucken und dann eine Gegenerklärung des Herausgebers derselben hintennach folgen. *) Hier einige Pröbchen, wie der Herr Exjesuit auf eine jesuitische Art den direkten und sehr bestimmten Erklärungen der drei Freimäurerlogen ausweicht.

„Die allererste Bemerkung, die jedermann dabei machen wird und muß (so?) sagt: daß hier nicht nur aller Publizität, sondern allen Schriftstellern, wie sie Namen haben mögen, der Garaus angekündigt wird. (Wie dumm und hämisch geschlossen.)

Er entschuldigt sich nun lustig genug damit daß er erklärt: Er habe alle die angeführten hämischen Ausfälle u. s. w. nur im Allgemeinen gesagt und tant pis wenns die Prager Freimäu

*) W. Zeitschr. 2ter Bd. S. 185.

rerlogen auf sich ziehn können. (Warum
schmieren Sie denn solch Zeug, wenns sich keiner annehmen soll, da Sie doch mehr als einmal erklären, Sie hätten ganze Listen von Mit-
gliedern geheimer Gesellschaften?) — In der
Angst springt er aber von der Materie ab und
kömmt auf die Pflichten eins Geschichtschreibers.
Hier auch vertheidigt er sich sonderbar genug
denn er sagt: „Der Geschichtschreiber erzählt die
„Dinge der Vorzeit und der Gegenwart, so
„wie sie sind." — Dies würde ja also gerade zu die Existenz der geheimen Gesellschaften
sowohl zu Prag als zu Wien, Pesth und
Ofen beweisen und die Freimäurerlogen also
noch immer mehr bei der Regierung in Verdacht
bringen. Er geht aber noch weiter und kömmt
gar auf die Emigranten. S. 187 sagt er
„Es ist keine Schmähung mehr übrig, die
nicht heut zu Tage den Aristokraten, dem Adel
überhaupt und besonders dem französischen
Adel angethan würde. Der schuldlose Adel verachtet diese Schmähungen als Ausbrüche eines
pöbelhaften Neides hungriger Weltverbesse-
rer (welcher edle Stiel und welcher Unsinn!) Bei

den schamlosesten Verunglimpfungen, welche die
französischen Emigranten noch bis diese Stunde,
nicht blos von ihren wüthenden Landesleuten
(auch wir werden nicht verschont!) sondern von
deutschen Schriftstellern zu leiden haben, weiß
man doch nicht, daß die französischen Prinzen,
als Chefs der Emigranten, bei irgend einem
deutschen Fürsten eine öffentliche Klage geführt
oder gegen jene Schriftsteller öffentliche Prokla-
mationen erlassen hätten. (Oh wie lächerlich!
Weiß denn Herr Hoffmann nicht, daß ein
Monsieur oder jezt Ludwig XVIII. in parti-
bus, ein Condé, ein Artois viel zu stolz und
dumm waren um es der Mühe werth zu achten,
gegen deutsche Schriftsteller sich zu verantworten
oder gar wie Herr Hoffmann sagte, Procla-
mationen! gegen sie zu machen. Und ist
denn der Herr Exjesuit so initiert in die Geheim-
nisse der Höfe, um zu wissen, ob sie nicht den
deutschen Fürsten genug in die Ohren gelegen
haben; Weiß er denn etwa nicht daß grade ihre
heimlichen Machinationen bei den fremden Hö-
fen, ihre Bewaffnung gegen ihr eignes Väter-
land diese Höfe bewogen hat, Krieg mit uns an-

zufangen, weiß er nicht, daß wenn diese Menschen ja das Uebergewicht gehabt hätten, wir
durch Feuer und Schwerdt umgekommen wären?
weiß er denn endlich nicht, daß diese Emigranten
den Tractat zu Pillnitz und die Proclamation
des Herzogs von Braunschweig gegen unser Vaterland zu Wege gebracht haben, Proclamation
die diesen Fürsten auf ewig in den Augen ver-
nünftigdenkender und unpartheiischer Männer seiner nachgiebigen Schwäche willen, außerordentlich herabwürdigen. Weiß er denn nicht welche
Menschen er vertheidigt: Ein Artois, der zu
Coblenz öffentlich sagte: er ennügire sich in diesem verfluchten Lande (wo er denn doch gast-
freundschaftlich aufgenommen war,) denn er
habe hier nur 4 Maiträssen, während
er in Frankreich über 30 gehabt habe!
Ein Monsieur, der sichs einfallen ließ, am
rechten Ufer des Rheins zu gehn und das halbe
Dutzend republikanischer Soldaten das er am jen-
seitigen Ufer traf anredete und ermahnte, sie möchten ihrem rechtmäßigen Herrn und Könige getreu
seyn, er wolle sie auch väterlich behandeln; der
noch neulich zu Frankfurth bei seiner Ankunft im

Wirthshause und zu Halle mit einem Pereat
und einigen Steinwürfen begrüßt ward. —
Ein Condé endlich der sich nicht entblödete,
den effectiven Zustand seiner kaum eine unsrer Halbbrigaden gleich stark kommende Armee
zu ein Paar hundert Mann stärker anzugeben,
um den dafür erhaltenen Sold wohlweißlich in
seine eigne Casse fließen zu lassen? Dies waren
die Chefs der Emigranten die Hoffmann so warm
vertheidigt. Der theure Prinz betrog also im
Voraus seine Bundesgenossen und Freunde, die
Engländer und Oestreicher, weil er vielleicht schon
damals einsah, seine Armee würde bald caßirt
werden, wie denn auch wirklich geschehen. —
Doch zu unserm Hoffmann zurück!

„Es wäre doch eine äußerst sonderbare Zumuthung sagte er S. 200, wenn nun die sehr
ehrwürdigen drei Prager Freimäurerlogen
verlangen wollten: ich sollte ausdrücklich Namen
nennen, die ich sonst aus Diskrezion und aus
schuldiger Billigkeit verschwiegen habe. (Ver-
kappter Heuchler, nun du aufs äußerste getrieben bist, nun fängst du an zu schmeicheln und
zu kriechen. Doch dies hast du ja mit allen nie-

berträchtigen Schurken gemein! —) Verzeih'
mir Lieber, daß ich hier etwas heftig werde,
aber wem empört nicht diese Sprache eines
Hoffmanns; warrlich, man kann nicht kaltblütig
dabei bleiben. Er steckt sich nun hinter den
Hrn. v. Alxinger, eben den, den du schon kennst
und sagt, was ich doch nicht glauben kann:

Herr von Alxinger in Wien macht mir
dagegen eine schreckliche Gewissensache daraus,
(als wenn Hoffmann noch ein Gewissen hätte!)
wenn ich die insinuirte Illuminatenliste publiziren wollte, und ich glaube er hat nicht Unrecht
und ich werde sie auch nie publiziren. (Weil du
sie nie gehabt hast, Heuchler! Du bist ganz des
Postens nicht der des Professors der Eloquenz, nein, sondern des Spions der
geheimen Polizei würdig; doch manchmal
ein wenig zu dumm. Denn hier bist du weder
Profeßor der Eloquenz was du nie warst, sondern auch nicht einmal fein genug, um Spion
irgend eines Wesens zu seyn. Du giebst schröckliche
Blößen und läßt dich wie die Kinder ins Bo-
horn jagen; denn wenn man diesen sagt: springe so

hoch — ja ſagen ſie — ich kann wohl, aber ich will nicht!

Dies ſey genug.

Hier noch etwas von dem bekannten Blumauer, davon ich dir in meinen frühern Briefen etwas ſagte. Al. Blumayer iſt zu Steyer im Lande ob der Ens am 21. Dez. 1755 gebohren. Er war ehedem Jeſuit nnd ſeit 1787 iſt er Buchhändler, vorher bis 1793 K. K. Büchercenſor zu Wien geweſen. Seine Figur nimmt gar nicht für ihn ein und ſtößt eher von ſich als ſie anzieht. Es iſt ein langer, hageter und ganz gelber Mann, deſſen hohle und trübe Augen, woran er ſehr leſtet, eben nicht den geiſtreichen Traveſtirer der Aenaide verrathen. Er iſt, um ihn Dir ganz zu ſchildern Buchhändler, Cenſor, Dichter, Freigeiſt, Spion der geheimen Polizei, Genie, Wolluſtling, Epikureer im höchſten Grade, Maurer, Hageſtolz und Exjeſuit! — Warrlich — Titel genug!

Hier haſt du die Folge der Geſchichte der geheimen Polizei.

In Ungarn wurde das letzte K. K. Patent, was in meinem vorigen Briefe ſtand, nicht ſo

gut aufgenommen, wie in den übrigen österreich.
Provinzen; hie und da hörte man einige männlich starke Stimmen sich gegen das Unrechtmäßige
des Krieges und, die drückende Lage der Unterthanen und der Menschheit erheben.

Hieher gehört ein schon früher erschienenes,
allein sehr merkwürdiges lateinisches Werk: *Eleu-*
therii Pannonii mirabilia fata, dum in Metro-
poli Austriae famosi duo libelli Babel &
Ninive, in lucem venissent. *) — Man
sagte mir dies Buch habe einen aufgeklärten Ungarn zum Verfaßer, der sich darinn nicht genannt
habe, aber desto beßer sich über des Exjesuiten
Al. Hoffmann Geistesprodukte Babel und
Ninive lustig macht und zugleich den damaligen Zustand seines Vaterlandes und seiner
Landsleute auf die treffendste Art zu schildern

---

*) Die Titel dieser Bücher heißen: Babel Frag-
mente über die itzigen politischen Angelegenheiten in Ungarn. Gedruckt im
römischen Reiche 1790. 8vo. — Die zweite
Brochüre: Ninive, fortgesezte Fragmente über
die damaligen Angelegenheiten in Ungarn. Nebst
einer wichtigen Beilage. Ebendas. 1790. 8vo. —
Beide v. Al. Hoffmann!

suchte. — Hier eine Probe, wie die Auffklä=
rung in diesem Lande auch einige Köpfe aufge=
hellt hat, die ich aus diesem sehr gut geschriebe=
nen Buche übersezt entlehne.

Kap. 6. p. 31. u. f. heißt es:

„Es ist denn doch nicht ganz zu leugnen, daß
in Babel manche unläugbare Dinge stehn. Wir
müssen bekennen, daß der Anfang unsers Lands
tages wohl nicht gar tröstlich anzuschauen war.
Wir kamen nach Pesth grade so als wenn der
Feind auf dem gegenseitigen Donauufer gestan=
den hätte. Wuth, ungeheure Hoffnungen,
toller Patriotismus, Mistrauen und dergleichen
Affecte waren bei vielen der Unsrigen im Herzen.
Wer am besten schreien konnte, der galt für den
klügsten; mit einer schwachen Brust mußte
man schweigen.“

„Das Volk war in Faktionen getheilt; keiner
traute dem Andern; jeder wollte klüger und
größer scheinen als der Andre. Hätte doch ein
Eingebohrner oder auch ein Frembling uns zuge=
rufen: Lieben Ungarn! wo reißt Euch Euer
Eifer hin? — Erwacht doch aus dem schreckli=
chen Schlummer; das Gebäude welches ihr auf=

führt, wird zusammenstürzen und im Schutte wird euer Vaterland begraben werden. —

»Wären nicht unter dem Volke Aristokraten, die sich groß dünkten und über den Wolken des Himmels einher gingen? Sind unter ihnen nicht derbe Menschen gewesen, die als Götter der Völker angesehn seyn wollten; die täglich ihre Orakelsprüche sprachen, als kämen sie vom delphischen Dreifuß und denen Niemand sich zu widersetzen getraute — —?

»Kannst du auch leugnen, daß viele vom Adelklub in Wäldern und auf dem Lande wohnen, deren Augen nie einen Lehrer auf dem Katheder sahen und die doch mit ihren Stimmen drein donnern wie ein Waldstrom über schauderichte Felsen herab. Den ganzen Tag gehen sie herum und schreien ihre Kehle heisch: der Senat hält nicht auf Gesetze, die Freiheiten sind in Gefahr, das Vaterland geht zu Grunde, so und so muß man dem Reiche die Verfassung geben.

»Wenn man ein Buch in den Händen hält, das ein Franzose, ein Italiäner oder ein Deutscher schrieb, wenn man von dem Handel und der Landwirthschaft der Ausländer, von dem

Völkerrechte und der Verfaßung andrer Reichs
spricht; wenn jemand sogar den Vaterlandsboden
verläßt und zu Halle oder Göttingen studiert;
schreit man nicht von allen Seiten: dieser ist kein
Ungar, er mag zu fremden Göttern gehn?

»Ich finde überall volumineuse Werke, wie
man Krieg führen soll. Die Zehnten für Prie=
ster und die Zölle füllen Seiten auf Seiten; in
jedem Dekrete finde ich die Künste des Proceß=
rens oder vielmehr Proceße bis ans Weltgericht
zu verzögern. Aber — wo sind die Gesetze, wel=
che die Industrie erhöhen, die Landwirthschaft
befördern, das Commerz emporbringen und jeder
Bürgerclasse Sicherheit gewähren? Wo sind die
Gesetze, welche Ordnung auf den Landtägen in
den Versammlungen und Rathssitzungen vor=
schreiben? Wo ist für eine vernünftige Erziehung
der Jugend gesorgt? Wo sind die Pflichten zwi=
schen Guthsherr und Bürger, zwischen Vater
und Sohn, zwischen Mann und Weib, er=
klärt? —

»Und darum rufen schon vom Anfange dieses
Staats bis auf den heutigen Tag die Aeltesten
des Reichs und darum verlangen die Könige

und wünschen alle gute Bürger — Verbeßerung. — —

„Aber was geschah bis izt? Einige Säulen
haben wir auf die Ruinen gesezt, mit Mörtel,
Spalten und Oeffnungen überzogen, das ganze
Gebäude unterstüzt — aber es blieb was es
war, schwach ohne Zusammenhang und unvollen-
det.

„Sieh unser Land ist noch ein Chaos, es
bedarf der Machthand eines Schöpfers, der
Licht schaffte, daß die Wahrheit gesehn werde,
der Pflichten von Pflichten absondere, der nur
solche Bischöfe, Magistratspersonen und Volks-
regierer sezt, die mit ihrem Beispiele vor-
leuchten; der jedem Stande eigene Geseze
giebt ꝛc. — ꝛc. — —

So viel unser Verfaßer, der gewiß den Zustand seines Vaterlandes genau kannte, als er
dies schrieb.

Die Spione, oder vielmehr die blinden Anhänger der Minister zeigten dieses heimliche
Murren, diese Bewegungen in Ungarn an und
mit den vermehrten Einkerkerungen erfolgte folgende merkwürdige Anzeige in der Wiener Hof-

zeitung vom 12ten März 1794. — Ich schreibe sie Dir hier wörtlich ab, weil sie ein Actenstück mehr zu der Geschichte dieser Staatsinquisition ist.

»Ungarn. Nachdem Se. Maj. aus den durch verschiedene Gerichtsbehörden dieses Königreichs erstatteten Amtsberichten ersehen haben, daß die Aufhebung der Todesstrafen und bloße Ausübung des Majestätsrechtes der Begnadigung, durch Ruchlose nur gemißbraucht worden, der erhabene Zweck der Verminderung und Besserung der Verbrecher, durch zeitlichen Abscheu und Schrecken erregende Strafen ganz unerreicht geblieben, und die sträfliche Erfrechung der Uebelgesinnten so weit gekommen ist, daß durch die verübten Verbrechen das allgemeine Wohl und die öffentliche Sicherheit untergraben wurden; so haben Se. Maj. Ihre bisher erwiesene Milde, in Erwägung, daß sich die Zahl der Missethäter, anstatt sich zu verringern, nur vermehrt hat, einzuschränken bewogen gefunden, und verordnen, daß in Hinkunft die vorhin bestandene gesetzmäßige Todesstrafe und das peinliche Gericht in Ungarn wieder zum warnenden Beys

O

spiele eingeführt, ausgeübt, und dieses zur allgemeinen Wissenschaft öffentlich kund gemacht werden soll. *)

„Die Stände von Kärnten haben in der über das ausgeschriebene Kriegs-Darlehen abgehaltenen Versammlung einen neuen Beweis gegeben, daß sie nicht weniger als die übrigen Staatsbürger aus allen Provinzen und Ständen, um die Ehre wetteifern, ihre patriotischen Gesinnungen für ihren erhabenen Monarchen, das Vaterland, und die gerechte Sache des gegenwärtigen Krieges, an Tag zu legen; und haben daher ebenfalls den sie treffenden Antheil des Darlehens als ein freiwilliges Geschenk dargebothen.

„Die Stände Mährens haben ihre Treue und Ergebenheit für ihren rechtmäßigen Landesfürsten, so wie den Eifer für die gute Sache von jeher, und neuerlich in den am 5. und 7. Febr. d. J. gehaltenen ständischen Versammlungen, dadurch auf eine ausgezeichnete Art bewiesen, daß sie das von Sr. Majestät postulirte Kriegs-

*) S. Wiener Zeit. Nr. 21. Jahrg. 1794.

darlehen nicht sobald vernommen hatten, als sie auch schon aus eigenem freien Triebe den einheiligen nur durch Liebe, Treue und Patriotismus, nicht durch Beispiel geleiteten Schluß faßten Sr. Maj. dieses Darlehen von ihren obrigkeitlichen Besitzungen als ein freiwilliges Geschenk darzubringen, und hierzu auch die bey dem Landtage nicht anwesenden Landobrigkeiten, im Vertrauen auf ihre von gleichem Geiste beseelte Gesinnungen, einzuladen. *)

Durch dieses erste K. K. Allergnädigste Hofdekret bekamen sowohl die Minister als die geheime Polizei weit größern Spielraum, den sie auch aufs Beste benutzten, denn es wurden viele sogenannte Staatsverbrecher heimlich arretirt, aus dem Schooße ihrer Familien gerißen, nach Munkatsch, Ofen, Pesth oder nach den Staatsgefängnißen Pleß und Olmütz in Mähren gebracht, zum ewigen Gefängniße verdammt oder unter unsäglichen Quaalen mit dem Schwerdte des Henkers umgebracht.

*) Ebendas. b. 12ten März 1794.

Jemehr die geheime Polizei verfolgte, je mehr sie über öffentliche Angelegenheiten zu sprechen verbot, desto stärker ward der Drang, dieselben zu äußern. Es entstanden unteranderm geschriebene Zeitungen, die das ergänzten, was die Minister nicht gern bekannt haben wollten; sie sagten gewiße Wahrheiten die nicht gefielen und die man ganz unterdrücken wollte. Diese Zeitungen kursirten in den engern Cirkeln genauer Freunde, die dennoch aber durch die Spione entdeckt und der geheimen Polizei angezeigt wurden.

Unteranderm stand in einer solchen Wiener geschriebenen Zeitung vom 13ten März 1792. folgendes: »Der Herr Profeßor Hoffmann, »diese erlauchte Fürstenstütze, ist mit halben Ge= »halt in den Ruhestand versezt worden!" Dies Blatt kam dem Exjesuiten in die Hände; er lief sogleich zum Kaiser zu dem er damals freien Zutritt hatte, und zeigte ihm die scandaleuse Stelle und nun erschien am 22sten März 1794 folgendes K. K. Dekret in der oben angeführten Wiener Hofzeitung Nr. 24.

„Zufolge Höchſter Entſchließung vom 5ten
„gegenwärtigen Monaths, werden hiemit ge-
„ſchriebene Zeitungen allgemein verbothen und
„wird gegen jeden Unternehmer einer geſchriebe-
„nen Zeitung für den erſten Uebertretungsfall
„eine Geldſtraße von hundert Gulden; wenn er
„dieſe zu entrichten unvermögend wäre, ein drei-
„monatlicher Polizeihausarreſt, im zweiten Ue-
„bertretungsfalle aber, ohne allen Unterſchied ein
„ſechsmonatlicher Polizeihausarreſt, verhängt;
„eine weitere Uebertretung dieſes Verboths wür-
„de nach Umſtänden noch ſchärfer beſtraft werden.
„Welches hiemit zu Jedermanns Wiſſenſchaft be-
„kannt gemacht wird. Wien den 15ten März,
„1794." —

Wie willkührlich und ſchwankend ſind nicht
die Ausdrücke: nach Umſtänden noch
ſchärfer beſtraft werden. Was ſollen
die Umſtände dabei; können dieſe das Factum
die geſchriebenen Zeitungen, mildern? Soll es
etwa heißen nachdem was darinn geſagt wird?
oder auch? es muß ein Unterſchied gemacht werden
zwiſchen einem Spion der Polizei, einem Hof-
cavalier und Ordensritter und zwiſchen einem ar-

men Teufel von Aufklärer, einem Bürgersmann, der die Feder ergreift um Wahrheiten zu sagen, die ihm seine gedrückte Lage niederzuschreiben eingeben, um sich in etwas für die erlittenen Drangsale schadlos zu halten? Dieser freilich ist ein arger Staatsverbrecher; ein Bösewicht und Jacobiner, dem man das Raisonniren durch lebenslängliche Festungsstrafe oder wohl gar auf immer durch das Schwerdt oder den Strang vertreiben muß.

Auch die Censur, wovon wir in Frankreich so vieles gehört haben, ist als eine große Stütze der geheimen Polizei hier etwas näher zu betrachten. Du sollst die Geschichte derselben im kurzen Auszuge in meinem nächsten Briefe haben. Lebe wohl.

Achter Brief.

Ehe ich zu der versprochenen Geschichte der
Censur in Wien übergehe, will ich dir hier ei=
niges über unsern guten M. dessen Geschichte mir
sehr am Herzen liegt sagen.

Gestern war ich bei unserm Landsmann und
Freund Bernadotte, der mir mit seiner ge=
wöhnlichen Lustigkeit verschiedne komische Anek=
doten von französischen Soldaten seiner Division
erzählte, davon vielleicht ins künftige ei=
nige derselben. Ich sagte ihm nun etwas

von unserm Freunde N. den er durch uns kennen
gelernt hat. Er gab mir vortrefliche Rathschlä=
ge, die diesen gewiß retten werden; nur
muß man behutsam damit verfahren. Sollte
dies nicht gelingen, nun — so wird sich die Re=
publik seiner annehmen und dann ist er geborgen.

Die K. K. Censur zu Wien ist das Werk
der Geistlichkeit, besonders der Jesuiten, die
Alles verdammten, was vorzüglich wider die
christliche Religion, d. h. wider die Grundsätze
der katholischen Religion war. Maria
Theresia trug die dazu ernannte Commißion
1732 der Universität zu Wien an, die damals
aus Jesuiten bestand, folglich ganz nach jesu=
tischen Grundsätzen handelte. — 1765 ward
ein Catalogus librorum prohibitorum bekannt
gemacht, der die besten mit den schlechtesten
Werken verbot und verdammte. Die Werke
eines Iselin, Abbt, Mendelssohn, so=
gar Süßmilchs göttliche Ordnung —
alles Bücher und Werke von außerordentlich ge=
schäzten und in Deutschland berühmten Schrift=
stellern, wurden verbothen; endlich ging man
noch weiter, man verbot selbst im J. 1777 die=

sen Catalogum librorum prohibitorum, indem man ihn unter die verbotenen Bücher sezte.

Alle verbotene Bücher, Pamphlets, Brochüren wurden damals ohne Schonung verbrannt; gefielen aber den Herren Censoren einzelne Stellen oder Bogen nicht, nun — so wußte man sich auch zu helfen — man schnitt sie aus dem Buche aus und gab sie so verstümmelt im Buchladen!

Kaiser Franz der I. starb 1765 und Joseph ward Mitregent; allein seine Mutter Maria Theresia hielt noch zu sehr die Zügel der Regierung und durch sie hatten die Pfaffen, vorzüglich die Jesuiten, den entscheidendsten Einfluß auf diesen Geistesdruck, deshalb geschah dies Alles noch ganz ungeahndet.

Nach dem Tode der Kaiserinn Maria Theresia (den 19. Nov. 1780) fand ihr Sohn und Nachfolger Joseph II. Mittel, diesem zu überhand nehmendem Uebel durch festzusetzende Grundregeln, nach welchen die Censurcommißion verfahren sollte, zu steuern und machte sie bekannt. — Sie sind ganz gemäßigt und für die damaligen Zeiten sehr gelinde.

Nach und nach lebte die Geistesfreiheit wieder auf, die Pfaffen wurden gedemüthigt, die Jesuiten ganz unterdrückt und im Zaum gehalten und der vernünftige, aufgeklärte Mann seegnete den jungen Monarchen, der für das Wohl seiner Unterthanen so thätig besorgt war. — Auch er starb leider zu früh für Oestreichs Aufklärung und Leopold II. folgte ihm.

Dieser rief das Heer der Priester und Pfaffen um sich her, hob den stolzen, aber gedemüthigten Cardinal Erzbischoff Migatzi wieder empor und fing nun an, sich auch mit den Censurangelegenheiten seines Reichs zu beschäftigen. Er schrieb deshalb folgendes Handbillet an den Grafen von Kollowrath, wodurch er die Censurverordnungen wieder einschärfte und sich und den damaligen Geistesdruck aufs vollkommenste schildert.

Lieber Graf Kollowrath

„Bei der von Sr. höchstseeligen Kaisers Majestät für die Censurirung der Bücher im Jahr 1781. festgesetzten Instruction habe ich wahrgenommen, daß der zweite Satz einer näheren Erläuterung und Bestimmung bedürfe. In diesem

Satze werden zwar jene Bücher und Piecen,
die etwas anstößiges gegen die Religion, die et=
was Freies gegen die Sitten, und etwas Be=
denkliches gegen den Landesfürsten und den
Staat enthalten, ganz recht zur Verwerfung an=
getragen."

„Allein es ist auch nöthig, daß jenes, was
eigentlich für bedenklich anzusehen und zu be=
trachten sey, noch genauer bestimmt werde.
Der Censur=Hofkommißion wird in dieser Rück=
sicht der Hauptgrundsatz gegenwärtig zu halten
seyn: daß in der Vereinigung des Willens und
der Kräfte die Wesenheit des Staats bestehe,
und daß die Aufrechthaltung der allgemeinen
Ruhe das höchste Gesetz für den Staat sey;
Es folgert sich hieraus, daß jenes, was die all=
gemeine Ruhe störet, was Irrungen, Uneinig=
keiten und Spaltungen hervorbringt, oder her=
vorbringen kann, was den Gehorsam gegen den
Landesfürsten vermindert. Lauigkeit in Beobach=
tung der Bürgerlichen oder Religionspflichten,
dann Zweifelsucht in geistlichen Sachen nach sich
ziehen kann, als bedenklich anzusehen, mithin
Bücher und Schriften dieses Inhalts nach den

Regeln der Klugheit eher zu verbieten, als durch
deren Zulaßung sich nachtheiligen Folgen auszu-
setzen sey."

„Nach diesem Grundsatz werden daher in
Hinkunft auch jene Schriften und Piecen, welche öffentliche, landesfürstliche Gesetze und Anordnungen kritisiren und tadeln, dem Verbote
gänzlich unterworfen seyn, da hierdurch der Unterthan nur in der Folgsamkeit geschwächt, und
die Vollziehung der landesfürstlichen Gesetze in
der Ausübung erschwert wird."

„Weiteres wird der Censur-Hofkommißion
auch insbesondere wohl einzubinden seyn, daß sie,
so wie ich es bereits unterm 3ten Julius vorgeschrieben habe, sich genau nach den bestehenden
Censurvorschriften benehmen und beso. ders bei
den ins geistliche Fach einschlagenden Werken
und Piecen nicht im mindesten davon abweichen,
mithin jene Bücher und Brochüren, welche die
Religionslehren, und jenes, was in die kirchliche
Verfaßung einschlägt, sammt den Dienern der
Religion dem Gespötte preis geben, und lächerlich und verächtlich machen, nie zulaßen soll!"

„Sie werden hiernach das Gehörige verfü-
gen, damit in Gemäßheit dieser meiner Anord-
nung sowohl hier bey der Censurhofkommißion,
als in den Ländern bey den Bücherevisionen sich
auf das genauste benommen werde." „Wien
den 10ten August 1790."

Diese K. K. Verordnung machte in Wien
den lebhaftesten Eindruck, vorzüglich auf die li-
terarische Welt. Sie war seit beinahe 10 Jahren so an Preßfreiheit (eingeschränkt freilich,
doch nicht auf solche Art wie hier geschah) ge-
wöhnt, daß sie nicht einmal an eine nüzliche Ver-
änderung dieses so schäzbaren Geschenkes dachte.
Die Anhänger und Schmeichler der leopoldin-
schen Regierung in Oestreich fingen nun an,
diese Maaßregeln nicht nur zu billigen, sondern sogar zu vertheidigen. Hierunter gehört unter andern
der so oft genannte Exjesuit Al. Hoffmann der nun
seiner Geistesfreiheit, die er unter Joseph dem II.
so stark ausposaunte und die oft in Frechheit ausar-
tete, ein kleines Gebiß anlegte und folgenden Commentar über diese Censurverordnung in seiner Wiener Zeitschrift nach einer langen Brühe über philosophischen Unglauben, aufgeklärtem

Nichtglauben, neu zu organisirender
Censur und dgl. Unsinn mehr einrücken ließ. Er
ist zu merkwürdig um ihn hier nicht auszugs=
weise herzusetzen. *)

»Erstens: Politische Pamphlets, Libelle,
Pasquille — und alle elenden Animositäten
freiheitsüchtiger Brausköpfe und ge=
mietheter Schapphähne (!!!) gegen
Regierungen und Regenten sind streng untersagt
und die Censur soll alle Sorge anwenden, den
Druck und die Verbreitung solcher Skarteken
zu hindern. Dem Revolutionsungeheuer
sollen in Oestreich keine papiernen Altäre gebaut
und den Freiheitsaposteln keine Predigtstühle zu
ihren Mißionen eingeräumt werden. Die Kos=
mopoliten sollen über die unveräußerlichen Men=
schenrechte ihre Deklamationen haben, wo man
so sorglos ist, ihnen selbe halten zu lassen. —
Es sollen hier überhaupt keine philantropi=
schen Insolenzen gegen die Regenten
und ihre Gesetze zu Tage gefördert
werden— (!!! —)

*) S. Wiener Zeitschr. 1r Bd. 1792. S. 35. u. f.

»Zweitens: Schriften welche die Religionsgrundsätze erschüttern, welche laute Freidenkerei und modischen Unglauben verbreiten; welche gutmüthige und gutdenkende Völker in den Schlamm voltairischer Religionsbegriffe führen und diesen Völkern die heilige Ruhe ihrer Herzen (wie besorgt doch Al. Hoffmann für die Ruhe der Herzen ist! sollte er es auch so für die physische Ruhe, für die Freiheit von Ketten und Gefängniß seiner Mitbürger seyn? —) und das Gefühl ihrer immer gern befolgten Pflichten rauben; welche mit giftigem Witze heilig und ehrwürdig gehaltene Gegenstände und denn auch achtungswürdige Religionsdiener belachen und verhöhnen und zwar nur belachen und verhöhnen, dürfen nie zum Druck gelassen werden. —"

S. 42. sagt er: »Eine weise und redliche Gesetzgebung zeichnet sich überall durch Offenheit und Freiherzigkeit aus. Sie macht nie ein Geheimniß aus ihren Anstalten und Absichten, denn Alles zielt ja zum Wohl des Landes ab und das Volk ist ja durchaus nur der einzige Gegenstand dieser Anstalten und Absichten. — Eine

solche Offenheit gehörte schon lange her zu den
karakteristischen Merkmalen der östreichischen Monarchie (?) — Offner und freier handelte aber
mit seinem Volke noch kein Monarch als Leopold
der II. (A. Hoffmann hatte Recht dies damals
zu sagen, Leopold lebte und regierte ja!) Die
Urkunden von seiner 25jährigen Regierung in
Toskana liegen vor den Augen aller Menschen da.
(Und die heimliche Spioneret, die Begünstigung
des Pfaffenthums, die Pillnitzer Convention, die
Einschränkung der Preßfreiheit, selbst Herrn Pater
Al. Hoffmanns freier Zutritt zum Thron, lagen
diese vor aller Menschen Augen?) — »Freier
und edler legt kein gewißenhafter Hausverwalter
seinem Herrn Rechnung ab, als Leopold von seiner ganzen Regierung der Welt. — zc."

Was sollte nun wohl Kaiser Leopold denken,
wenn er dies Geschmiere vor Augen bekam? Ist
das nicht die niedrigste und gefährlichste Schmei-
chelei die sich denken läßt; muß sie den Regenten
nicht Muth machen, noch größere Eingriffe in
die Rechte der Unterthanen zu thun?

Wahrscheinlich glaubte auch Leopold noch
nicht genug gethan zu haben; er schrieb unterm

30sten Dezemb. 1791 ein zweites Handbillet
an den Grafen Kollowrath folgendes Inn=
haltes:

„Lieber Graf Kollowrath! Da ich die Ober=
leitung der Studienangelegenheiten bereits an
die Hofkanzlei übertragen habe, so will ich der=
selben auch in Ansehung der künftigen Ver:hand=
lungsart der Censurgeschäfte meine Willensmei=
nung eröfnen. Diese Geschäfte müssen nach
zwei verschiedenen Beziehungen betrachtet wer=
den: zu der einen gehört die Leitung und Auf=
sicht, zu der andern die Ausübung, oder die ei=
gentliche Censur. So wie die Leitung und Auf=
sicht vordem der Studien=Hofkommißion oblag,
auf eben diese Art wird solche nun der Hofkanzley
obliegen; und muß daher Alles, was verhin
diesfalls von der Studienhofkommißion geschah,
künftig auch bei der Kanzlei durch den dort auf=
gestellten Studien=Referenten vorgetragen und
bewirkt werden, wodurch es also der Wiedereln=
führung einer eigenen Censurcommißion nicht
mehr bedarf; sondern die Censuren haben le=
diglich, so wie bisher, da, wo sie die Zulaßung
eines Werkes auf ihre eigne Verantwortung auf

P

sich zu nehmen sich nicht getrauen, auch künftig ihre Gründe entweder schriftlich, oder mit Hinweisung auf die Stellen des Buchs, anzudeuten, und solche der Kanzlei vorzulegen, welche mir dann dieselben, auf die gewöhnliche Art durch Vortrag erlegen wird. Ein gleiches wird auch in Ansehung der Manuscripte zu beobachten seyn." Wien, den 30sten Decemb. 1791.

Leopold.

Darauf kam unterm 14 Januar 1792 folgendes merkwürdige Hofdekret heraus:

»Künftighin sollen von allen fliegenden Blät-
»tern, Broschüren und kleinen Werken, theolo-
»gischen, politischen, moralischen, philosophi-
»schen und sogenannten vermischten litterarischen
»Innhalts, wobei kein Verfaßer genannt wird
»oder der genannte Verfaßer nicht ein durch
»Amt, Stand oder entschiedenen Ruf bekannter
»Mann ist, das Manuscript in doppelter Ab-
»schrift eingereicht, davon ein Exemplar bei der
»Censur zur Controlle zurückbehalten, das andre
»aber mit der Zulaßung dem Verfaßer herausge-
»geben werden." Wien, den 14ten Jan. 1792.

Noch bis jezt erscheint ja fast regelmäßig alle Monate ein solcher Catalogus librorum probibitorum; man weiß schon vorher, daß Alles was vernünftig gut und etwas frei geschrieben wird, sich in diesen Catalog befindet; darüber sehe du nur das bei unserm Buchhändler befindliche deutsche litterärische Blatt: **Allgemeine Litteratur Zeitung** genannt und zwar die Schreiben aus **Wien** in den Intelligenzblättern dieser Zeitung nach, so wirst Du hinlänglich finden, schon nach dem Titel der Bücher beurtheilt, daß ich vollkommen Recht habe und nicht zu voreilig schließe.

Während aber die Herren Censoren solche gute und brauchbare Schriften confiscirten oder verboten, ließen sie die schändlichsten und schmutzigsten Romane, Gedichte, Comödien und andre dergleichen Piecen durchschlüpfen die ganz dazu gemacht waren, Sittenverderbniß und alle nur mögliche Laster wo nicht zu befördern, dennoch zu erhalten. Sie schlüpften deshalb durch, weil das Titelblatt wahrscheinlich nichts

auffallendes, oder der Verleger und Verfaßer ein
Herr Gevatter, Vetter und sogenannter braver Mann war, der dem Herrn Censor eine
Kleinigkeit verehrt hatte, wofür er das Buch
laufen ließ; oder endlich weil das Büchelchen des
Herrn K.K.Censors dickes Zwergfell so erschütterte,
daß er es als einen lustigen Schwank ansah und in
die weite Welt, der schönen Histörchen willen
an welchen er sich so prächtig delektirt hatte, hin-
einschickte. Da denn doch hie und da unter dem
Bürgerstande etwas gelesen wird, obgleich ihre
regelmäßigen Mahlzeiten und ihre andern
Geschäfte (denn in Wien gehört das erstge-
nannte zu den Geschäften, da es bei uns zu den
Bedürfnissen und manchesmal zu den Vergnügungen gerechnet wird), ihnen wenig Zeit zur
Lecture übrig laßen, so müßen sie nothwendig
auf dergleichen Bücher fallen; da alle andern,
vernünftig geschriebenen und für sie lehrreichen
Schriften verbothen sind. Du siehst also leicht ein
daß der Mittelstand, oder die nüzlichste und ar-
beitsamste Classe der Einwohner Wiens noch weit
unter — ich will nicht einmal sagen unter denen
Unsrer Vaterstadt St. — nein — sondern unter

den, Bewohnern der Hauptstadt Preußens Berlin, oder Breslau, ja selbst Nürnberg in Absicht ihrer Geistescultur sind; denke Du Dir nun noch das Heer der Priester, Mönche und Pfaffen, die mit Allgewalt über den bornirten Geist ihrer Seelenhirten herrschen und ihrem dicken Wannste es schuldig zu seyn glauben, gegen Ketzer, Unchristen, Verruchte und Gottlose zu eifern, um ja dem lieben Gotte das Seinige zu lassen.

Dieses Censurwesen in den K. K. Staaten hat der geheimen Polizei den größten Spielraum verschafft, deshalb verdiente die Geschichte derselben hier auch einen Platz. Hier hast Du zum Schluß eine noch sehr merkwürdige Censur-Generalverordnung, die die übrigen Alle in sich faßt.

Hofverordnung.

In Absicht auf die Censur der Druckschriften, und Kupferstiche ist folgende die bisherigen Censursvorschriften in sich fassende allerhöchste Generalverordnung ergangen:

§. I. Niemand soll unter den gegen Einschwärzungen verhängten Strafen, eine Druck-

schrift mit vorsätzlicher Umgehung der Mauthäm=
ter und der Revisorate einführen, und vor erhal=
tener Censursbewilligung zum Verkaufe bringen.

§. II. Der Buchhändler, welcher ein Buch,
eine Broschüre oder irgend eine Druckschrift,
die verbothen, oder erga Schedam beschränkt
ist, ohne eigenen Erlaubnißschein, welchen nur
das K. K. oberste Directorium, und in den
Provinzen die Landesstelle ertheilen kann, ver=
kauft, wird im ersten Betretungsfalle mit 50
Gulden für jedes Exemplar, und im zweyten,
nebst dieser Geldbuße, mit Verlust des Gewer=
bes bestrafet.

§. III. Die den Buchhändlern auf den Re=
visoraten zurückbehaltenen verbothenen Bücher,
wovon ein von dem Eigenthümer, oder dessen
Handlungsbestellten unterschriebenes Verzeichniß
mit beygesetzter Zahl der Exemplare allda gefüh=
ret wird, sollen binnen Zeit von 6 Monathen
bey Strafe der Konfiskazion, unter den vorge=
schriebenen Vorsichten, wieder aus den Erblanden
geschafft werden. Sollten in einem oder dem
andern Falle besondere Hindernisse der Befol=
gung dieser Vorschrift im Wege stehen, so sind

solche von den Eigenthümern oder Administratoren anzuzeigen, wo dann nach Beschaffenheit der Umstände, diese Frist auf weitere 3 oder 6 Monathe wird erstrecket werden.

§. IV. Kein Buchdrucker soll das Mindeste in Druck legen, ohne zuvor das Manuscript in einer leserlichen Schrift und richtig paginirt, auch mit einem weißgelassenen Rande versehen, beym Revisionsamte eingereicht, und die Zulassung vom Censursdepartement erhalten zu haben. Diese wird nicht von den Censoren ertheilet, und ist das von denselben gegebene Admittitur nicht hinlänglich, sondern sie muß wegen der in Censursachen nöthigen Ordnung und Manipulazion, durch das vom Revisor eigenhändig, und mit dessen Unterschrift auf das Manuscript beyzusetzende *Imprimatur* bestätiget werden, welches entweder ohne, oder mit dem Beysatze *omissis deletis*, mit Auslassung der in der Handschrift ausgelöschten Worten oder Stellen, oder mit einem anderen Beysatze und unter gewisser Beschränkung gegeben wird. Hätte Jemand ohne dieses *Imprimatur* einzuhohlen und erhalten zu haben, oder ohne sich nach dessen Beysätzen oder

Beschränkungen zu achten, etwas, es sey was es wolle, in Druck gelegt, so wird nicht allein die ganze Auflage mit Zerstörung des Schriftsatzes konfiszirt und eingestampft; sondern es wird auch der Uebertreter sogleich mit Verlust des Gewerbes, und überdieß mit 50 Gulden für jedes in Umlauf gesetzte Exemplar, und wenn er diese Geldbuße nicht erlegen könnte, mit Arrest und am Leibe gestrafet, und dabey jede Ausflucht, die Exemplare nicht verkauft, sondern vertauscht, oder verschenkt, oder die Auflage auf auswärtige Bestellung und zum Versenden in das Ausland veranstaltet zu haben, so wie jede Ausrede auf Versehen der Handlungsdiener oder Handlanger als ungültig verworfen.

§. V. Die Manuscripte sind gewöhnlich in zwey gleichlautenden Exemplaren einzureichen, doch kann nach Beschaffenheit des Gegenstandes, nach Eigenschaft des Verfaßers, und nach Umständen die Freysprechung vom Duplikate beym K. K. Direktorium, und in den Provinzen bey der Landesstelle angesuchet werden. In Fällen, wo diese erfolgt ist, ist das Manuscript nach vollbrachtem Drucke, sogleich auf das Revisions-

amt nebst einem, im Pappendeckel gebundenen
Exemplar wieder einzuliefern, und würde jeder
im Drucke ohne vorherige Anzeige und erhaltene
Erlaubniß gemachte Zusatz, und jede erwiesene
Verfälschung des Originals (die Fehler in der
Rechtschreibung oder im Styl, deren Verbesse=
rung den Sinn nicht ändert, allein ausgenom=
men,) als Betrug und vorsetzliches Falsum stren=
ger Ahndung unterliegen.

§. VI. Jeder, auf dessen Kosten und Rech=
nung ein Buch oder kleinere Schrift gedruckt
werden soll, er sey Buchdrucker, Buchhändler,
Verleger oder Verfasser, ist gehalten seinen Na=
men und Karakter nebst seiner Wohnung zu An=
fange des zur Censur eingereichten Manuscripts,
oder, wenn es ein Nachdruck, oder neue Aufla=
ge ist, des Originals leserlich beyzusetzen, und
wird von dem Revisionsamte nichts angenom=
men werden, wo diese oder andere bey den Ma=
nuscripten vorgeschriebenen Erfordernisse außer
Acht gelassen sind;

§. VII. Die Manuscripte sollen von Nie=
mand zu den Censoren gebracht, noch bey densel=
ben abgehohlet werden, sondern sie sind ohne

Unterschied unmittelbar bey dem Revisionsamte
einzureichen, wo sie der Einreicher mit dem De-
ciso abzuhohlen hat. Die Censoren sind angewiesen, kein Exhibitum, welches ihnen nicht
im ordentlichen Wege durch das Revisionsamt
zukommt, in Censurirung zu nehmen, noch ein
Censurirtes anderswohin als dahin abzugeben.
Niemand ist befugt sich den Censor seines Buchs,
oder Manuscripts selbst zu wählen, oder dem
Revisionsamte auf irgend eine Art anzusinnen,
daß es ein Stück eigends den Censor A, statt
des Censors B zur Censurirung zusende, noch soll
der Eigenthümer, wenn er den Censor erfahren
hat, denselben selbst, oder durch andere überlau-
fen, oder mit Bitten oder Vorstellungen behelli-
gen, sondern jeder soll nach Einreichung seines
Werkes die Entscheidung ruhig abwarten, und
sich dieser ohne Widerrede und Verunglimpfung
der Censoren oder des Revisionsamtes, welche
allerdings nach dem Grade des Frevels geahndet
werden würde, geziemend fügen.

§. VIII So wie zum Drucke neuer Schriften, so muß auch zum Nachdrucke eines schon er-
laubten Werkes und eben so zu jeder neuen Auf-

lage die Erlaubniß, mittelst schriftlicher Anzeige und Einreichung des Werkes selbst beym Revisionsamte und respective das Imprimatur, oder Reimprimatur nachgesucht, und darf vor dessen Erhaltung, unter gleicher Verpönung, weder Nachdruck noch die neue Auflage veranstaltet werden.

§. IX. Wer solche Schriften in Geheim druckt, oder nachdruckt, die nach den Strafgesetzen in die Kathegorie der Verbrechen gehören, macht sich derjenigen Strafen theilhaftig, welche in den Gesetzen auf die Verfassung dergleichen Schriften bestimmt ist.

§. X. Niemand soll ein Werk, davon die Handschrift bey einem deutscherbländischen Revisionsamte eingereichet worden, die Zulassung aber nicht erfolgt ist, in das Ausland zum Druck und Verbreitung schicken. Der Uebertreter wird mit einer nach dem Grade der Anstößigkeit der Schrift, und wenn es eine Schmähschrift ist, nach dem Interesse der dadurch angegriffenen Personen abgemessenen Strafe belegt werden. Das Vorgeben, daß ihm das Manuscript von Handen gekommen, und der auswärtige

Druck ohne sein Wissen und Willen veranstaltet
worden sey, wird um so weniger angenommen,
als Niemand ein von der inländischen Censur
verworfenes Manuscript andern mittheilen, oder
mit Gefahr weiterer Ausbreitung aufbewahren
soll.

§. XI. Niemand soll mit Büchern hausiren,
solche kolportiren und damit heimlicher Weise
Gewerbe treiben; die Uebertreter werden nebst
Konfiskazion aller bey denselben vorgefundenen
Bücher in Verhaft gezogen, und nach Befund
der Umstände, je nachdem die also verkauften
Bücher im hohen Grade sittenverderblich, reli-
gionswidrig oder staatsgefährlich sind, mit schwerer angemessener Strafe, und wenn sie Ausländer sind, auch mit der Landesverweisung belegt
werden.

§. XII. So wie allen und jeden Privatper-
sonen, die nicht zum Buchdrucker-Gewerbe gehörig befugt sind, Buchdrucker- oder Handpres-
sen, und Druckcharaktere zu haben untersagt ist,
so wird auch allen Buchdruckern bey Verlust ihres Gewerbes, nebst Konfiskazion ihrer Werkzeuge, und nach Beschaffenheit der Umstände

noch weiterer Geld- oder Leibesstrafe verbothen,
an entlegenen oder unzugänglichen oder verborgenen Orten Pressen aufzustellen, und auf heimliche Weise und durch lichtscheuende Anstalten
setzen oder drucken zu lassen.

§. XIII. Obstehende Verfügungen sind zugleich von Kupferstichen jeder Art und Vorstellung, wie auch von Landkarten und Prospekten,
Rissen von Städten, Festungen, Gränzen, Kü-
sten, zu verstehen, von welchen, wenn sie zum
öffentlichen Verkaufe bestimmt sind, vor der Gra-
virung jedesmahl das Original oder die Zeichnung bey dem Revisionsamte einzureichen, und
die Censursbewilligung einzuholen ist, so wie
alle auf Uebertretungsfälle bey Schriften und
Büchern festgesetzte Pönfälle sich auf die Kupferstiche in gleichem Maße erstrecken.

§. XIV. Wer Verzeichnisse von verkäufli-
chen Büchern den Zeitungsblättern beylegen,
oder auf andere Art durch den Druck bekannt
machen will, hat solche aufs späteste zwey volle
Tage vor der Bekanntmachung beim Revisionsamte in zwey gleichlautenden Handschriften ein-

zureichen; diese Verzeichnisse müssen rein, leserlich geschrieben, die Titel der Bücher gehörig
nach ihrem wahren Verfasser, wenn dieser genannt ist, allezeit aber nach dem wahren Inhalte, und dem Druckorte und Jahre ohne Ver-
drehung, Verfälschung, oder unverständliche Ab-
kürzung aufgesetzt; und alle unmittelbare un-
schickliche Zusammensetzung von Werken, bibli-
schen und geistlichen, oder andere ehrwürdige Gegenstände betreffenden Inhalts mit Werken einer
von jenen ganz verschiedenen und solcher Gattung,
daß daraus Anlaß zu ungebührlichen Beziehungen entstehen könnte, vermieden werden. Wenn
über dergleichen Verzeichnisse das Imprimatur
nicht unbedingt, sondern mit der Beschränkung
omissis deletis ertheilt wird, so sind dieselben
vor gänzlicher Vollendung des Drucks bey dem
Revisionsamte noch einmahl vorzulegen, damit
dasselbe sich von der geschehenen Weglassung der
ausgestrichenen Artikel überzeugen, und das un-
bedingte Imprimatur beysetzen könne. Das
nämliche ist bey Verzeichnissen von Kupferstichen
und Lizitationskatalogen zu beobachten. Letztere
sind nach Verhältniß ihrer Größe früher, als

bey einzelnen Blättern erforderlich ist, zur Censurirung einzureichen.

§. XV. Wenn Buchhändler Kataloge oder
kleinere Verzeichnisse von Büchern, die sie zum
öffentlichen Verkaufe ausbiethen, bey dem Revisionsamte einreichen, und darunter verbothene
gefunden werden, so sind sie schuldig, solche an
das Revisionsamt abzugeben, wo dieselben so
lange aufbehalten werden, bis die Eigenthümer
entweder einen Käufer, der die besondere Erlaubniß erhält, finden, oder bis sie solche unter dießfalls gewöhnlicher Vorsicht außer Land schicken
werden. Keines von beyden kann bey solchen
Stücken, die im hohen Grade Religions —
Sitten — oder Staatswidrig, oder pasquillan-
tisch, ehrenrührisch und offenbar boshaft sind,
statt haben, als welche ohne Weiteres vom Revisionsamte zu vertilgen sind.

§. XVI. Wenn ein Buchhändler oder ein
Privatmann Ansuchungszettel um Erlaubniß ver-
bothener, oder erga Schedam beschränkter
Druckschriften einreicht, und dazu entweder einen falschen Nahmen, der diese Erlaubniß an-
suchenden Person gebraucht, oder nach erhalte-

her Erlaubniß ein bey der Einreichung des Ge=
suches auf dem Zettel nicht gestandenes dergleichen
Buch beysetzt, hat dafür in jedem Falle eine
Strafe in Geld von 50 fl. zu entrichten. Eben
diese Strafe findet statt, wenn ein Buchhändler
oder anderer mehr als einmahl um die Erlaubniß
für das nähmliche Buch unter dem Nahmen der
nähmlichen Person ansucht, und dadurch die das
Censurfach dirigirende Stelle frevelhaft zu täu=
schen versucht. Derjenige, der die für diese Ue=
bertretungsfälle bestimmte Geldstrafe zu erlegen
nicht vermöchte, hat für jeden Gulden einen
Tag im Gefängnisse zuzubringen.

§. XVII. Gleichwie die Revisionsämter an=
gewiesen sind, jeden ohne Unterschied mit Befol=
gung ihrer Amtspflichten nach Thunlichkeit ohne
unnöthigen Aufenthalt zu befördern, so wird
auch, wer immer bey denselben, es sey wegen
Revidirung seiner Bücher und Kupferstiche, oder
auf andere Art Geschäfte hat, dem dort ange=
stellten Personale die Achtung, welche jeder dem
sein Amt handelnden Beamten zusteht, mit glei=
cher Bescheidenheit bezeigen, und sich von Zu=
dringlichkeit, von heimlicher oder offener Weg=

nehmung eines dort zurückbehaltenen Stückes,
von unanständigen Reden, oder Gezänke und
von aller Ungebühr, unter sonst unausbleiblichen
Ahndung zu enthalten wissen; sollte Jemand
glauben, allda über Ordnung und Vorschrift
beeinträchtiget zu seyn, so hat er solches im ordentlichen Wege in Wien bey dem K. K. Directorium, und in den Provinzen bey der Landesstelle mit Grund und Beweis anzuzeigen,
und von da den ordnungsmäßigen Bescheid nach
geschehener Untersuchung abzuwarten.

§. XVIII. Da gegenwärtige Generalverordnung einestheils die Berichtigung aller vorgebli-
chen Unwissenheit, oder Unbestimmtheit und an-
dererseits die Abstellung aller ungebührlichen
Schleichwege, Verwirrungen und Mißbräuche
zum Hauptgegenstand und Zweck hat, so wird
sich Jedermann nach der allgemeinen Pflicht, die
Landesgesetze treulich zu befolgen, nach dem Inhalt derselben genau zu achten, und jeder sowohl
von den wirklich bestehenden Buchdruckern, Buchhändlern, Kupferstechern und wer immer den
Censursanstalten unterliegende Geschäfte führet,
als auch von denjenigen, welche in Zukunft zu

diesen Gewerben eintreten, sich solche anschaffen,
und zu seiner in allen Fällen unverbrüchlichen
Richtschnur aufbewahren und gegenwärtig halten.
Welches in Folge höchster Hofentschliessung vom
30sten May d. J. durch die K. K. Nied. Oest.
Landesregierung zu Jedermanns Wissenschaft hier-
mit bekannt gemacht wird.   Wien, den 3ten
Junius 1795. *)

   Der vornehmste Anstifter des so verderblichen
Krieges mit Frankreich, Wenzel Anton,
des H. R. R. Fürst von Kaunitz, Graf
von Rietberg, des goldnen Vließes Ritter,
des Königl. St. Stephansorden Großkreuz, Sr.
R. K. und K. K. Majestät wirklicher Geheimer-
rath, Conferenz- und Staatsminister der inländischen Affairen und Kanzler des militairischen
Marien Theresia Ordens, starb endlich an einer
Entkräftung im 84sten Jahre seines Alters, am
27sten Junii 1794. — Ich kann ihm weder
Kenntnisse noch Verstand und Verdienste absprechen; er hat deren sehr große um die östreichische
Monarchie, wie Du aus seiner Lebensbeschreibung
ersehn haben wirst; allein zu ehrgeizig und zu

────────
*) S. Wiener Zeitung. Nr. 45. J. 1795.

eiferſüchtig auf ſeine Premierminiſterſtelle, die
er ſchon unter Maria Thereſia 40 Jahre lang
bekleidet hatte; kann man ihm ſeinen oft höchſt
nachtheiligen Einfluß auf die Regierungsgeſchäfte
des Staats vorwerfen, der dem gemeinen Beſten
ſehr vielen Schaden that.

Er war es vorzüglich, der die aus Toskana
herübergebrachte Spionerei in politiſchen Angelegenheiten unterſtützte und einführte, weil ſie ganz
ſeinen ehrgeizigen Planen gemäß war. Er kann
deshalb mit Recht als der Gründer der geheimen
Polizei angeſehn werden, die warrlich kein wohl-
thätiges Geſchenk weder für Oeſtreich noch für
die ganze Menſchheit iſt.

Schon einige Zeit vor ſeinem Tode fing man
an, die Stände, Güterbeſitzer, den Adel und
andre vornehme und reiche Bewohner der Oeſtreichiſchen Monarchie aufzufordern, freiwillige
Beiträge zu den Kriegskoſten herzugeben; damit
aber dieſe deſto beträchtlicher einlaufen möchten,
und um die Beitragenden anzufeuern, beſtimmte
man die Namen derſelben und die Quantität der
Beiträge in Geld, Schmuck, Leinewand, Klei-
dungsſtücke und andre Sachen in die Wiener

244

Hofzeitung einrücken zu lassen, so wie man schon
seit mehr als einem Jahre die Namen der Unter=
officiers und Soldaten drukte, die durch Aus=
zeichnungen vor dem Feinde goldne und silberne
Medaillen bekommen hatten.

Man ging noch weiter; man ließ den Pfar=
rern, Beamten und vielen andern angesehenen
und vornehmen Personen im ganzen Reiche un=
ter der Hand zu verstehen geben, daß der Maaß=
stab ihres Patriotismus nach den ihren Kräften
verhältnißmäßigen Beiträgen, nach der mehr
oder wenigern Aufmunterung der Unterthanen
auf den Kanzeln fleißig Beiträge zu liefern, und
nach dem Eifer, mit welchem sie diesen Ermah=
nungen mit gutem Beispiele vorangehn würden,
von Ihro K. K. Majestät in Erwägung gezogen,
und huldreichst und gnädigst aufgenommen wer=
den würde.

Keiner wollte nun dem Andern an Patriotis=
mus nachstehen; es liefen von allen Seiten her
ansehnliche Beyträge ein, so, daß oft die Liste
der in dem Anhang der Wiener Zeitung befind=
liche Platz ganz damit angefüllt war, und oft
sehr enggedruckte zwei bis drei Bogen Beilage

in gebrochenen Spalten enthielt. — Man schämte sich nicht, unter dem Vorwande der freiwilligen Kriegssteuer das Mark der armen Unterthanen auszupressen; den Beitrag der ärmsten Handwerker und Tagelöhner, der Wittwen und Waisen; Alles war willkommen, wenn es nur etwas einbrachte. Ich kann nicht umhin, Dir hier im Auszuge eine solche Liste mitzutheilen.

Der Titel lautet folgendermaßen: Verzeichniß jener adlichen und freien Güterbesitzer, des geistlichen Standes, sowohl der katholischen als protestantischen Gemeinden beyder Confeßionen, wie auch den Honoratioren und den Pächtern von dem Bekeschen Komitat, welche Sr. Majestät die folgenden Summen als freywillige Kriegsbeyträge übergeben haben.

	Guld.		Kr.
Die Wagner und Schmiede	100	—	Kr.
Die Faßbinder	50	—	—
Die Schneider	30	—	—
Margareth, —	2	—	16 —
Anna —	1	—	—
Antonia	—	—	34 —

	Guld.	Kr.
Susana Anyos	2	—
Mathias Kiel	2	—
Die Wittwe Demeter	3	—
Paul Meszeros	—	7
Joseph Czonka	—	7
Franz Prayer	—	51
Anna Maria Schall	—	7
Rosalia Hermos	—	9
Friedrich Merx	—	40
Thomas Szuhanek	—	15
Barbara Hak	—	40
Barbara Miller	—	34
Adam Geßner	—	18
Georg Schröder	—	30
Johann Pettner	—	30
Joseph Knaifel	—	20
Stephan Rainhart	—	20
Michael Staigerwald *)	—	20

Man kann sich den ohngefähren Werth dieses fast erpreßten Nothpfennings so mancher armen Leute desto lebhafter vorstellen, wenn man auch die schlechte in diesem Jahre gehabte Erndte dazu

*) S. Wiener Zeit. Nr. 33. Jahrg. 1794.

rechnet, wie folgende Anzeige von Wien aus dies am besten beweisen wird.

Wien, vom 3ten Sept. 1794.

»Da die heurige Erndte in mehreren Gegen-den Ungarns nicht wohl gerathen hat, und auch aus einigen der deutschen Länder die Nachrichten hierüber nicht günstig lauten, so haben Se. Maj. durch Hofdekret vom 26sten v. M. das Getrei-deausfuhr-Verbot, das schon in Innerösterreich gegen die See besteht, auch auf Oesterreich ob und unter der Enns und die ungarischen Erblan-de, es sey zu Wasser oder zu Land, oder auch ge-gen die See auszudehnen geruhet *).«

Es wurden auch verschiedene musikalische Aka-demien und andre Concerten zum Besten der Witt-wen und Waisen der im Kriege gestorbenen und gebliebenen Soldaten angekündigt; keine machte aber größeres Aufsehn, als die Trauercantate: Deutsches Monument Ludwig des Un-glücklichen, eine Trauerhandlung von Riedinger, in Musik gesezt von Fräu-lein von Paradies.

*) S. Wiener Zeit. Nr. 72. Jahrg. 1794.

Die Aufführung dieses Stücks ward folgen:
dermaaßen in der Wiener Zeitung angekündigt.

»Se. Maj. haben den Antrag des Fräuleins
Parades, die von ihr in Musik gesetzte Can:
tate: deutsches Monument Ludwig des
sechzehnten, Königs in Frankreich,
zum Vortheil der armen Witwen und Waisen
der gegen den Feind gebliebenen K. K. Solda:
ten öffentlich aufzuführen, in den huldreichesten
Ausdrücken zu genehmigen geruhet. Diese Can:
tate, welche in zwey großen Chören, durchaus
instrumentirenden Recitativen, mehreren Arien,
Duetten und Terzetten besteht, wird nächsten
Dienstag den 21. d. M., als am ersten Jahres:
tage des Todes dieses tugendhaften und unglückli:
cher Königes, Abends um 7 Uhr in dem Re:
doutensale von den Tonkünstlern der K, K. Thea:
ter, und von vortreflichen deutschen Sängern
aufgeführt werden. *)

Ich muß Dir doch einen kleinen Auszug in
der Uebersetzung aus dieser lustigen aber ziemlich
langen Trauercantate hersetzen, wovon mir N.
ein gedrucktes Exemplar zugeschickt hat. Sie

*) S. Wiener Zeit. Nr. 6. Jahrg. 1794.

mag zum Beweise dienen, wie sehr der gute
Geschmack noch in dieser Hauptstadt des heil.
röm. deutschen Reichs eine Verbeßerung bedarf.

Die Handlung fängt mit den Geistern der
Capetier an; die seit achthundert Jahren verstorbenen Könige steigen wehklagend aus ihren Grä-
bern. Sie singen folgendes Chor:

Heulen und Jammern in schauernder Stille
Ruft uns vom Innern der Erde herauf. —
Hemmet des Schaffenden mächtiger Wille
Die Räder der Welten im Lauf? —
Schwarze und schreckliche Nebel umschweben
Modernde Gräber der sanftesten Ruh
Geister der Könige zittern und beben
Eulen und Uhu stöhnen dazu.
Ruhelos schweben wir in dem Gestöhne
Blicken nur blutige Leichen und Tod;
Häufig entquillt die schmerzlichste Thräne
Sterbendem Auge der Unschuld und Noth.

Gallia in einem Recitative

Entsetzen ergreift mich!
Aechzen erfüllet die Lüfte
Da klaget und winselt es fürchterlich
Dort öffnen sich schreckliche Klüfte! —

— Ich kenn, Euch! —

Ach! tödliche Ahndung durchwühlet mein Herz!

Ja leider, ach, kenne ich Euch!

Ich kenne die Lilien, ich kenne die Kronen

Ich kenne den Scepter von Erz.

Was sehe ich? — Ach! — Halt —— Ist
denn kein Schonen

Ach weh mir! — da liegen die Kronen

Zertrümmert im Staub:

Die Scepter mit Füßen getreten;

Den Lilien verdorret das Laub.

In einem Recitativ: das Schicksal läßt
der Dichter den Schöpfer des Lebens auf folgende Weise sprechen:

»Von Stund an (so sprach er) nahm ich die
Schirmung

»Womit ich den thörichten Gallier beschützte

»Von seinem sich sträubenden Haupte zurück.

»Er lenkte sich selber nach eigenem Dünkel

»Und erndte den Lohn und die Strafe dafür.

Die Religion. Recitativ

Verruchtes Volk, wo willst du hin?

Willst du des Himmels Veste stürmen?

Vergißt du was du bist, vergißt du was ich bin?

Was ich vermag, wenn deine Laſter ſich wie
Berge thürmen?

Wähnt ihr, daß ungeſtraft man meinem
Dienſte droht?

Daß man die Religion kann ohne Scheu
verletzen

Und meiner Ordnung ſich verwegen wider=
ſetzen!

Bedenkt und bebt — ſie kömmt von Gott! —

Doch nein man hört nicht auf mein Wort

Verſtockt ſind Herz und Ohren.

Der Höllenbrut, der Gottvergeßnen Thören!

Man raſet toll im Unſinn fort. —

Der Fromme liegt im Blut und wimmert!

Das Heiligthum iſt ausgeraubt!

Altäre ſind zertrümmert!

Mein Tempel iſt von Blut befleckt!

Mein Diener in den Staub geſtreckt!

Teutonia, Recitativ.

O Gallia, welch ſchreckliches Bild

Dein Auge iſt fürchterlich wild.

Du ringeſt die Hände, zerraufeſt die Haare

Du biſt ja ſo ſtumm, ſo kalt und ſo blaß

Wie Leichen geſtreckt auf die Baare:

Entstellet zerfallen und naß
Von häufigen Zähren, sind dir die Wangen,
Als nisteten Ottern und giftige Schlangen
In deiner beängstigten Brust.

Gallia. Recitativ.

Siehe wie gierig nach Blut sie dürsten!
Da schleppen sie grimmig den Besten der
Fürsten
Die Teufel, in menschliche Körper vermummet.
Mit folternden Blicken des Argwohns durch=
spähen
Die mördrischen Buben die Gegend umher!

—————   —————   —————   —————

—————   —————   —————   —————

Nun steigt er, der Dulder, die Stufen des
Todes hinauf!
Verzeihet den Mördern — er hebet zum Se=
gen den Arm;
Die Hölle empört sich bei wirbelndem Trom=
melgetöne
Und — o wendet den Blick von der schreck=
lichsten Scene —
Vollendet hat Ludwig der Aermste den trau=
rigen Lauf! —

Tugend und Religion, ein Duett.

Der Dulder hat nun ausgelitten

Tugend.

Ich fliehe dieses Mörderhaus

Religion.

Ich lösche meine Fackel aus

Der Rachengel. Recitativ.

Auf, höret ihr Völker die donnernde Stimme

Auf, hört sie, die Stimme der blutigen Ra-

che! —

Auf, rächet den Schimpf der beleidigten

Menschheit

Die Tieger in Gallien sind Menschen nicht

mehr!

Wer Edelmuth fühlt und verehrt,

Bewaffne mit rächendem Todesgeschoß

Die strafende Rechte, bepanzre den Busen mit

Kälte

Damit nicht das winselnde Heulen der Tieger

ihn rühre!

Germanier, ihr Starken, ihr Lieblinge der

Ordnung und Tugend!

Eilt, strafet den Frevel, zerschmettert die ei-

sernen Schädel.

Verwüstet das Land des göttlichen Fluches
Bestürmet die giftigen Hölen der Bosheit!
Verbreitet Entsetzen, Zerstöhrung und Tod!
Habt ihr den Muth, so schwört mir blutige
Rache!

— — — —

Schlußchor.

Ergreift das Schwerdt ihr mächtigen Teutonen
Und stürmt hinein, ohn Mitleid und Ver-
schonen
Ins Reich der wilden Mörderbrut!
Wie Donner in den Augen brüllen
Daß Luchs und Wölfe sich verhüllen
So brülle die gerechte Wuth ꝛc. — ꝛc. — ꝛc.

Man kann sich kaum vorstellen, wie diese
Trauercantate auf die Gemüther der Einwohner
Wiens würkte. Des Rachengels wüthender
Aufruf: Auf, auf ihr Völker, bewaffnet mit
rächendem Todesgeschoß die strafende Rechte!
machte auf sehr viele den stärksten Eindruck; sie
ließen sich anwerben, eilten zur Armee und fan-
den dort ihr Grab. — Sehr gut war es daß
der gallsüchtige Herr Poet Riebinger nicht
kaiserlicher Soldat geworden ist, der hätte grim-

mig auf uns arme Wichte losgehauen und hätte seinen Cammaraten zugerufen: Verwüstet das Land des göttlichen Fluche! Bestürmt die giftigen Höhlen der Bosheit, verbreitet Entsetzen, Zrstöhrung und Tod! Wahrscheinlich hat di poetische Ader den mir unbekannten Herrn Verfaßer mit fortgerißen, er bekam den Schwindel und — schmierte dies Zeug! —

Nicht so war dies der Fall mit der Composition der Fräulein von Paradies. Musikverständige loben ihr musikalisches Talent außerotdentlich und ob ich gleich daßelbe nicht kenne, so habe ich doch die Ehre gehabt das Fräulein Therese auf eine Viertelstunde an einem dritten Orte zu sehen und zu sprechen. Sie hat das Unglück stockblind zu seyn, ist aber nur um desto interreßanter und in Gesellschaften sehr angenehm. Sie spielt mit der größten Fertigkeit auf dem Fortepiano, ja auch Karten und zwar mit einer Leichtigkeit, Feinheit und Richtigkeit die die Zuschauer selbst in Erstaunen sezt. Na hat sie öfters eine Partie Whist spielen sehen. Dies macht sie so, Die Blätter werden von ihr

rer Mutte mit so feinen Nadelstichen gezeichnet,
daß Niemand als sie selbst, es merken kann; nur
nennt hier beim Ausspielen seine Karte. — Sie
scherzt sie selbst über ihren Geschlechtsmangel und
vergrößet nur um desto mehr die Theilnahme
die sie ohnedies schon einflößt. — Ihr Vater
Joseph Anton von Paradies war Hofrath
und ist jezt Niederöstreichischer Regierungsrath
und hat seit 1795 den Vorsitz bei den hiesigen
protestantischen Konsistorien, mit einer guten
Pension.

Der geheimen Polizei kam diese Cantate
auch sehr zu Statten; sie erbitterte und erhizte
die Gemüther gegeneinander und die Spionerie
fand neue Nahrung. — Damit aber ja der
Eindruck, den dieses Stück auf die Gemüther
gemacht hatte, nicht verlohren ginge, ward der
Ertrag der Aufführung dieses Stücks in derselben Zeitung folgendermaaßen angekündigt:

Die große Trauercantate auf Ludwig den
Sechzehnten, König in Frankreich, welche von
dem Fräulein Paradies in Musik gesetzt, und
aus wahrhaft patriotischem Antriebe, zum Vortheile der armen Wittwen und Waisen der in

diesem Kriege gegen den Feind gebliebenen K. K.
Soldaten bestimmt worden ist, ward den 21.
d. M. in dem K. K. Redoutensale, und den 24.
darauf in dem Theater beym Kärntnerthore auf=
geführt.

»Durch thätigste Unterstützung des hohen
Adels, auch anderer wahren Menschenfreunde
hat die Einnahme am ersten Abend 2076 Guld.
50 Kr., am 24. im Kärntnerthortheater 625
Guld. 4 Kr. betragen; für den in der Schönfel=
dischen Buchdruckerey unentgeltlich gedruck=
ten Text der Cantate sind eingeflossen 55 Gulden
30 Kr. Alles zusammen macht die Summe von
2757 Guld. 24 Kr.

»Dieser ganze reine Geldempfang, (indem die
K. K. Hoftheatral=Direktion alle Ausgaben be=
stritt,) wurde von dem Fräulein Paradies
den 27. d. M. zu eigenen Händen des General=
feldmarschalls und Hofkriegsraths=Präsidenten,
Grafen von Wallis, mit der Bitte übergeben,
diesen Betrag vorzüglich, an die ganz hülflosen
und verlassenen Witwen und Waisen der für das

R

Vaterland gefallenen Krieger von den hierländi-
gen Bezirksregimentern, vom Gemeinen an bis
zum Feldwebel eingeschlossen, verhältnißmäßig
zu vertheilen, und seiner Zeit von dem Erfolge
in den hiesigen Zeitungsblättern die weitere Bekanntmachung zu veranlassen.

»Zur wirksamern Beförderung dieser guten
Absicht kann man gar nicht zweifeln, daß auch
in andern Hauptstädten der K. K. Erbstaaten
ähnliche wohlthätige Anstalten werden bewerkstell-
get werden, damit jede Provinz einige Thränen
des Elendes der Unglücklichen trocknen möge,
deren Gatten und Väter im gerechten Streite
für deutsche Ehre, für Tugend, und für den
Schutz der Religion gefallen sind.

»Der allgemeine wärmste Beyfall, den man
bey der wohlthätigen Unternehmung des Fräulein
Paradies öffentlich an den Tag legte, läßt bey
den vielen edlen Bürgern dieser Haupt- und Residenzstadt, so wie der andern vaterländischen
Staaten die gegründetste Hoffnung, daß sie in
Fortsetzung dieser lobenswerthen Absicht, keine

kalten, unthätigen Zuschauer bleiben werden.
Schon hat hier eine erhabene Menschenfreundin
aus einem hohen fürstl. Hause, zu eben diesem
Endzwecke eine Sammlung unternommen, von
welcher sich erwarten läßt, daß jener geringe Anfang dadurch einen ansehnlichen Zuwachs erhalten wird.

„Deutsche, edelgesinnte Patrioten in der Nähe
unserer Kriegsheere, erquicken und stärken unsere
Brüder mit allen Arten von Lebensmitteln.
Wir sind von ihnen zu weit entfernt, um durch
gleiches Wohlthun unsere Herzen zu erfreuen.
Dafür können wir die Nachgelassenen derer, die
für unsere Ehre, und für unsere Sicherheit fielen,
mit kräftigstem Beystande unterstützen. Unsere
tapfern Krieger werden mit gestähltem Muthe
und verstärktem Troste den Tod im Schlachtfelde
entgegen sehen. Der Gedanke, „mein Weib,
meine Kinder werden, wenn ich falle, Brod
und Hülfe bey meinen Brüdern finden” wird
machen, daß sie ihr Blut fürs Vaterland ruhiger
fließen sehen. An redlichen, vaterländischgesinn-
ten Männern, welche sich zu einem so wohlthä-

R 2

tigen Unternehmen gerne anbiethen, wird es
aus den schon vor Augen liegenden Beweisen,
gewiß nicht fehlen. *)

Künftig sollst Du ein Mehreres hören.

*) S. Wien. Zeit. Nr. 9. Jahrg. 1794.

Neunter Brief.

Wien, den 16ten März 1798.

Durch die Ausgaben des Krieges gezwungen, wurden auch Kriegsdarlehen ausgeschrieben, wie ich Dir schon in meinem 5ten Briefe S. 178 angezeigt habe. Lies sie nochmals nach, und Du wirst sie hart finden.

Die Würkung dieser Ausschreibung war verschieden. In manchen Provinzen und Ländern der östreichischen Monarchie waren sehr viele Mißvergnügte und manches Murren ließ sich, aber heimlich darüber hören; dies war vorzüglich

in Ungarn der Fall. Andre hingegen, wenn sie
auch nicht damit zufrieden waren (und wer ist es
wohl, wenn man ihm den Beutel auf diese Art
leert?) thaten doch so und wetteiferten mit ein=
ander wer es dem andern zuvorthun würde.

Du kannst Dir leicht eine Vorstellung von
den drückenden Verordnungen für den Handel
durch folgende Dekrete machen, die ich Dir hier=
her setze.

Von Seiten der Nied. Oesterreichischen Re=
gierung ist nachstehende Verordnung ergangen:

»Es haben 42 Bankiers in Paris den An=
schlag zur Aufkaufung aller möglichen Lebensbe=
dürfnisse in den benachbarten Ländern der koalisir=
ten Mächte entworfen, zu desselben Bewerkstell=
gung, dem Pariser Wohlfahrts=Ausschuße einen
Kredit von 50 Millionen im Auslande zu ver=
schaffen, sich angebothen, und gedachter Aus=
schuß hat diesen, jedem Staate überhaupt, so
wie jedem einzelnen Staatsbürger höchst nach=
theiligen Antrag genehmiget, wie es der folgende
Auszug aus desselben Register zu entnehmen giebt:

(Hier folgt der Beschluß des Ausschusses vom
28sten Pluviose 2ten J. nebst der Liste der Ban=

quiers, Agenten und außer Landes gereisten Kaufleute.)

»Da nun die Nothwendigkeit, dieser verderblichen Anstalt auf alle Art schleunigst entgegen
zu arbeiten, von selbst auffällt, so wird das
Publikum, und besonders der Handelsstand hiervon, und von den Namen der hierzu gebrauch-
ten Bankiers hiermit unverzüglich unterrichtet,
ferner vor jeder Theilnahme, Mitwürkung oder
Hülfleistung gewarnet, so wie auch angewiesen,
jedermann, der in einer solchen Angelegenheit
als verdächtig erscheint, sogleich bey der Behörde
anzuzeigen, wie dann den Handelsleuten besonders jenen in den größeren Staaten zur Pflicht
gemacht wird, dergleichen bey ihnen vorkommen-
de fremde, oder sonst verdächtige Kaufleute, die
ihnen bekannt werden, bey schwerer Verantwortung dem Präsidium dieser K. K. N. Oest. Landesregierung unverlängt anzuzeigen. Wien
den 17. May 1794. *)

»Da durch das Patent vom 20. September
dieses Jahrs aller Handel mit Frankreich, und

*) S. Wien. Zeit. Nr. 41. Jahrg. 1794.

mit den, von den Franzosen besetzten, Ländern
verbothen worden ist, so folgt hieraus, daß der
Handel mit den gegenwärtig unter der Herrschaft
der Franzosen stehenden Niederlanden nicht
gestattet ist, und daher alle, den Niederländer
Erzeugnissen durch das Zollpatent vom Jahre
1788 zugestandenen Begünstigungen ganz aufzu-
hören haben, mithin auch dergleichen Erzeugnissen der Eintritt über die erbländische Gränze
nicht zu erlauben ist.

»Da jedoch, möglich wäre, daß einige Handelsleute und Privat-Parteyen, in der irrigen
Meinung, daß die Zollbegünstigung der Nieder-
länder-Erzeugnisse noch bestehe, Bestellungen
auf solche gemacht hätten, so sind nur diejenigen
Niederländischen Erzeugnisse, die bis Ende Dezember dieses Jahrs über die erbländische Gränze
getreten sind, nach der vormahligen Vorschrift,
nach diesem Zeitpunkt aber, als einzuführen verbothene Waaren, zu behandeln.

»Welches in Folge höchsten Hofdekrets vom
21. November zur allgemeinen Wissenschaft hie-

mit bekannt gemacht wird. Wien den 12. De=
zember 1794. *)

Durch die außerordentlich unbestimmten und
willkührlichen Worte in ersterer Verordnung,
wurde der geheimen Angeberei auch wieder ein
größeres Feld eröffnet; denn was kann man nicht
alles verdächtig machen, wenn man nur ir=
gend den guten Willen dazu hat.

Wie sehr lachte man uns nicht im Auslande
aus, als wir Hemden, Kleidungsstücke u. dgl. m.
von unsern Mitbürgern forderten, um die Va=
terlandsvertheidiger zu unterstützen. Endlich,
als man genug gelacht hatte, fand man das
Ding so zuträglich, daß auch ähnliche Ankündi=
gungen und Collecten zu Wien nicht allein, son=
dern auch in ganz Oestreich ergingen. Unterm
6ten Septemb. 1794 stand unter andern in der
Wiener Hofzeitung folgender Artikel:

»Es sind von verschiednen Einwohnern Wiens,
wie auch einiger andern Orte Oestreichs und den
angränzenten Provinzen des Königreichs Ungarn
nachfolgende patriotische Beiträge für die vor
dem Feinde verwundeten Soldaten bei der hiesigen

*) S. Wien. Zeit. Nr. 101. 1794.

Hauptkommißion der K. K. Militärmontur‑ Oekonomie eingegangen; als 498 St. Hemben, 46 Aderlaßbinden, 1754 St. Bandagen, 4026 St. Compreßen, 33 Zentner 30 Pfund Charpie, 687 Pf. Fetzen. Dazu hat die Gemeinde zu Fischament allein 1200 Bandagen, 3279 Compreßen, und 134 Pf. Charpie und die Ge‑ meinde zu St. Pölten 375 Bandagen, 375 Compreßen und 349 Pf. Charpien beigetragen. Diesem rühmlichen Beispiele zu Folge hat sich der Richter Holzhauser in der Leopoldstadt anheischig gemacht, alle Hemben, welche zum Behuf der K. K. Armee in seinem Hause verfer‑ tigt werden, ohne Bezahlung des Arbeitslohns zu liefern."

Du siehst, wie diese Gemeinden vor andern genannt wurden, bloß um Leztere durch dies Bei‑ spiel anzufeuern. Allein dies war noch nicht genug.

Die Regierung kannte nur zu gut den reli‑ giösen Hang der Unterthanen, und nahm dies lezte Hülfsmittel auch noch an, um mit vereinter Macht auf das physische und moralische Wohl und Weh ihrer Untergebenen loszustürmen. Davon will ich Dir folgende Beweise geben:

„Se. K. K. Majestät haben durch ein unter dem 12ten d. M. an sämmtliche Länderstellen erlassenes Hofdekret zu befehlen geruhet, daß bey Eröffnung des heurigen Feldzuges; zur Erbittung des göttlichen Seegens für den glücklichen Fortgang unserer Waffen ein dreytägiges Gebet in allen Pfarrkirchen der Oesterreichischen Erblande, mit Aussetzung des Hochwürdigsten, von 8 Uhr Frühe bis 6 Uhr Abends, angeordnet, am ersten Tage auch eine dieser Andacht angemessene Predigt gehalten, und in solcher das Volk zum eifrigen Gebet um eine siegreiche Endigung dieses außerordentlichen, zur Vertheidigung der heiligen Religion, und zum allgemeinen Schutze der höchsten Erbstaaten, und des Eigenthums jedes Einzelnen, von den Störern der allgemeinen Ruhe und den Feinden der Religion abgedrungenen Krieges, ermahnet werden soll *).“

„Sonntags haben JJ. MM. mit JJ. KK. HH. unter Aufwartung des Hofstaates, in

---

*) S. Wiener Hofzeit. Nr. 22. 1794.

der Hofpfarrkirche dem öffentlichen Gottesdienste
beygewohnet."

„An diesem Tage sowohl als den folgenden
zwey Tagen waren in allen Kirchen in und vor
der Stadt die öffentlichen Kriegsgebete, und ha=
ben JJ. MM. und JJ. KK. HH. abwech=
selnd sich bey den Betstunden in der Hofpfarr=
kirche eingefunden *)."

Auch das schändliche und unmoralische Metier
der Werber ward öffentlich gelobt und belohnt.

„Wir haben schon mehrmals das rühmliche
Betragen biederer Bewohner von Ungarn,
welche aus Liebe zu ihrem Landesfürsten und
dem Vaterlande, sowohl in Ansehung freywilli=
ger Kriegsbeyträge, als auch der Rekrutenstellun=
gen sich thätigst hervorgethan haben, angeführt,
und sind nun im Stande, zwey neue Beweise
solcher patriotischen Gesinnungen darzustellen:

„Der Magistrat der Königl. Freystadt
Bartfeld hat unlängst in Ansehung einer
freywilligen, aus dem städtischen Bezirke zu
veranstaltenden Rekrutenstellung, einen rühmli=
chen Schluß gefaßt, welcher nicht nur die Bey=

*) S. Wiener Hofzeit. Nr. 23. 1794.

stimmung sämmtlicher Bürger und Einwohner, sondern auch ihre thätige Mitwirkung erhielt. Diesem Magistratsschlusse zu Folge erhalten zu mehrerer Aufmunterung diejenigen, welche als Handwerksgesellen zum Militairdienst freiwillig übergehen, auf der Stelle das Meister- und Bürgerrecht unentgeldlich, von dem sie nach geendigtem Kriege ohne weiteres Gebrauch machen können, und anbey 10 Gulden an Handgeld."

»Auf Veranstaltung des wegen seines Eifers schon rühmlich bekannten Hofraths und Zipser Administrators, Joseph von Okolitsányi, wurde mit Anfang l. M. auch in den Königl. Kameralherrschaften Lublo und Podolin mit so gutem Erfolge geworben, daß unter der Leitung des Herrn von Fischer, herrschaftlichen Kameral-Fiskals, als ersten Beamten, und durch Verwendung des zur Werbung bestimmten herrschaftlichen Rentmeisters, Ant. Hader, binnen 6 Tagen 28 Mann angeworben, und nach Neudorf abgeführt wurden. Dabey hat sich auch Herr Michael Kanyuk, griechisch-katholischer Dechant und Pfarrer in Jarembina, vorzüglich ausgezeichnet, indem er in eigener Person

benannte zwey Beamte zu dem in Jarembina
aufgeschlagenen Werbplaß begleitend, seine Pfarr-
kinder zum Militairdienst eifrigst aufmunterte.
Ein herrschaftlicher Hayduk hat seinen eigenen
Sohn angeworben, und dieser sowohl als alle
übrigen äussern lebhafte Begierde gegen die Franzosen zu streiten *)."

Aus Ofen vom 22sten März. "Die freye
und nach dem Wünsche Sr. Majestät auf den
Kameralherrschaften zu Anfang dieses Jahrs ver-
anstaltete ungezwungene Werbung gewinnt durch
die vortreffliche Leitung und rühmliche Aufmunterung der Königl. herrschaftlichen Offizialate,
der Königl. Ung. Hofkammer, und des Referenten, Hofkammerraths, Georg von Króséjö,
den beßten Fortgang, so zwar, daß bereits 1558
Rekruten an verschiedene Husaren- und Infante-
rieregimenter abgegeben und assentirt worden
sind. Da nun Se. Majestät allergnädigst zu befehlen gerühet haben, daß jedem freywillig ange-
worbenen und für tauglich befundenen Rekruten
an Handgeld 10 bis 15 Gulden verabreichet wer-

*) S. Wiener Hofz. vom 29sten März, Nr. 26. Jahrg.
1794.

den sollen, so läßt sich jetzt noch ein größerer Zus
spruch erwarten. Mit welchen rühmlichen Eifer
einige Orte in diesem Geschäfte zu Werke gehen,
kann als nachahmungswürdiges Beyspiel die auss
gezeichnete Thätigkeit sämmtlicher Gemeinden
der Kronherrschaften Altofen und Visses
grab angeführt werden, welche dadurch eine
sehr große Treue und Liebe gegen ihren Landess
fürsten bewiesen haben, daß sie unlängst aus
eigenem Antriebe 56 freywillige taugliche Rekrus
ten gestellet, und bereits an das Militair abges
geben haben, und auf solche Art oben angeführs
ter Werbung vorgekommen sind. Die zu den
benannten Kronherrschaften gehörigen Gemeins
den sind folgende, nähmlich: Altofen, Gros
tendorf, Szanto, Budaörsch, Budas
köß, Zambek, Tök, Perbal, Bogdány,
Tothfalu, Mönoster, Szent Andre,
Vissegrad, Großmaroß, Zebegeny,
Koospallag, Kleinmaroß und Klein
notoß *)."

Hiermit war man aber nicht zufrieden; man
dehnte auch, wie Jedem bekannt seyn wird, auf

*) S. Wiener Zeit. Nr. 27. J. 1794.

ganz Teutschland seine Forderungen aus, verdop=
pelte, triplirte sogar die auszuzahlenden Römer=
monate, entschuldigte sich mit den schweren Zei=
ten, dem nothwendigem Widerstande, zur Si=
cherheit des deutschen Reichs u. dgl. m. und for=
derte sie mit der größten Strenge und bei An=
drohung der Exekution von den Ständen ein.
Hier eine Probe von solchen Forderungen und
von dem schönen Style in welchen sie abgefaßt
sind.

»Am 22sten Januar ist in Beziehung auf die
bey dem gegenwärtigen Reichskriege gegen
Frankreich noch ferner vorzukehrenden Maaß=
regeln, der Reichsversammlung zu Regens=
burg ein Kaiserl. Kommißionsdekret vom 20sten
Januar mitgetheilt worden. In demselben wird
der Verfügungen der Reichsstände im November
des Jahrs 1792 erwähnt, welche wegen der vor
Augen liegenden, und täglich mehr zunehmender
Gefahr des Reichs, das Triplum des Reichs
und Kreis=Militärs, auf das unvorzüglichste
herzustellen, und um die ungesäumte Erlassung
des erforderlichen reichsoberhauptlichen Ausschrei=
bens an sämmtliche Kreise zu ersuchen, mittelst

eines allerunterthänigsten Gutachtens den Antrag enthielt. Se. Röm. Kaiserl. Majest. hätten hierauf, als verfassungsmäßiger Handhaber und Vollstrecker aller Reichssatzungen, im Dezember 1792 die angesuchte Ausschreiben an die Kreise ungesäumt erlassen, damit das beschlossene Triplum auf das unverzüglichste hergestellt werde.

„Ganz Europa, heißt es weiter, kenne die vielfachen gerechten Gründe, über deren vollgültigen völkerrechtlichen Werth alle wohl= und unparteylich Gesinnten bisher nur eine Stimme geführet haben, welche endlich bey den noch immer fortdauernden friedbrüchigen französischen Handlungen, und mehr als feindseligen, selbst vor einigen Jahren unter gesitteten Nationen noch undenkbaren Vergewältigungen und Beleidigungen aller Art dem unter seinem Oberhaupte vereinigten deutschen Reiche, vermöge eines weitern Reichsschlusses vom 30. April des verflossenen Jahres, zur Aufrechthaltung der verbindlichsten Verträge und theuersten Friedensschlüsse gegen bloße Konvenienz=Maximen, zur Behauptung der bürgerlichen Ordnung wider wilde, alles zerstörende Anarchie und Freyheits=

Tyranney, zur Vertheidigung der anerkannten
Religion wider eindringenden Atheismus, zur
Erhaltung der Reichsverfassung nicht nur im
Ganzen, sondern auch in ihren sämmtlichen einzelnen sowohl politischen als religiösen Bestand-
theilen wider eine angemaßte, gräuelvolle Uni-
versal-Revolutions-Gewalt, zur Behauptung
der Reichsehre, zum Schutze und zur künftigen
Sicherung der Reichsrechte und Gränzen, und
zur Erlangung einer gebührenden vollständigen
Genugthuung gegen den gemeinsamen Feind
aller öffentlichen Ordnung, gegen den muthwil-
ligsten Störer aller wohlthätigen Bande der gesellschaftlichen Glückseligkeit, und die grausam-
sten Despoten und Frevler an den geheiligsten
Menschenrechten, die Beschließung eines allgemeinen Reichskriegs abgenöthiget haben, und
welche abgedrungene Nothwehre zugleich die in
dem gedachten Reichsschlusse erneuerte Anord-
nung des zustellenden Triplums nothwendig
machte." 2c. 2c.

»Eben so bekannt seyn die vielen herrlichen
Siege, welche von dem Tage des eröffneten
vorigjährigen Feldzugs an, Schlag auf Schlag

an der Ruhr, der Maas, dem Rheine;
an der Saar u. s. w. von den deutschen Trup=
pen mit beynahe unglaublicher Tapferkeit erfoch=
ten wurden, und welche die Rettung der glei=
chermaaßen ungerechtest überfallenen vereinig=
ten Niederlande, die Befreyung eines an=
sehnlichen Länder=Districts des deutschen Reichs
von der französischen Freiheitssclaverey, die Ein=
nahme von Conde; die Wiedereroberung der
Stadt und wichtigen Festung Maynz, die
Einnahme von Valenciennes, Quesnoi
und Fort=Louis, und die Besitznehmung ei=
nes Theiles von Elsaß zur glücklichen Folge
hatten; zugleich aber zum unsterblichen Ruhme
der deutschen Heere auf das neue erwiesen, was
vereinigte deutsche Waffen, deutsche Kriegskunst
und deutscher Muth vermögen."

»Allein, dieser an Gefechten, Schlachten,
Belagerungen und Eroberungen so thatenvolle
Feldzug habe den Feind noch nicht auf billigere,
gerechtere Gesinnungen, Grundsätze und Hand=
lungen gegen die auf das äußerste beleidigte
deutsche Nation zurückführen können. Die men=
schenfeindliche Partie, die sich den Nationál

Konvent von Frankreich nennt, verstärkte
vielmehr mit jedem Tage die Kräfte ihres Wi-
derstandes durch unzählige willkührliche Konfisca-
tionen, durch Ausplünderung der Kirchen und
Reichen, nach schon vorher an sich gezogenem
Vermögen der Klerisey, des Adels und der Krone, und durch die verzweiflungsvolleste Maasre-
gel eines allgemeinen Aufgeboths aller streitbaren
Mannschaft, unterstützt durch das allgemeinen
Schrecken verbreitende Werkzeug, die Guillo-
tine."

„Mit welchen außerordentlichen und beynahe
ihre Staatskräfte übersteigenden Aufopferungen
Se. Kaiserl. Majestät, nicht bloß durch Stellung ihres Reichsständischen Kontingents, sondern durch Anstrengung Ihrer ganzen Haus-
Macht bisher die gerechteste Sache des Reichs
unterstützt haben, hierüber spreche laut die That
selbst ohne alle weitere Darstellung. Eben so
sehr gereiche Seiner Römisch-Kaiserlichen Majestät in der Eigenschaft des Reichsoberhauptes
zu Allerhöchst ihrer vollkommensten Beruhigung
das Bewustseyn, die Ihnen in dieser Eigenschaft

obliegenden Pflichten mit unermüdeter reichsväterlichen Sorgfalt erfüllt zu haben.

„Aber weniger beruhigend und tröstlich für
Seine Kaiserl. Majestät war der Erfolg von
allen diesen reichsoberhauptlichen Bemühungen
so mancherley Art, da bis zur Stunde noch
nicht alle Kreise und Stände gegen den gemeinsamen Feind aller kultivirten Völkerschaften und
des deutschen Reichs ihrer Seits jene Pflichten
erfüllt haben, welche von ihnen die Erhaltung
der allgemeinen Ruhe, die große Gefahr des
Vaterlandes, die Natur des allgemeinen Reichs-
verbandes, die positiven Reichssatzungen, insbesondere die Worte und der Sinn der obengedach-
ten neuern Reichsschlüße, zu derer Entstehung
sie selbst mit reichspatriotischer Theilnahme mit-
gewirket haben, aufs nachdrücklichste und drin-
gendste erheischen, und welches sich noch näher
offenbaren wird, wenn Seine Kaiserl. Majestät
die Beschaffenheit der deutschen Reichskriegszurü-
stung in ihrer genauern Zergliederung mit weitern Berathschlagungspunkten der allgemeinen
Reichsversammlung zu einer andern Zeit vollstän-
dig vorlegen werden, sobald nur Allerhöchstdie-

selbe die zur gänzlichen Uebersicht noch erforderli;
chen, aber seit dem ergangenen Reichsschluße
vom Monate Dezember 1792 nach Ablaufe ei;
nes Jahres noch rückständigen verschiedenen
Kreis-Nachrichten werden erhalten haben."

»Inzwi chen seyn die Umstände so beschaffen,
und würden mit jedem Tage dringender, daß Se.
Röm. Kaiserl. Majestät bey der ihrigen unabläß;
lichen Sorgfalt für die Sicherheit und Wohlfahrt
des Reichs nicht länger anstehen könnten, einige
Gegenstände ohne weiters Zuwarten, abzuson;
dern, und hierüber allerhöchst ihre reichsober;
hauptliche Gesinnungen und reichsväterliche Wün;
sche an die allgemeine Reichsversammlung gelan;
gen zu lassen." — rc, — rc, *) .

In allen diesen Dekreten, Mandaten, Ver;
ordnungen und Erinnerungen heißt es immer,
Se. K. K. Majestät fordern bloß freiwillige Bei;
träge zu den Kriegssteuern, Folgende wahrschein;
lich väterliche Erinnerung mag zum Beweise
dienen, wie freiwillig diese Beiträge entrichtet
wurden. Hier folgt sie wörtlich abgeschrieben aus
der Wien. Zeit. Nr. 102 v. 20sten Dezemb. 1794.

*) S. Wiener Zeit. Nr. 10. 1794.

Erinnerung.

»Es ist den gesammten ständischen Güterbesitzern dieses Erzherzogthums Oesterreich unter der Ens, zu Folge des von den drey oberen Ständen in der Versammlung vom 1sten
Februar d. J. an den Landmarschall Grafen
Franz Anton von Khevenhüller gethanen
Ansuchens, eine Zuschrift desselben zugestellt worden, wodurch sie eingeladen wurden, binnen 14
Tagen nach Empfang der ihnen behändigten Zuschrift, ihre Erklärung an den Landmarschall zu
übersenden: ob sie nicht nach dem Beyspiele der
in der Versammlung vom 1sten Februar gewese-
nen, von Vaterlands- und Fürstenliebe beseelten
Landesmitglieder, das für das Militärjahr 1794
von Sr. Majestät bey den gesammten N. Oest.
Ständen angesonnene, und von diesen ehrfurchtsvoll bewilligte Kriegsdarlehen, dem seine Unterthanen auch in den dringendsten Staatsumstän-
den väterlich schonenden Landesfürsten, als ein
Geschenk darbringen wollten?

Da nun der Landmarschall die Erklärungen
mehrerer Güterbesitzer, wie er doch erwartete,
noch nicht erhalten hat, so sieht derselbe einer

Antwort innerhalb sechs Wochen vom Tage dieser auf Ansuchen der Stände geschehenen öffentlichen Kundmachung um so mehr entgegen, als
durch das, unangesehen gegenwärtiger öffentlichen Erinnerung dennoch beobachtete Stillschweigen, die Stände veranlasset seyn würden, dieses als eine bejahende Erklärung in Beziehung
auf den vorliegenden Gegenstand anzunehmen,
die Nahmen dieser Güterbesitzer in das Verzeichniß derjenigen einschalten zu lassen, welche
aus patriotischem Triebe Sr. Majestät das
Kriegsdarlehen als ein Geschenk anbothen, und
dieses Verzeichniß Höchstdenselben nachträglich
ehrfurchtsvoll zu überreichen, endlich nach der
bestehenden Geschäftsordnung der Landschafts-
buchhalterey davon die Erinnerung in der Absicht
zu thun, damit für sie keine Versicherungsscheine
ausgefertiget werden. Wien den 11ten Dezemb.
1794. *)

Diese Mittel den Patriotismus und die
Kriegsbeiträge zu vermehren, waren sehr zweck-
mäßig und außerordentlich würksam; allein auch

*) S. Wien. Zeit. Nr. 102. Jahrg. 1794. Anhang
p. 3620.

diese Mittel fand man noch nicht für hinreichend,
sondern da die Regierung den Charakter des
Wieners und des Oestreichers überhaupt genau
kannte, und sehr gut wußte, was Sinnlich-
keit vorzüglich auf die ungebildete Classe von
Menschen vermochte — und die so brauchbar
zum Rekrutiren war — ersann sie noch folgendes Mittel, das auch anfangs vorzüglich seines Zweckes nicht verfehlte.

Bei jedem geringen Siege, bei jeder Einnahme einer Stadt oder Festung der combinirten
Armeen wurden kaiserliche Officiere von der Armee zum K. K. Hofkriegsrath mit dem Rapport
der vorgefallenen Begebenheiten, als Couriere
nach Wien geschickt. Statt daß diese Herren
aber, wie gewöhnlich bei andern Gelegenheiten
geschieht, ganz allein oder doch höchstens nur mit
einem vorreitenden Postillon begleitet, in die
Stadt ritten, mußten bei der lezten Station
vor Wien 24 bis 36 Postillons — das minimum und maximum, je nachdem der erlangte
Vortheil groß oder klein war — aufsitzen, und
vier K. K. Postofficiamten mit ihnen, um
den Herrn Courier bei seinem Einzuge in die

Hauptstadt zu begleiten. Kaum kommen sie vor
den Barrieren Wiens an, so stimmen die, im
Ganzen genommen, sehr gut blasenden Postillons, ihren Siegsgesang an und reiten, von den
K. K. Postofficianten angeführt, ja nicht den
graden Weg zum Hoffkriegsrathsgebäude, wo
die Couriere gewöhnlich ihre Depeschen abgeben
sollen, sondern machen geflissentlich noch einen
großen Umweg, damit die ganze Stadt weiß,
es sei ein Sieg über die gottlosen Franzosen davon getragen. Damit ists aber noch nicht aus —
Um dem erwartungsvollen Publikum die Vortheile des großen so hochtrabend angekündigten
Sieges recht in die Augen fallend zu machen,
mußte nun erst vieles ausgelassen (z. B. der
wahre Verlust an Todten, Bleßirten, Gefangenen, Desertirten von der einen Seite vermindert und von der andern vergrößert, ja oft der Sieg
selbst hinzugefügt werden) ehe der ganze Rapport in der Wiener Hofzeitung unter dem Artikel Kriegsbegebenheiten, eingerückt werden konnte; Er ward dann mit Begierde gelesen und zu
Anfang des Krieges mit vieler und herzlicher
Theilnahme angehört. — Bei jungen Leu-

ten vorzüglich erregte die Ankunft solcher Couriere
und die bekannt gemachten Rapports den größten
Enthusiasmus; viele unter ihnen wollten die
Ehre für Se. K. K. Majestät und dessen Wohlfarth ihr Blut vergießen und sich ein wenig zu
Krüppeln oder gar todschießen lassen zu können,
mit ihren Camaraden bei der Armee theilen; sie
ließen sich sogleich anwerben und eilten auf den
Tummelplatz. Nach und nach aber, als trotz
dem anderthalb Manns Verlust, doch beständig
die Rekrutirungen fortwährten, alle regulairen
Truppen nach den Gränzen zogen, dieser und
jener keine Nachricht von seinen Kindern, Verwandten, Freunden und Angehörigen bekam, das
Gerücht selbst auch verbreitete, Sr. K. Majestät
Truppen seyen da und dort gänzlich aufs Haupt
geschlagen und es dennoch nur in den Zeitungen
hieß, die K. K. Armee wäre genö-
thigt gewesen, eine andre Position
zu nehmen, oder wenns zu arg kam, sie
wäre zurückgedrückt und gedrängt worden, da fingen die guten Leute an, die Wahrheit der Kriegsbegebenheiten in den öffentlichen
unter scharfer Censur stehenden Zeitungsblättern,

etwas zu bezweifeln, ihr Eifer erkaltete und die
Wachsamkeit und Sorgfalt der Spione und der
geheimen Polizei verdoppelte sich.

Hier muß ich Dir doch den warrlich merk-
würdigen Bericht von der Einnahme der niederländischen Festung Herzogenbusch hersetzen,
so wie er in der Wiener Zeitung Nr. 104 und
105 von 1794 steht. Du magst Dir selbst den
Commentar über den Styl und die Materie dieses Berichtes machen, nur das noch: Er verdient
zum Muster bei verlornen Festungen und
Schlachten aufgestellt zu werden:

»Ueber die erfolgte Uebergabe von Herzogenbusch, deren Umstände bisher wenig bekannt waren, wird nun in einem Schreiben aus
Amsterdam vom 12ten Dezemb. folgendes gemeldet:

»Schon seit der Mitte des vorigen Som-
mers, ward Herzogenbusch von dem stäts
vorrückenden Feinde bedrohet, aber man glaubte,
diese Festung für dieses Jahr, durch die alliirte
Armee gedeckt, und gegen alle Belagerung gesichert. Daher blieb denn auch die Herstellung
der Festungswerke sehr mangelhaft, und die

erforderliche Garnison sollte erst dann einrücken,
wenn es die Position der Armeen erfordern würde, Herzogenbusch in Belagerungsstand zu
setzen, wobey man sich denn hauptsächlich auf
die Ueberschwemmungen verließ. Jene unglückliche Epoche, trat nur gar zu bald und unerwartet ein. Die Englische Armee mußte sich bekanntlich am 18ten Sept. sehr schleunig zurück-
ziehen; Herzogenbusch erhielt aber gar keine
Verstärkung seiner so schwachen Garnison, und
sah sich am 22sten Sept. vom Feinde schon eingeschlossen. Die Vertheidigung der Festung erfordert bekanntlich 10,000 Mann zur Garnison,
und am 22sten Septemb. war die Garnison
bloß 1300 Mann stark, wovon nur 1000 Mann
in dienstbarem Stande waren. Die Ueber-
schwemmung war sehr schwach, und traf nur einen Theil der Gegend um der Festung. Das
Fort Crevecoeur, das die Schleusen enthält,
und die Hauptstärke von Herzogenbusch aus-
macht, war innerhalb der ersten zwey Tage der
Belagerung, dem Feinde übergeben. Jetzt kom-
mandirte der Feind die Schleusen der Ueber-
schwemmung, welche die wichtigste Vertheidi-

gung von Herzogenbuſch war. Die ohnehin ſehr ſchwache Ueberſchwemmung ward alſo
von Seiten des Feindes völlig abgelaſſen, und
nun wurden die feindlichen Operationen mit deſto
ſtärkerer Kraft gegen Herzogenbuſch gerichtet, und die Arbeiten des Feindes bis unter die
Mauern der Feſtung getrieben. Die ganze Garniſon mußte, weil ſie ſo äußerſt ſchwach war,
faſt ununterbrochen auf den Wällen ſeyn, ohne
abgelöſet werden zu können, (Kaſematten waren
auch nicht einmahl vorhanden) und in 18 Tagen
hat ſie ihre Kleider nicht verlaſſen dürfen. Die
Artillerie, welche auch ſehr ſchwach war, konnte
aus Mangel hinlänglicher Artilleriſten, nicht einmahl gehörig bedient werden, weil bey jeder Ka-
none kaum ein wirklicher Artilleriſt angeſtellt
werden konnte; daher mußten Kavalleriſten, und
verſchiedene Infanterie- und Kavallerieoffiziere,
zum Dienſte bey der Artillerie zu Hülfe genommen werden. Deſſenungeachtet vertheidigte ſich
die ſchwache Garniſon mit unermüdetem Eifer,
endlich aber wurden die Truppen, die ununterbrochen im Dienſte bleiben mußten, ſo ermüdet,
daß ſie ſich ungeachtet des heftigen feindlichen

Kanonenfeuers, des Schlafes nicht mehr erweh=
ren konnten, und man hat bemerkt, daß die zur
Bedienung der Artillerie angestellte Mannschaft,
von den feindlichen Kanonenschüssen erwacht, die=
se durch Abfeuerung ihrer Batterie beantwortete,
und so wieder in einen tiefen Schlaf verfiel.
Drey Wochen hat sich dennoch diese geringe Gar=
nison gegen einen Feind von 18 bis 20000 Mann
so tapfer vertheidiget, daß derselbe nach eigener
Aussage französischer Offizier, ungefähr 700
Mann verloren hat. Nach dem Zustande der
Festung, auf deren Haltbarkeit keine Rechnung
zu machen war, hätte selbige, ohne der Garni=
son gerechte Vorwürfe machen zu können, weit
früher übergeben werden mögen; allein der
Wunsch der Garnison, den Feind so lange auf=
zuhalten, als es möglich war, hat die Uebergabe
der Festung, so lang es nur thunlich war, zurück=
gehalten.

„Zwey Mahl ist die verlangte Uebergabe der
so wichtigen Festung ganz verweigert worden,
bis endlich die Ermüdung der Garnison so groß
war, daß man auch an den wichtigsten Plätzen
sich auf die Wachsamkeit der Posten gar nicht

mehr verlaſſen konnte, und daher der vom Fein=
de entworfene Sturm um ſo leichter auszuführen
war, als alle ſchwache Stellen der Feſtung,
durch den Mangel der Ueberſchwemmung, nun
ganz entblößet, und dem Belagerungskorps
durch ſeine Freunde in der Stadt eben ſo be=
kannt waren, als der Garniſon ſelbſt. Alle Be=
mühungen, die Feſtungswerke durch Hülfe der
Einwohner der Stadt auszubeſſern, waren ver=
gebens, indem ſie alle Handdienſte hierzu ver=
ſagten; ja das Heumagazin, welches in Brand
geſchoſſen war, vier Tage, und bis auf den
Grund ausbrennen ließen, ohne es löſchen zu
wollen. Wie ſehr dieſe Stimmung der Einwoh=
ner durch das ſchreckliche Bombardement ver=
mehrt worden iſt, läßt ſich leicht beurtheilen,
und nur ein Blick auf die nachherigen Aeußerun=
gen dieſer Stadt, gibt hierüber die beßten Be=
weiſe. Auch einige 30 Mann von dem übri=
gens ſo braven Beonſchen Korps, mußten wegen
ihres Einverſtändniſſes mit dem Feinde in Arreſt
gehalten und bewachet werden. Des völlig ver=
theidigungsloſen Zuſtandes der Feſtung ungeach=
tet, würde der Gouverneur ſie noch nicht über=

geben haben, wenn nicht die ersten Offiziere und
Kommandanten der darin liegenden Truppen erklärt hätten, daß ihre verschiedene Korps den
beschwerlichen Dienst nicht länger auszuhalten
vermöchten, und sich der Gouverneur nicht persönlich überzeugt hätte, daß es nicht mehr möglich war, die Posten wachsam zu erhalten."

„Wen kann es nun wohl befremden, daß
unter solchen Umständen, bey der dritten Auf-
forderung, in der Unmöglichkeit, die Festung in
diesem traurigen Vertheidigungszustande länger
behaupten zu können, eine ehrenvolle Kapitulation, zur Rettung der sonst gewiß völlig verlornen Garnison, angenommen wurde? Dem
Publikum ist der Inhalt der Kapitulation bekannt, ich will sie deßhalb hier nicht wiederhohlen. *)

Hier nun auch etwas über den Bericht und
den Zug bei der Einnahme der Festung Valenciennes, welche der Fürst Dietrichstein
als Courier zu Wien überbrachte. Der Zug ging
im August 1794 langsam vom Kärtner
Thore durch die vornehmsten Straßen nach der

*) S. Wien. Zeit. Nr. 104 und 105 Jahrg. 1794.

T

Kriegskanzlei. Er wurde von zehn Mann Kü
raßlers eröffnet; auf diese folgte der Postverwal-
ter mit 36 blasenden Postillons, alle in cramoisi-
nen mit Silber galonirten Röcken; zuletzt kam der
Fürst Dietrichstein, K. K. Oberlieutenant
beym ersten Artillerie Regimente, von einem
Haufen Officiere zu Pferde begleitet. Alle Fen-
ster waren voll von Damen, und Jung und Alt
erfüllte die Luft mit Jauchzen!! — —

Hier siehst Du sogar, daß dieser Courier
langsam und in vollem Prunk einhertritt. Wie
so ganz anders ist dies zu Paris, wo man nur aus
den officiellen Berichten des Direktoriums an
das gesetzgebende Corps etwas von der Ankunft
der Couriere erfährt. Uebrigens hätten unsre
Herrn und Damen genug zu thun, wenn sie jeden Sieg unsrer zwölf Armeen jedesmal hätten
bejauchzen sollen. Doch zurück zu der Geschichte
der geheimen Polizey.

Ihro Majestät, der Kaiser, bekamen fast
täglich beunruhigende Nachrichten von der Armee,
die unter dem Oberkommando des Feldmarschalls,
Prinzen von Coburg, stand, und in welche
sich Uneinigkeit, Mißtrauen, Indisciplin und

bey manchen selbst Muthlosigkeit eingeschlichen hatten. Der Prinz Coburg wünschte sehr durch die Anwesenheit des Kaisers diesem Uebel wieder vorzubeugen, nachdem er Alles vergeblich angewandt hatte, um dies in seiner Geburt zu ersticken. Allein der Geist der östreichischen Officiere ist vorzüglich vom Hauptmann an bis heraufwärts zum General im Ganzen genommen schlecht, und lange nicht so, wie er wohl seyn könnte und sollte. Dies sagte mir ein erfahrner alter Staabsofficier in kaiserlichen Diensten selbst, der mir auch folgende Anekdote erzählte:

Bey Mainz hatte ein Kaiserl. Hauptmann ein Buch von einem Preußen geborgt. Er gab es aber schon den andern Tag mit den Worten zurück: Er könne es hälter nicht lesen, es sey ja dummes Zeug. — Es waren aber nichts mehr und nichts weniger als ein in Deutschland und auch bey uns geschätztes Buch — Geßners Idyllen!

Das Beispiel der Chefs hat außerordentlich vielen Einfluß auf das der Subalternen-Officiere sowohl als Unterofficiere und Gemeinde; diese Sorglosigkeit und Unwissenheit der Oberofficiere verdirbt die Subalternen und macht sie zum Dienst untauglich. Bey der Coburgschen Armee kamen noch Neid, Haß und Zwistigkeiten des Commandos halber hinzu, so daß die Gegenwart des Kaisers viel zur Beylegung dieser Jalousien beytragen konnte. Auf vieles Zureden seiner Minister entschloß er sich, die Armee selbst zu sehn und sie mit neuem Muthe zu beseelen.

Er reiste den 2ten April 1794 auch würklich über Regensburg nach Brüssel und Valenciennes (das damals noch in Kaiserl. Händen war) ab. In seinem Gefolge waren die beyden Erzherzoge Joseph und Karl, der Cabinetsminister, Graf von Colloredo, der Canzler des Niederländischen Departements, Graf von Trautmannsdorf, und der General-Direktor der auswärtigen Angelegenheiten, Baron von Thugut, der in einigen Tagen nachfolgte.

Wie drückend auch diese Reise für die armen Unterthanen ward, und wie erniedrigend für die Menschheit, daß bestellte und wohl herausgeputzte Studenten den Kaiserl. Wagen zu Valenciennes und zu Brüssel ziehen mußten, kann man aus folgendem ersehn.

„Se. K. K. Majeſtät ſind am 9ten d. M.
glücklich zu Brüſſel angekommen, und unter
lautem Jubel der wonnetrunkenen Bürger in die
Stadt eingezogen. Die ſtudirende Jugend von
8 bis 14 Jahren, mit weiſſen Scherpen geziert,
wetteiferte um die Ehre, des huldvollen Monarchen Wagen durch die Stadt zu ziehen. Se.
Majeſtät fuhren unmittelbar nach der St. Gu-
dula-Kirche, wo der Biſchof von Antwerpen mit
der Geiſtlichkeit Se. Majeſtät empfing, und wegen des Monarchen glücklicher Ankunft der Am-
broſianiſche Lobgeſang angeſtimmet wurde. Als
Se. Majeſtät die Kirche verließen, war die ganze
Stadt auf das herrlichſte beleuchtet, und alle
Gaſſen waren mit Tapeten behangen und mit
Reiſern gezieret. Der Kaiſer fuhr durch die
ganze Stadt, und wurde von allen Seiten durch
ein frohes; Es lebe Franz II. Es lebe unſer Kaiſer! begleitet *). ″

„Des Kaiſers Majeſtät ſind bey Ihrer am
14ten d. M. zu Valenciennes erfolgten Ankunft unter dem lebhafteſten Jubel der dortigen
Einwohner empfangen worden. Wie zu Brüſſel

---

*) S. Wiener Zeitung. Nr. 33. J. 1794.

haben hier 100 Studirende, eigends dazu ge=
schmückte Jünglinge, den Wagen, in welchem
der Kaiser saß, vom Stadtthore an, bis in das
Haus gezogen, wo Se. Majestät übernachtet ha=
ben. Am 22sten wurden Se. Majestät wieder
zu Brüssel erwartet, wo Tags darauf die Huldi=
gung vor sich gehen sollte, und inzwischen dazu
die glänzendsten Anstalten gemacht wurden.*)."

»Nachdem Se. K. K. Majestät am 21sten
v. M. von der Armee nach Brüssel zurück gekom=
men waren, versammelten sich am 23sten Mor=
gens um halb 9 Uhr die drey Stände von Bra=
bant und die Deputirten der Stände von Lim=
burg, um Se. Majestät den Kaiser zum Huldi=
gungsakt abzuholen; dann ging der große feyer=
liche Zug nach der St. Gudulakirche, woselbst
Se. Majestät nach dem von dem Bischof von
Antwerpen abgehaltenen Pontificalamte, die Auf=
rechthaltung der Rechte und Privilegien der St.
Gudulakirche, dann der Rechte und Immunitä=
ten aller Brabantischen Kirchen auf das von dem
Bischof von Antwerpen vorgelegte Evangelium

*) S. Wiener Zeit. Nr, 35. J. 1794.

beschworen, Nach diesen Ceremonien ging der
Zug auf den königl. Platz, wo Se. Majestät den
Gegenstand dieser Versammlung erklärte, und
hernach die laute Ablesung der Joyeuse Entree,
mit ihren Zusätzen und der beyden gewöhnlichen
Eidesformeln in brabantischer und burgundischer
Sprache vorgenommen, und von Sr. Majestät
nach deren Inhalt, der Eid mit der Hand auf
das Evangelium beschworen wurde. Dann setzten
und bedeckten sich Se. Majestät, um den Huldi-
gungseid der Stände aufzunehmen. Zuletzt rief
der erste Wappenherold mit lauter Stimme: Es
lebe Franz II. Kaiser, König von Ungarn
und Böhmen, Herzog von Lothringen und
Brabant und Marquis des heil. Röm. Reichs!
Nach abgelegtem Huldigungseide der Stände
von Limburg wurde derselbe Aufruf, mit dem
Zusatze: Herzog von Limburg, wiederholt,
worauf drey Artilleriesalven unter dem Geläute
der großen Glocke abgeschossen und die goldenen
und silbernen Huldigungsmünzen ausgeworfen
wurden. Nach geendigter Feyerlichkeit ging der
Zug nach Hofe zurück. Des Abends wurden
die Artilleriesalven wiederholt und prächtige Be-

leuchtungen angestellt. Am 24sten kehrten Se.
K. K. Majestät zur Armee zurück *). "

Wer wird nicht mit Unwillen die Ausdrücke:
Wonnetrunkene Bürger, unter dem lebhaftesten Jubel der Einwohner von
Valenciennes (unter welchen der Herr Zei-
tungsschreiber oder Censor wahrscheinlich am
stärksten jubelt; denn Kaiser Franzens Charakter
und Person ganz unbeschadet, ist es aber wohl
unmöglich, daß die braven Einwohner von Valenciennes, die vortrefliche Patrioten sind, sich
so vergessen konnten, um ihren Eroberer, ihren
Feind mit solchem Jubel aufzunehmen, wie man
es uns hier aufbinden will). Und nun gar die
Worte: eigends dazu geschmückte
Jünglinge! Paßte dieser Ausdruck nicht
beßer für Pferde und Kühe, als für Menschen? —
Doch — was der Kaiser hier ausrichtete, wie
sehr seine Reise und seine Gegenwart bey der
Armee ausposaunt wurden, einige Anekdoten, davon ich Dir schon einige in meinen vorigen Briefen erzählt habe, dies Alles gehört nicht bey so

*) S. Wiener Zeit. Nr. 37. Jahrg. 1794.

ernsthaften Dingen und in der Stimmung, in
welcher ich mich grade befinde, hieher.

Ich überlasse es also geübtern Federn und
erfahrnen Schriftstellern, dies gehörig aus einan=
der zu setzen, vorzüglich dem Verfasser des in
Wien so allgemein und öffentlich gelesenen Poli=
tischen Journals (der vom Professor zu
Göttingen ohne von, jetzt in Altona zum däni=
schen Etatsrath mit dem Prädicat von S ch i=
r a ch lebt; als dänischer Historiograph eine jähr=
liche Pension von 800 Reichsthlr. bekömmt, und
das bloß seiner h o h e n Verdienste wegen, da er
das Indigenatrecht, durch die Creatur der Maria
Juliane, Guldberg, in die dänischen Staaten ein=
geführt, tapfer vertheidigte, und auch ein eifri=
ger Anti=Jacobiner war. Das beßte dabei ist,
daß dieser Herr Etatsrath von Schirach als däni=
scher Historiograph noch nicht eine Zeile über die
dänische Geschichte geschrieben hat, wie man mir
oftmals versicherte, es müßten denn die Aufsätze
dazu gerechnet werden, die er in seinem Jour=
nale über Dännemark hat abdrucken lassen. Viele
davon sollen ihm officiell eingeschickt worden seyn,
vorzüglich unter dem Ministerio des verstorbenen

Grafen von Bernſtorff. Dieſem Herrn
Etatsrath überlaſſe ich gern, die Reiſe des Kaiſers, mit den dazu gehörigen Anekdoten aus einander zu ſetzen, denn neulich, als N. mir ein
Stück dieſer jacobiniſchen Zeitſchrift überſchickte
(ich nenne ſie jacobiniſch, weil er, wie die
Jacobiner, beſtändig in dieſem Journale ſchrieb,
und auch öfters geſagt haben ſoll: Es kann
nicht ſo bleiben, es muß anders werden!) fand ich ſchon eine Probe und einen
kleinen Anfang zu der Geſchichte dieſer merk-
würdigen Reiſe —

Im Aprilſtücke des Jahrs 1794 S. 448
meldet er folgendes, was ich Dir im Auszuge
doch mittheilen muß: »Eben da dieſes Monaths-
»ſtück ſchon ganz abgedruckt iſt, erhalten wir die
»große Nachricht, daß der Kayſer ſelbſt in eigner
»Perſon (nicht in einer andern?) die Franzöſi-
»ſche Hauptarmee unter Pichegrü am 18ten
»April völlig geſchlagen hat. Es war ein Haupt-
»treffen ꝛc. — Der Kaiſer war kurz vorher erſt
»bey der Armee angekommen, und gab zum
»zweitenmale das berühmte Schauſpiel ſeines
»älteſten Bruders Cäſar — Cäſar Franz kam,

„fah, ſiegte.” (Vergleiche damit die Eyerku̇
chengeſchichte!)

„Man hat die Bemerkung gemacht, fährt
„der Herr Etatsrath von Schirach gleich darauf
„weiter fort zu ſchreiben, daß die Rußiſche Kai=
„ſerin, während ihrer Regierung, ihr ſchon ſo
„großes Reich um 10,000 Quadratmeilen ver=
„größert hat, welches ſo viel iſt, als der ganze
„Umfang von Frankreich.” — Wozu dieſe
Bemerkung, und zwar grade h i e r nach dieſer
Nachricht. Sollte ſie etwa ein Fingerzeig für
den jungen Kaiſer ſeyn, dem Beyſpiele Ihro
Majeſtät, der Beherrſcherin aller Reußen, in
Rückſicht auf F r a n k r e i c h ſo zu folgen, wie
beyde Kayſerl. Majeſtäten es mit dem unglück=
lichen P o h l e n machten! — Daß es nicht an
dem guten Willen der Coaliſirten lag, unſer lie=
bes Vaterland zu zerſtückeln, und ihm übel mit=
zuſpielen, erſiehſt Du aus der Proclamation des
Herzogs von Braunſchweig, und noch mehr aus
folgender Anekdote, die ich von mehrern hier ge=
hört habe:

Im J. 1793 ſchickten die Engländer Karten
von Europa nach Deutſchland, auf welchen unſer

Vaterland gänz weiß gelaſſen wurde. Dieſe
wurden häufig gekauft, und der Erfinder verdiente
vieles Geld damit. Man hüthete ſich ſehr, ſie
in Wien zu verbieten, ſie wurden dort öffentlich
verkauft und in Kurzem vergriffen. —

Doch — zu unſrer Geſchichte zurück.

Dies waren die Mittel, welche die Regierung
anwandte, Rekruten und Kriegsbeiträge zu erhal=
ten, wobey ſie nicht unterließ zu wiederholen, die=
ſer gezwungene Krieg ſey ein Unglück, ein
allgemeines Elend, wozu jeder gute und brave
deutſche Patriot die Hände und alle Kräfte auf=
bieten müße, um die Reichsintegrität, des Kai=
ſers Ehre und die Sicherheit des deutſchen Vä=
terlandes zu erhalten. Hätten doch die armen
Unterthanen gewußt, warum dieſer Krieg ange=
fangen, was für eine Politik die Fortſetzung deſ=
ſelben ſo nothwendig mache, warrlich, ſie hätten
keinen Kreutzer dazu gegeben und wären nicht
ins Feld gezogen. — Wer hätte es ihnen ver=
dacht — ? Diejenigen, die nichts dazu beitru=
gen, wurden von den Spionen der geheimen
Polizey ſorgfältig notirt, und oft als verdächtige,
unpatriotiſche Bürger angegeben, des Nachts

aufgehoben, eingesperrt, auf Zeitlebens ins Un=
glück gestürzt. Hier nur ein Beyspiel unter
vielen:

Jenny, ein geborner Frankfurter, hatte
ansehnliche Spinnereien zu Wien, und lebte hier
in dem Rufe eines durch Fleiß und Rechtschaffen=
heit geschätzten und vermögenden Bürgers. Die=
ser ward eines Tages aus seinem Bette geholt,
und durch Polizeibeamte arretirt. Nach drey
langen, ohne Verhör in enger Verwahrsam zu=
gebrachten Monaten ward Jenny für unschuldig
befunden und wieder frey gelassen. Seine Arre=
tirung war durch Verwechslung der Person und
durch Angeberey, er hätte nichts zu den Kriegs=
beyträgen geliefert, geschehn. — Als er nun in
sein Haus wieder hinein tritt, findet er Meublen,
Magazin, Spinnereien, Schränke, Comptoir und
Geld, kurz all sein Haab-und Gut geplündert
und fortgeschleppt, zerbrochen und gänzlich un=
brauchbar. — Während seiner Gefangenschaft
waren Fremde und Hausgenoßen in sein Haus
gekommen, hatten von seiner Arretirung gehört
und ihn für verlohren gehalten, deshalb sich all
seiner Haabe und seines Guths bemächtigt, um

so mehr, da er nicht verheirathet war und die
Polizei sich nicht dagegen sezte, oder Anstalten
zur Sicherheit seines Hauses machte. Er ging
nun trostlos wieder zur Polizei, that ihnen die
gerechtesten Vorstellungen und drang auf Schadloshaltung. Man both ihm — hundert Dukaten! — die er aber mit Unwillen ausschlug.
Er wollte sich nun grade an den Kaiser wenden
und eine Supplik zur Ersetzung seines Vermögens oder wenigstens eines Theils des Verlohr-
nen einreichen, allein auch hier kam die geheime
Polizei dahinter, ließ ihm nur sagen, wenn er
im Geringsten sich weiter beklagen würde, so
könnte er noch unglücklicher werden; man würde
genau auf ihn Acht geben. — Er verstand den
Wink, pakte schnell das wenige ihm übrig Ge-
bliebene zusammen und kehrte Ende 1795 in
seine Vaterstadt zurück, in welcher er jezt noch
lebt.

Doch — alle diese Mittel schienen der östreichischen Regierung noch nicht hinlänglich; man
wollte nemlich durch die Polizei, den Sieg, das
Kriegsglück erzwingen und befahl deshalb
sowohl in Wien, als in Mähren, Böhmen,

Tyrol und der ganzen östreichischen Monarchie nichts zum Nachtheil der kaiserlichen Armeen zu schreiben, zu sprechen, bekannt zu machen, nicht einmal zweideutige Dinge darüber zu äußern, bei Strafe als ein unpatriotischer Bürger, ein Staatsverbrecher, ein Verräther des Vaterlandes angesehn und bestraft zu werden. Dies sezte die Spione der Polizei in Bewegung und wehe dem, der nur das Geringste in Sprache, Schriften, ja selbst in Gebehrden Zweideutige merken ließ, er war sicher, man legte ihm Alles aufs Schlimmste aus. Hier folgendes in Wien gänz allgemein bekanntes Beispiel:

In einem Caffeehause sizt Jemand am Tisch und liest die Zeitungen. Bei einer gewissen Stelle fängt er an zu lächeln und legt das Blatt weg. Ein ihm gegenübersitzender Spion bemerkt schnell das Blatt, die Seite der Stelle bei welcher der Andre gelächelt hat, sagt ihm aber kein Wort, rührt auch die Zeitung nicht an. Kaum aber ist jener weg, so nimmt der Spion die Zeitung; sieht die Stelle nach, die gar nichts sagte, geht zur geheimen Polizei und giebt ihn nichts desto weniger als einen gefährlichen Men=

schen an. Der Mann wird bald ausgekundschaf-
tet, citirt, verhört und aller Entschuldigungen
und ganz erweißlichen Gründe seiner Unschuld
ohnerachtet, arretirt und nach der Festung als
Staatsgefangener gebracht! —

Der Redakteur der Wiener Hofzeitung, ein
junger Mann von Kopf und Talenten, mußte
allemal vorher sein Manuscript für diese Zeitung
der geheimen Hofkanzlei zur Durchsicht überschik-
ken, die Alles was nur im Publiko Verdacht erregen und auf den Gedanken bringen konnte,
daß die äußern und innern Angelegenheiten des
Reichs nicht gut gingen, strich, verstümmelte,
zusezte und so die ganze Zeitung willführlich ver-
änderte. Auf diese Art verstümmelte man auch
die Kriegsnachrichten, schlug die Franzosen aufs
Haupt, wenn man geschlagen war, posaunte
eine gewonnene Hauptschlacht aus, wenn man
einen französischen Vorposten zurückgeschlagen
hatte, ward zurückgedrückt oder gedrängt,
wenn man förmlich in die Flucht geschlagen war
und dergleichen schöne Sächelchen mehr. Dabei
wurden die armen Oestreicher Schuß-Bomben-
und Kugelfest gemacht; denn hatten die Franzo-

sen mehrere hundert, ja tausende von Verwundeten und Todten, so hatten jene kaum zwei oder
drei Mann verlohren und einige verwundet! —
Dieser anderthalb Mannsverlust, wie man es
damals spottweise zu Wien für sich versteht
sich — sagte, und dachte, dieses so auffallende
minimum an Verwundeten und Todten, ver-
hinderte dennoch gar nicht, daß die Rekrutenaus-
hebungen, starke Versendungen der Feldscheere,
Spitalgeräthschaften, Charpie u. dgl. m. fleißig
zur Armee abgingen, und daß die Hospitäler
voll Verwundeten lagen.

Da die Angaben in der Wiener Hofzeitung
und in den übrigen öffentlichen Blättern der östreichischen Monarchie denn doch etwas zu plump
eingerichtet wurden und so offenbar als ganz un-
glaublich vorgestellt waren, so befahl Kaiser Leopold der geheimen Hof- und Staatskanzlei die
Angaben des Verlustes und der Siege etwas
mehr der Wahrheit gemäß einzurichten: um bei
dem Publikum nicht zu großen Verdacht zu erregen, da man schon laut und ziemlich öffentlich
sich über diese Angaben lustig machte.

ü

Des Kaisers Befehl ward pünktlich befolgt,
und nun tödtete die Feder des Zeitungsschreibers
etwas mehr, die Kriegsbeiträge liefen häufiger
und zahlreicher ein, die Rekrutirungen vermehrten sich und die geheime Polizei ward wachsamer
und furchtbarer.

In meinem künftigen Briefe werde ich Dir
etwas von der Administration des Baron von
Thugut und von seinem Einfluße auf die geheime
Polizei sagen. Leb' indeß recht wohl.

Zehnter Brief.

Wien, den 21ften März 1798.

Unfer brave N. ift fo behutfam in feinen Reden und Handlungen, daß trotz der größten Bewachung und der ftärkften Spionerei nichts auf ihn gebracht werden kann. Man fucht Alles mögliche hervor, um ihn nur verdächtiger machen zu können und legt ihm allerlei Fallen. Hier unter andern folgendes Beifpiel, was ihm ehegeftern Vormittags paßierte.

Ein ihm unbekannter Menfch, der zu feinem Glück nicht der Klügfte war, bringt ihm folgen:

des Billet: »Ein reicher Capitalist frägt den
»Herrn N. ganz freundschaftlich um folgenden
»Fall um Rath: Er hat 40 tausend Gulden baa=
»res Geld in seiner Schatulle liegen, die er gern
»auswärts in einer guten Bank anzubringen
»wünschte. Wenn Herr N. als ein geschickter
»und erfahrner Mann ihm diese Summe heim=
»lich aus dem Lande schaffen kann, so stehe ihm
»4000 Gulden sogleich zu Dienst. Da er aber
»seine Antwort noch nicht gegeben, so hält es
»Uebersender für rathsam sich ihm noch nicht zu
»nennen, bis er diesen seinen Entschluß durch
»denselben Boten wird schriftlich mitgegeben
»haben.«

N. stuzte bei Durchlesung dieses ohne Unter=
schrift und Datum übersendete Billet, wie er
mir schreibt und wußte in dem Augenblick nicht,
was er grade thun sollte. Das natürlichste war,
daß er den Boten herein kommen ließ und unter
vier Augen ausfragte: Von wem, wie ꝛc. er das
Billet bekommen, wie er seine Wohnung ausge=
fragt hätte? — Der Kerl stotterte und stammelte,
konnte oder wollte aber kein Wort antworten.
Darauf zog N. seine Börse und bot ihm einen

Dukaten, wenn er ihm sagen wolle, wer ihm
das Billet gegeben: »Ach guter Herr, stotterte
er nun ängstlich hervor, man hat mir bei Leib
und Leben verboten, nichts davon zu sagen!« —
Nach langem Zureden und einem zweiten Duka:
ten kömmts endlich heraus, daß er ihn von ei:
nem andern Menschen bekommen, der ihm genau
N. Wohnung, Person u. s. w. beschrieben, ihn
auf der Straße aufgegriffen und unter Verspre:
chung eines guten Biergeldes und unter Andro:
hung der härtesten Strafe ja nichts N. weiter zu
sagen, als er warte auf Antwort, grade nach N.
Wohnung zugeschickt habe. Dies war aber
zum Glück ein guter ehrlicher Tagelöhner, dem
das Gold in die Augen fiel und der unserm Freunde
N. Alles entdeckte. — Dieses Geständniß
machte vollends seinen Verdacht rege und ohne
Mühe brachte er aus den Antworten und der
Beschreibung des Tagelöhners heraus, daß die:
ses Billet aus dem Büreau der geheimen Poli:
zei käme, die ihm dadurch eine Falle legen wollte.
Er schickte den Tagelöhner mit der heilsamen
Warnung zurück: sich nie mehr von ihm ganz Un:
bekannten zu solchen Geschäften brauchen zu lassen,

zurück und sagte ihm: Er möge nur der andern Person, dessen Wohnung man ihm bezeichnet hatte (falsche oder wahre gilt hier gleich viel) hinterbringen: er hätte es sich zu einem unver: brüchlichen Gesetze gemacht, nie auf anonyme Briefe zu antworten. Wollte sich aber der Ca: pitalist nennen, so würde er ihn besuchen und ihm denn sagen, daß dies offenbarer Unterschleif sey und ganz und gar seinen Beifall nicht hätte.

Ist dies nicht abscheulich und ganz der gehei: men Polizei angemessen. Doch nun zur Ge: schichte derselben wieder zurück.

Nach Kaunitzens Tode ward dem Grafen von Lascy die Premierministerstelle angetra: gen; aber dieser, der wahrscheinlich die Last eines solchen Amtes zu sehr fürchtete, lehnte sie unter dem Vorwande seines hohen Alters von sich ab. Man nahm seine Demißion an, und ernannte ihn zum Kanzler des militairischen Maria There: sien: Ordens.

Am 23sten July 1794 stand nun folgendes in der Wiener Hofzeitung: Se. K. K. Majestät haben dem bisherigen General: Direktor der aus: wärtigen Angelegenheiten Freiherrn von

Thugut zu Höchstdero Minister der auswärtigen Angelegenheiten zu ernennen und zugleich ihm die Vertretung der sämmtlichen zu der bisher von dem verstorbenen Fürsten von Kaunitz bekleideten Höchstderoselben geheimen Hof-Staats-und Hauskanzlers Stelle gehörigen Verrichtungen ganz auf den bisher üblichen Fuß, gnädigst zu übertragen geruht. — Seit dieser Ernennung wurden alle Staatsangelegenheiten äußerst geheim gehalten, und nur der Kaiser und höchstens ein oder zwei Conferenz-Minister, gewöhnlich der Graf Colloredo oder der verstorbene Fürst von Rosemberg erfuhren etwas davon.

Durch Thuguts Unterstützung gewann die geheime Polizei einen starken Zuwachs an Macht und Furchtbarkeit und die Angelegenheiten des Krieges einen eifrigen Beförderer, wie ich Dir schon aus seiner Biographie bewiesen habe. — Thugut und der Graf Pergen der Vater waren nun an der Spitze der geheimen Polizei, so wie Saurau deren Vicepräsident. Nun stand das Triumvirat in seiner ganzen furchtbaren Größe

zum Schrecken der Wiener und aller Oestrei=
cher da.

Die Unzufriedenen und das heimliche Mur=
ren des Volkes über das drückende des Krieges
nahmen täglich zu; die Spione der geheimen Po=
lizei bekamen dringendere Instruktionen ihre
Wachsamkeit zu verdoppeln, da die Noth mit
ter gehabten schlechten Erndte sehr zunahm.

Doch ehe ich weiter gehe, muß ich Dir hier
noch von einem Menschen sprechen, der ehemals
unser Mitbürger war, allein jezt ein eifriger
Beförderer der Aristokratie großen Anhang und
ziemlichen Einfluß auf den Minister Thugut
hat. Dieser ehemalige Landsmann war Sekre=
tair der beiden Intriganten und Exgrafen Gebrü=
der Karl und Alex. Lameth, nachher verließ er
Frankreich und kam nach Wien, wo er seine ge=
schickte Feder dem Baron von Thugut antrug.
Lezter erkannte bald in ihm das Talent eines
Intriganten, er ward deshalb bald befördert,
in den Büreaux des Ministers angestellt und
zwar so, daß er täglich mit seinem Herrn zusam=
menkommen konnte. Dieser Mensch der Pelin
heißt, soll eines der Haupttriebfedern der Fort=

ſetzung des Krieges mit Frankreich ſeinem eignen
Vaterlande geweſen ſeyn, und ſich alle mögliche
Mühe gegeben haben, Thuguten zu der jetzigen
Stimmung gegen die Franzoſen zu bringen.
Er iſt einer der größten und gefährlichſten Spione
für die Polizei. Er führt aber dabei ein ſehr
trauriges Leben und dies bloß um dem Premierminiſter keinen Anlaß zum Argwohn zu geben.
Sein hagres beinah abgenutztes Anſehn ſchleppt
er von ſeiner Wohnung zum Büreau und von
dieſem zu ſeiner Wohnung. Starke Beweg-
gründe unterſagen ihm die Gemeinſchaft mit andern Menſchen. — Sein außerordentlicher
Geitz und der Argwohn des Premierminiſters
gegen diejenigen, welche ihn täglich umgeben. —
Dieſer geht ſo weit, daß es Pelin förmlich un-
terſagt iſt, irgendwo hinzugehn, ſich mit Niemandem in vertrautem Umgange einzulaſſen,
aus Furcht von den Spionen ſelbſt der Polizei,
die doch zum Theil Pelins Werk ſind, entdeckt
und angegeben zu werden.

Dies geht aber noch weiter. Die Spione
unter ſich haben den beſondern Auftrag, ſich un-

tereinander selbst zu beobachten (die wenigsten
kennen sich) und sich dann anzugeben.

Die geheime Polizei glaubte sich nun befe=
stigt genug, und der Unterstützung der vornehm=
sten und mächtigsten Minister versichert, wagte
sie einen Hauptstreich. — Es wurden nemlich
zu Ende Augusts 1794 auf einmal und in einer
Nacht 9 bis 12 Personen gefänglich eingezogen
und nach dem Polizeihause als Verdächtige und
Staatsverbrecher geführt. Ohne alles Verhör
wurden sie gefangen gesezt und äußerst streng be=
wacht, ohne daß ihre Familien wußten, wohin
sie gekommen wären. Nach und nach wurden
noch mehrere eingezogen, unter welchen sich ver=
schiedne Ungarn und andre Fremde befanden.

Du kannst Dir leicht vorstellen, daß diese
Arretirungen, die auf einmal so zahlreich und
so gewaltsam geschahen, große Sensation zu Wien
machte. Schon den Tag vor der Arretirung
hatte man aber dafür gesorgt, daß das Publikum
die Hauptursach derselben erführe, man hatte
nemlich sorgfältig verbreiten lassen, es existire
eine geheime Verschwörung wider die Sicherheit
des Staats, ein Einverständniß mit dem Feinde,

um ihn in die K. K. Erbſtaaten eindringen zu
laſſen, man habe ſo ziemlich die Verſchwörer entdeckt und werde ſie in Verwahrſam bringen —
die vermeinten Verſchwörer die daſſelbe Gerücht, (wenigſtens ein Theil von ihnen) hörten, blieben ganz ruhig in ihren Wohnungen,
weil ſie es ſich gar nicht träumen ließen, ſie
ſeyen damit gemeint. Die Nacht kömmt heran,
ſie legen ſich ruhig nieder; allein kaum waren ſie
eingeſchlafen als auch ſchon die heilige Herman-
dad an ihre Thür klopft und ſie im Namen des
Kaiſers Majeſtät aufmachen heißt. Sie
ſpringen aus dem Bett, machen auf, und werden in dem Augenblick umringt und in eben dieſes Kaiſers Namen arretirt, der gewiß feſt und
ruhig ſchlief und ſich nichts davon träumen ließ,
daß ſo viele Hunderte in ſeinem Namen unglücklich gemacht würden! —

Das Ausſprengen dieſer Gerüchte war aber
noch nicht hinlänglich; man beſezte den andern
Tag unter dem Vorwande, zur Sicherheit der
Stadt zu ſorgen, im Grunde aber, um ſie noch
furchtbarer zu machen, alle Stadtthore, die ſeit
dem Kriege unbeſezt waren, ſo auch die Wälle

und alle Posten mit Militair, das mit scharfen
Patronen versehn wurde; die Thore selbst, die
seit mehreren Jahren nie geschlossen wurden, sezte
man jezt in schließbarem Stande, zahlreiche Patrouillen gingen in den Straßen auf und ab, man
ließ eiligst noch mehrere ungarische Bataillons zur
Verstärkung der Garnison anrücken, kurz, Wien
sah damals mehr einer zu belagernden Stadt
ähnlich, als da Buonaparte wirklich vor seinen
Thoren stand. —

Ein jeder fragte nach der Ursach einer solch
ungewöhnlichen Erscheinung — Allein — man
zuckte die Achseln und schwieg; denn in dem Fra-
genden mußte man einen Polizeispion befürchten. — Worinn diese Verschwörung bestünde,
wie die Verschwörer alle hießen, wie und wodurch
man sie entdeckt habe? Dies Alles waren eben so
unnütze als gefährliche Fragen. — Unnütz, weil
sie der Tausendste nicht beantworten konnte, gefährlich, weil man leicht dadurch als ein Unzu-
friedener verdächtig werden mußte, kurz — nach
den Gründen fragte man vergeblich.

Um die ganze Sache desto geheimer zu
halten, wurde eine eigene, aus Polizei- und

Juſtiz-Räthen ernannte Commißion dazu ernannt, die Unterſuchung dieſer großen Verſchwö-
rung vorzunehmen.

Damit war man aber noch nicht zufrieden;
ſondern die Polizei ließ durch einen feilen und
niedrigdenkenden Menſchen folgende Broſchüre
bekannt machen: Höchſtwichtige Erinnerungen zur rechten Zeit über einige
der aller ernſthafteſten Angelegenheiten dieſes Zeitalters. Wien 1794.

Dieſe allerernſthafteſten Angelegenheiten be-
trafen nichts mehr und nichts weniger, als po-
litiſche Giftmiſcherei, Ketzerei, Conjurationen,
Landesverſchwörung, Landesverrätherei, Für-
ſtenindolenz und Connivenz, Illuminatismus
u. dgl. Dinge mehr. Die war ganz nach der
damaligen Stimmung der geheimen Polizei eingerichtet und forderte das Rachſchwerdt über
diejenigen Perſonen auf, die an dieſen Verbrechen einigen Antheil hätten. — Man wollte
die Feder des Exjeſuiten Al. Hoffmann darinn erkennen.

Die Gefangenen waren allermöglichen Com-
munication von innen und außen gänzlich be-

raubt, durften sich untereinander weder sehn, sprechen noch schreiben und nicht einmal an ihre Familien einige Nachricht zukommen lassen, noch von ihnen dergleichen erhalten. In diesem Zustande blieben sie mehrere Monathe, und kamen nur sehr selten ins Verhör, iu welchem man ihnen die verfänglichsten Fragen vorlegte, um sie nur schuldig zu finden.

Im Dezember desselben Jahres wurden sie endlich ihren ordentlichen Gerichtsbehörden übergeben, die Civilisten der Criminal-Justiz, die Militairs dem Militairgerichte und die Ungarn an ihre vaterländischen Gerichte. Nun erst nahm ihr Proceß seinen eigentlichen Anfang.

Das Murren und öffentliche Sprechen über diese gewaltsame Arretirung nahm doch täglich zu, troß der Vorsorge der geheimen Polizei, die vorhin genannten Gerüchte auszusprengen und die Vorsichtsmaasregeln zur Erhaltung der Ruhe und Ordnung, so wie auch zum Abschrecken der Mißvergnügten, verdoppelt zu haben. — Der Hof d. h. die Minister selbst wurden bange, da viele Einwohner dieser großen Hauptstadt gegen das Eigenmächtige solcher Arretirungen reklamir-

ten, ja hin und wieder einige sogar den Muth
hatten, öffentlich zu behaupten: die geheime
Polizei habe kein Recht diese Menschen ohne irgend einen Proceß zu
verfolgen. — Die Commißare selbst, die
zur Untersuchung dieses großen Processes ernannt
waren, schrieben auch an die Häupter dieser
Staatsinquisition und baten um bestimmtere und
feste Instruktionen bei dem Gange des Proceßes.
Nun erschien unter dem 2ten Januar 1795 folgendes merkwürdige und abscheuliche Hofdekret,
das wahrlich nicht von dem menschenfreundlichen
Franz II. herkam, der es vielleicht sorgenlos unterschrieben hat, ohne es vorher gehörig unter-
sucht zu haben. — Wahrscheinlich sprachen ihm
seine Minister von eingekerkerten Verschwörern,
von Landesverräthern, Jacobinern, Unruhstif-
tern und argen boshaften Menschen vor, die
sich gegen seine Allerhöchste Person und gegen
das Land treulos bewiesen hätten und die als
Verschwörer gegen die öffentliche Ruhe und Sicherheit bestraft und ausgerottet werden müßten. —
Der gute aber schwache Franz unterschrieb
also eiligst folgendes Hofdekret:

Wir Franz der Zweyte ꝛc. ꝛc.

»So geneigt wir stets sind, der Gelindig-
keit selbst alsdann Platz zu geben, wenn Wir
Strafen zu verhängen bemüßiget sind; so sehen
Wir Uns doch durch die gegenwärtigen Zeitumstände in die Nothwendigkeit versetzet, dieser
Neigung Einhalt zu thun, und von der ganzen
Strenge wider das Verbrechen Gebrauch zu machen, welches die Bande des Staates, und in
demselben die gemeinschaftliche Ruhe und Sicherheit unmittelbar angreift, folglich die bürgerliche
Vereinigung in ihrem Hauptzwecke störet.

»Es ist unläugbar, daß sobald die Verbindung der gegenseitig verpflichteten Mitglieder im
Staate getrennet wird, sogleich jeder einzelne
Mensch, ohne Ausnahme mit Leben und Eigenthum, aller Gewaltthätigkeit Preis gegeben ist;
überall muß Gerechtigkeit, Sittlichkeit und Ordnung weichen; Furcht und Elend treten dafür
ein, und machen diejenigen unter sich wechselsei-
tig zu Feinden und Unterdrückern, die bey ihrer
Vergesellschaftung als Glieder und Staatsbürger
eines gemeinschaftlichen Vaterlandes, unter sich
Freunde und Brüder seyn sollten.

„Zwar sind Wir in den uns zur Regierung anvertrauten Ländern von einem allgemeinen Abscheue vor jeder auch entfernten Anlage zu solchen Gräueln zuverläßig überzeugt; aber hier und da fehlt es nicht an Einzelnen, welche, geleitet von boshaften Absichten, oder geblendet von Schwärmerey, oder auch als Werkzeuge feindlicher Plane, sich in heimliche Anschläge dieser Art einlassen, und in ihrem lasterhaften Vorhaben alle Rücksicht auf gemeinschaftliche Wohlfahrt nachsetzen und aufopfern.

„Um also denjenigen, der gleichwohl solcher dem allgemeinen Staate, und seinen Mitbürgern verderblichen Gesinnungen fähig seyn könnte, zu seiner eigenen Rettung, abzuhalten, und nach der uns obliegenden Vorsorge, das gemeine Wesen vor den schreckbaren Folgen solcher Anzettelungen sicher zu stellen, erklären Wir hiermit:

§. 1. Daß derjenige das Kriminalverbrechen des Hochverrathes begehe:

a) Der die persönliche Sicherheit des Oberhauptes des Staates verletzet.

b) Der etwas unternimmt, was auf eine gewaltsame Umstaltung der Staatsverfassung,

oder auf Zuziehung oder Vergrößerung einer Gefahr von auſſen gegen den Staat angelegt wäre;
es geſchehe nun öffentlich oder in geheimen Geſellſchaften, oder auch von einzelnen Perſonen durch
Anſpinnung, Rath oder eigene That, mit oder
ohne Ergreifung der Waffen, durch mitgetheilte
zu ſolchem Zwecke leitende Geheimniſſe oder An-
ſchläge, durch Aufhetzung, Anwerbung, Ausſpä-
hung, Verbindung, Unterſtützung, oder was
immer für eine andere dahin abzielende Handlung.

§. 2. Auf dieſes Kriminalverbrechen, wäre
es auch ohne erfolgten Schaden nur allein bey
dem Verſuche geblieben, wird hiermit die Todesſtrafe verhänget, welche mit Hinrichtung des
Verbrechers durch den Strang vollzogen werden
ſoll.

§. 3. Wer einer in den Hochverrath ein-
ſchlagenden Unternehmung, da er ſie leicht, und
ohne eigene Gefahr in ihrer weiteren Fortſchrei-
tung verhindern könnte, abzuhelfen, vorſetzlich
unterläßt, macht ſich des Verbrechens mit ſchuldig, und ſoll lebenslang mit ſchwereſtem Kerker
beſtrafet werden.

§. 4. Auch derjenige ist als mitschuldig anzu=
sehen, der einen ihm bekannten des Hochverraths
schuldigen Verbrecher der Obrigkeit anzuzeigen
bedächtlich unterläßt. Ein solcher Mitschuldiger
soll lebenslang mit hartem Kerker bestraft wer=
den. Nur dann, wenn er auf eine zuverläßige
Art überzeugt seyn konnte, daß der unterbleiben=
den Anzeige ungeachtet, keine schädliche Folge
mehr zu besorgen stehe, ist die Strafe auf fünf=
bis zehnjährigen harten Kerker auszumessen.
Auch kann diese Ueberzeugung allein den Ver=
wandten des Verbrechers in auf= und absteigen=
der Linie, seinen Geschwistern, und seinen Ehe=
genossen so weit zu Statten kommen, daß sie der
unterlassenen Anzeige halber nicht in die Strafe
verfallen.

§. 5. Wer durch frechen Tadel in öffentli=
chen Reden, Schriften, oder bildlichen Darstel=
lungen, Anlaß gibt, daß die Gemüther zum
Mißvergnügen gegen die Regierungsform,
Staatsverwaltung oder Landesverfassung aufge=
wiegelt werden könnten, ist wegen einer solchen
Störung der innern öffentlichen Ruhe, als ein

X 2

Kriminalverbrecher mit hartem Kerker von fünf
bis zehn Jahren zu strafen.

»Wer sich in die im zweyten Punkte des ersten
§. (b) angedeuteten geheimen, zum Hochverra-
the abzielenden Verbindungen eingelassen, in der
Folge aber durch Reue bewogen, die Mitglieder
derselben, ihre Satzungen, Absichten und Un-
ternehmungen der Obrigkeit zu einer Zeit, da
sie noch geheim waren, und der Schaden verhindert werden konnte, entdecket, dem wird die
gänzliche Straflosigkeit, und die Geheimhaltung
der gemachten Anzeige hiermit zugesichert.

Durch diese Anordnungen wollen Wir also,
was in dem unter dem 13ten Januar 1787 kund-
gemachten allgemeinen Gesetze über Verbrechen
und derselben Bestrafung, von §. 41 bis 48
enthalten ist, aufgehoben haben, und befehlen
sämmtlichen Behörden, über gegenwärtiges Gesetz auf das strengste zu halten. Wien den 2ten
Januar 1795. *)

Schaudert Dir nicht auch bei Durchlesung
dieses schröcklichen Edikts, das den Richtern es
so leicht machte, Schuldige und Verbrecher zu

*) S. Wien. Zeit. Nr. 3. J. 1795.

finden und ihre schon so große Gewalt über Leben
und Tod noch mehr ausdehnen konnte!

Beinah jede Sylbe scheint mit fast nicht zu
verkennendem Zeichen auf diese Unglücklichen zu
deuten, die unter dem Beile ihrer Henker mit
Geduld und Ergebenheit ihr ferneres Schicksal
erwarteten.

Du kennst die Verschwörung zu Neapel im
Jahr 1795 wovon ich Dir in der Folge vielleicht
noch etwas mehr sagen werde; gegen diese
Staatsverbrecher kam unter dem 5ten März
1795 folgendes sehr merkwürdige Edikt zu Neapel heraus, was ich Dir hier zur Vergleichung
ganz hersetzen will.

»Ferdinand IV. ꝛc.« Da zu unserem
Thron sichere Anzeigen gelanget sind, daß ungeachtet aller angewandten Sorgfalt eine Versammlung solcher Personen zu zerstreuen, die
von einigen Häuptern verführt, die heillose Absicht hatten, in den Königl. Staaten die heil.
christkatholische Religion, den Staat und die
Monarchie umzustürzen, noch immer ein Theil
dieser Versammlung besteht, und von Häuptern,
die den Plan derselben entworfen haben, ge-

täuscht und belebt, noch immer dabey beharret, der König aber in seinen Staaten, die Religion, die Ruhe, das Leben und das Eigenthum seiner vielgeliebten Unterthanen erhalten will, so haben Se. Maj. beschlossen, eine besondere Kommißion niederzusetzen, welche aus dem Rathe der Königl. Kammer di S. Chiara, Don Gregorio Bisogni, dem Präsidenten der Königl. Kammer della Summaria, D. Pasquale Perelli und Marchese D. Carlo Vanni, und dem Rath, Marchese Giov. Batt. Salomone bestehet. Diese Kommißion hat den Auftrag, mit allem Fleiß und Eifer die Staatsverbrechen zu untersuchen, um derselben Urheber, Beförderer, Verführer, Gehülfen und Mitschuldige zu entdecken. Zugleich aber hat der König, von seiner getreuen Unterthanen Frömmigkeit, und von derselben Ergebenheit gegen seine Königl. Person und dem Staat überzeugt, und in der Voraussetzung, daß wenn einige unter ihnen von solchen Gesinnungen abgewichen sind, und in Staatsverbrechen sich verwickelt haben, dieses nicht aus bösem Sinne, sondern durch Vorspiegelung und Verführung geschehen ist, gnädigst beschlossen, diese

Unglücklichen mit Augen der landesfürstlichen
Milde anzusehen und der besagten Kommißion
nachstehende Anweisung zu geben:

»Damit demnach dieselbe die Königl. Befehle
auf das genaueste in Vollziehung setze, so machen
Se. Maj. allgemein bekannt, daß Sie eine allgemeine und vollkommene Verzeihung allen denjenigen gewähren, welche von anderen verfüh-
ret, sich eines Staatsverbrechens schuldig gemacht hätten, und von der Regierung noch nicht
entdeckt worden wären, unter der Bedingung,
daß sie, um der Königl. Nachsicht theilhaftig zu
werden, vor der besagten Kommißion, binnen
14 Tagen, wenn sie in Neapel wohnen, binnen 50 Tagen, wenn sie in einer Provinz, und
binnen 4 Monathen, wenn sie auswärts sich auf-
halten, sich persönlich stellen, schriftlich und eigenhändig ihr Vergehen angeben, auch deutlich
und getreu ihre Verführer, und die Art der
Verführung mit allen Umständen anzeigen.
Diese geschriebenen Erklärungen werden der dazu
bestimmten Kommißion übergeben, welche dann
darüber die Urkunde der Königl. Verzeihung

ausfertigen wird, ohne jemahls die Nahmen
und die Umstände der Selbstangeber bekannt zu
machen, worüber die größte Verschwiegenheit
herrschen soll. Solche Personen, welche Verzei=
hung erhalten, müssen dabey eidlich beschwören,
daß sie die verrätherischen Grundsätze, die man
ihnen beygebracht hat, verabscheuen, der Königl.
Krone immer getreu, den Gesetzen des Staates
unterworfen seyn, offenbare Zeichen ihrer Besse=
rung geben, auch nie mehr eines Staatsverbre=
chen sich schuldig machen, oder widrigenfalls
schon dadurch ohne weitere Gerichtsförmlichkeiten,
in alle durch die Gesetze verhängten Strafen ver=
fallen seyn wollen. Im Gegentheil soll der
Selbstangeber freywilliges Bekenntniß sie nicht
nur von der Strafe, sondern auch von jeder
Schande und Entehrung frey machen. Von
dieser Königl. Gnade bleiben doch immer die Ver=
führer und die vornehmsten Schuldigen, die Ur=
heber und Beförderer der Staatsverbrechen, wie
auch alle diejenigen Verführten ausgeschlossen,
die im Eide, Gehalt und Dienste des Königs und
des Staates stehen, in Ansehung welcher die
Königl. Milde, bloß in Rücksicht auf Umstände,

die Strenge der Gerechtigkeit zu mäßigen sich
vorbehält."

Ich enthalte mich jeder Bemerkung hierüber,
sie werden Dir von selbst aufstoßen und hinlänglich beweisen, wer von beiden gelindere und zweck-
mäßigere Maaßregeln zur Entdeckung dieser
Staatsverschwörungen unternahm.

Ehe ich weiter in diesem Proceß gehe, muß
ich Dir noch mehrere merkwürdige Verordnungen nachholen, die so drückend und den Unterthanen so lästig fielen und Dir zugleich zeigen,
wie auch noch hiedurch der geheimen Polizei die
Thüre zur Angeberei und Spionerei geöffnet
wurde. Dies will ich Dir aber zu meinem künftigen Briefe ersparen, da meine Zeit heute sehr
beschränkt ist.

Eilfter Brief.

Wien, den 24sten März 1798.

Ich fahre heute sogleich in meiner abgebroche-
nen Geschichte fort.

Unter dem 20sten Septemb. 1794 ward folgendes K. K. Patent bekannt gemacht.

Wir Franz der Zweyte ꝛc. ꝛc.

"Da die französische sich so nennende Natio-
nal-Konvenzion alle Wechselzahlungen von
Frankreich an die Unterthanen der auswärtigen Mächte untersagt, und verordnet hat, den
Betrag dieser Zahlungen bey ihr zu hinterlegen,

zugleich aber den franzöſiſchen Kaufleuten alle
Wechſel, für welche ſie in auswärtigen Staaten
die Zahlung zu fordern haben, mit Aßignaten
ablöſet, und die Zahlung dann durch ausge=
ſandte Agenten eintreiben will; da ferner die Ab=
ſicht derjenigen, welche das Staatsruder in
Frankreich an ſich geriſſen haben, dahin gehet,
in allen Ländern Lebensmittel jeder Art für
Frankreich aufkaufen zu laſſen, um dadurch
dem dortigen Mangel abzuhelfen, und ſolchen
über fremde Staaten, und hauptſächlich über
Deutſchland, zu bringen; ſo ſehen Wir
Uns, ſowohl um jeden einzelnen Unſerer Unter=
thanen vor Gefahr und Schaden, ſo viel mög=
lich, zu ſchützen, als zum allgemeinen Beſten
des Staats, in die Nothwendigkeit geſetzet, wi=
der ſo feindſelige und verderbliche Abſichten die
zweckmäßigſten Vorſichten zu treffen.

»Es iſt zu dieſem Ende ſchon durch eine un=
ter dem 13ten May d. J. ergangene Kundma=
chung allen Unſeren Unterthanen von dem Plane
der franzöſiſchen Nazional ⸗ Konvenzion, zum
Aufkauf der Lebensmittel die umſtändliche Nach=
richt ertheilt, und ſind ſie vor jeder Theilnahme,

Mitwirkung oder Hülfleistung auf das nachdrücklichste gewarnet, auch angewiesen worden, jeden,
der in einer solchen Angelegenheit verdächtig erscheinen sollte, sogleich bey der landesfürstlichen
Behörde anzuzeigen:

„Um aber die feindliche Absicht, soviel als
möglich, ganz zu vereiteln, und insbesondere die
Gefahr des Verlustes, in Rücksicht auf die Forderungen Unserer Unterthanen an die Einwohner
Frankreich's sowohl, als der jetzt von den
Franzosen besetzten Provinzen abzuwenden, haben Wir allgemein folgende Richtschnur vorzu-
schreiben, und derselben genaue Befolgung anzuordnen für nöthig befunden:

§. 1. Von nun an soll aus sämmtlichen österreichischen Erbländern, mit Frankreich und
den von den Franzosen besetzten Provinzen aller
Handel, er bestehe in Barschaft oder in Wechseln,
in Waaren oder in Naturalien, allgemein, und
zwar unter der Strafe des doppelten Ersatzes und
nach Umständen, auch schwerer Leibesstrafen,
verbothen seyn. Es wird demnach allen Unterthanen, ihre Schulden nach Frankreich und
die von den Franzosen besetzten Länder unmit-

telbar oder mittelbar zu zahlen, oder unter was
immer für einem Verwande, Geld oder Waaren
dahin zu schicken, oder Wechsel von daher zu ac-
ceptiren, auf das strengste untersagt.

§. 2. Damit Wir aber in der Kenntniß von
dem Verhältnisse der gegenseitigen Forderungen
beyder Staaten gesetzt werden, und darnach die
weiteren Maasregeln bestimmen können; so haben alle Handelsleute, und andere Unterthanen
Unserer Erbländer, binnen 4 Wochen alle ihre
Forderungen, welche sie auf Wechsel, oder wie
immer lautende andere Verschreibungen an französische Unterthanen, an den französischen Staat,
oder an die Einwohner der vom Feinde besetzten
Provinzen zu stellen, wie auch die Schuldposten,
welche sie dahin zu zahlen haben, bestimmt und
umständlich mit eigener Unterschrift, bey ihrer
Landesstelle anzuzeigen, von welcher sodann diese
Verzeichnisse an Unsere oberste Directorial-Hof-
stelle einzusenden sind.

§. 3. Um den österreichischen Staat, und
dessen Unterthanen in Rücksicht auf ihre beträcht-
lichen Forderungen an Frankreich, und die
in die feindlichen Hände gefallenen Provinzen,

soviel möglich zu bedecken, hat auf gleiche Weise jeder, der einige Waaren, Güter und Feilschaf‑ ten von einem französischen Handelsmanne, oder anderen Privaten in Frankreich, oder in ge‑ dachten Provinzen, übernommen hätte, oder der, wo immer in den Erbländern, einige den Franzosen, oder den Einwohnern der vom Feinde besetzten Provinzen gehörige Waaren, Effekten, Gelder ꝛc. ausfindig machen könnte, davon um‑ ständlich die Anzeige an die Landesstelle zu ma‑ chen, und bis auf weitere Verordnung nichts davon zu verkaufen oder abzusenden.

§. 4. Da diese Verfügung lediglich die Ab‑ sicht hat, Unsern Unterthanen ihr in Frank‑ reich und den vom Feinde besetzten Provinzen stehendes Vermögen zu sichern, und des Staates eigenem, mit dem Wohl seiner Unterthanen so enge verbundenen Nachtheile zu wehren; so er‑ warten Wir, daß Unsere Unterthanen bey diesem Verzeichnisse mit patriotischer Aufrichtigkeit um so mehr zu Werk gehen werden, als über solche Verzeichnisse in jedem Falle das äußerste Geheim‑ niß beobachtet werden soll.

§. 5. Da es sehr wichtig ist, den Aktiv-
und Paßivstand Unserer Unterthanen gegen
Frankreich, und die vom Feinde besetzten
Provinzen, soviel möglich genau zu wissen, so
wird durch die Börse allhier, von nun an alle
bey ihr im Handel vorkommenden, die französischen Handelsleute, oder den französischen Staat,
oder die Einwohner der in feindliche Hände gefallenen Länder betreffende Wechselbriefe und Verschreibungen jeder Art besonders vorzumerken,
und der Landesstelle anzuzeigen haben.

„Sollten dergleichen auf der Börse vorgekom-
mene Wechselbriefe und Verschreibungen in den
von den Handelsleuten und Privaten abgegebe-
nen Verzeichnissen nicht enthalten seyn; so hat
es sich derjenige, den es betrifft, selbst zuzuschrei-
ben, wenn er darüber zur Verantwortung und
Strafe gezogen wird.

§. 6. Den Handelsleuten und Privaten,
werden die in ihren Händen befindlichen Wechselbriefe, Schuldscheine und Verschreibungen bey-
gelassen. Nur dann, wenn sie entweder unmittelbar von dem fremden Schuldner, oder für
dessen Rechnung durch einen dritten gezahlt wür-

den, muß der eingegangene Betrag dafür zu der Landesstelle, oder in die Hände einiger von dem Handelsstande eines jeden Orts, durch die Mehrheit der Stimmen zu wählender, allgemein für aufrecht anerkannter Handelshäuser wirklich erlegt werden. Auch müssen diese Wechselbriefe, Schuldscheine und Verschreibungen, wenn die Zahlung derselben bey einem deutschen Handelsmanne angewiesen und verfallen wäre, durch die gerichtlichen Zwangsmittel eingetrieben, und derjenige Betrag, welcher nach geschehener Befriedigung des deutschen Handelsmanns übrig bliebe, allemahl an den obgedachten Orten hinterlegt, und in Verwahrung genommen werden.

§. 7. Von diesen Verfügungen ist für niemanden, wer es auch sey, folglich auch für keinen aus Frankreich oder aus einer unter französischer Bothmäßigkeit stehenden Provinz Ausgewanderten, eine Ausnahme zu gestatten. Und da diese Unsere Vorschrift offenbar bloß zum Besten des Staats, und zur Sicherstellung der gerechten Forderungen österreichischer Unterthanen an Frankreich und die von dem Feinde jetzt besetzten Provinzen abzielet; so versehen Wir Uns

zu jeden rechtschaffenen Unterthan, daß er nicht
nur selbst dieser Verordnung genau nachkommen,
sondern auch jede ihm bekannte Uebertretung so=
gleich bey der landesfürstlichen politischen Be=
hörde anzeigen werde.

»Auf jeden Fall versprechen Wir hiermit,
daß demjenigen, welcher einen französischen Emis=
sar, der Lebensmittel für Frankreich aufkauft,
oder Wechsel an sich löset, oder auch einen K. K.
Unterthan entdecken sollte, der sich zu einem sol=
chen Geschäfte gebrauchen liesse, oder der auch
nur Lebensmittel in das Ausland ohne Pässe
ausführte, in dem Falle, daß der Denunzirte
überwiesen wird, eine angemessene Belohnung,
mit Verschweigung seines Nahmens, abgereicht
werden soll.

Gegeben Wien, den 20. September ꝛc.«*)

Lies nur mit Aufmerksamkeit die letztere
Hälfte des §. 7. und Du wirst gewiß finden, was
für ein großes Feld der geheimen Policey offen
stand.

Zu Ende des Jahrs 1794 war die K. K.
Kriegskasse schon ausserordentlich erschöpft, und

*) S. Wiener Zeit. No. 78. 1794.

die freywilligen Beyträge reichten nicht zu den so
starken Bedürfnissen des Staats hin; es mußte
also auf andre Mittel gesonnen werden, diesen
Krieg fortzusetzen; deshalb machte man folgendes merkwürdige K. K. Patent unterm 29sten
Dezember 1794 bekannt:

»Wir Franz der Zweyte &c.

»Da die gegenwärtigen Staatsumstände die
Nothwendigkeit mit sich führen, den von der
Französischen Nation uns abgedrungenen Krieg
weiter fortzusetzen, der hierzu erforderliche kost-
bare Aufwand aber aus den gewöhnlichen Staatseinkünften allein, wie es jedermann von selbst ein-
leuchtet, nicht bestritten werden kann; somit
nothwendig ist, daß die Erforderniß mit Hülfe
ausserordentlicher Beyträge ergänzt, und die
Mittel dazu schleunigst eingeleitet und ausgeführt
werden; so haben Wir, in Verbindung der gnädigsten Rücksicht, nach welcher Wir Unsern
treuen Unterthanen jede Erleichterung in den
Abgaben, so weit es die Umstände immer erlauben, zuzuwenden sehnlich wünschen, beschlossen,
auch dießmahl wieder den gelindern Weg eines
allgemeinen Kriegsdarlehns beyzubehalten, und

demnach solches von Unsern getreuen Erblanden für das bereits eingetretene Militairjahr 1795 dergestalt zu verlangen und auszuschreiben, daß für diese Darlehen sogleich, nach ihrer gänzlichen Abführung, fünfprozentige ordentliche ständische Obligationen den Darleihern ausgestellt und eingehändiget werden sollen."

"Die Grundsätze und Verhältnisse, nach welchen diese Darlehen von allen Gattungen der Staatsbürger abzureichen sind, bleiben so, wie die Art der Einbringung und die Abfuhr des zu entrichtenden Betrages in die dazu bestimmten Kassen und die Strafe für die unrichtigen Fatenten für das laufende Jahr, eben dieselben, welche für das jüngstverflossene Kriegsjahr vorgeschrieben waren, und die in dem darüber unter dem 13ten Januar 1794 ergangenen Patente umständlich aufgeführet sind."

"Nur in Ansehung der Obrigkeiten und Güterbesitzer finden wir zu bestimmen, daß solche für dieses Mahl den doppelten Betrag der sie ganzjährig betreffenden Dominikal-Kontribution als ein Darlehen abzuführen haben."

Y 2

„Dagegen bleibt es in Ansehung der Unter=
thanen bey der in dem oberwähnten Patente ge=
troffenen Ausmaß zu Dreyßig vom Hundert der
ganzen Kontribution."

„Die Abfuhr dieser Darlehen hat für die
Obrigkeiten und Unterthanen nach der in einem
jeden Lande üblichen Steuerzählungsart zu ge=
schehen, und ist von beyden der sie betreffende
Betrag wieder in eben jene Kasse, in welche die
laufende Kontribution oder Steuer gezahlt wird,
zu entrichten, und solcher alsdann in gesammel=
ten Beyträgen an die Staatsschuldenkasse abzu=
führen."

„Bey einer jeden Parzial=Abfuhr werden
Obrigkeiten und Unterthanen in den Böhmischen
Ländern von den Filialkaßierern, und in den Oe=
sterreichischen von den ständischen Steuerämtern
über den richtigen Empfang abgesondert quittirt
werden, und nach Abfuhr des ganzen Darlehens
empfangen beyde ordentliche ständische nach den
Dominien für Obrigkeiten und Unterthanen ab=
gesondert ausgestellten Obligationen, mit einem
laufenden fünf procentigen Interesse vom Tage
der berichtigten ganzen Abfuhr."

„Die unter diese Klaſſe der Darleiher gehö=
rige, in manchen Ländern befindliche Judenſchaft,
hat von den auf ſie unter verſchiedenen Benen=
nungen ausgemeſſenen Steuerbeträgen wieder ſo,
wie im vorigen Jahre, Dreyßig vom Hundert
zu entrichten, und dagegen gleichmäßige nach
den Gemeinden auszuſtellende fünf prozentige
Obligationen zu erhalten.‟

„Eben ſo bleibt es auch in Anſehung der Haus=
eigenthümer in der Hauptſtadt einer jeden Pro=
vinz bey dem Darlehen mit funfzig Prozent,
oder der Hälfte von der ausgemeſſenen ganzjäh=
rigen Haussteuer gegen Ueberkommung ebenmäßi=
ger Obligationen von oben erwähnter Gattung,
und hat die Abfuhr des Darlehens in den ge=
wöhnlichen Steuerämtern zugleich mit der Haus=
steuer gegen Ueberkommung ebenmäßiger Obli=
gationen von oben erwähnter Gattung, und hat
die Abfuhr des Darlehens in den gewöhnlichen
Steuerämtern zugleich mit der Haussteuer zu ge=
ſchehen. Nur verſteht ſich, daß von jenen Häu=
ſern oder Realitäten, welche von der gewöhn=
lichen Steuer oder Kontribution entweder auf
immer, oder nur auf beſtimmte Jahre befreyet

sind, das Darlehen nach jenem Betrage auszu=
messen sey, welchen dergleichen Realitäten ohne
Steuerfreyheit zu tragen hätten."

»Das sogenannte quartum genus hominum,
oder jene Klasse der Menschen, die weder Reali=
täten besitzen, noch unter den landesfürstlichen,
ständischen oder städtischen Besoldungs= oder Pen=
sions=Stand (wegen deren Behandlung so wie
auch in Betreff der Geistlichkeit ohne Ausnahme
des Rangs das erforderliche an die Behörde zu
gleicher Zeit verfügt wird) gezogen werden kön=
nen, sind zu diesem allgemeinen Darlehen derge=
stalt beyzuziehen, daß sie von ihren jährlichen
Einkünften, sie mögen aus dem Bezuge der In=
teressen, oder was immer für einer Erwerbungs=
art entstehen, zwölf vom Hundert zu entrichten
haben, wann die jährlichen Einkünfte, es sey an
Geld oder an Deputaten, über dreyhundert Gul=
den sich erstrecken."

»Was diejenigen betrifft, deren jährliche
Einkünfte dreyhundert Gulden nicht übersteigen,
so sind jene bis auf hundert Gulden Einkünfte
von dem Darlehen ganz frey zu lassen, von hun=
dert ein Gulden Einkünften aber bis auf hundert

funfzig Gulden vier Prozent, von hundert ein
und funfzig bis einschlüßig zweyhundert Gulden
sechs Prozent, und von zweyhundert ein bis drey;
hundert Gulden acht Procent an Darlehen ab;
zunehmen."

"Obwohl Wir bey Einhebung dieses Darle;
hens den unangenehmen Weg der Fatirung auch
diesesmal beseitiget wissen wollen, so kann doch
bey diesen Gattungen der Staatsinsassen, deren
Einkünfte nicht öffentlich bekannt seyn können
die Sicherheit bey deren Einhebung nicht anders
erreicht werden, als daß jedes Familienhaupt,
oder jeder einzelne Privatmann eine schriftliche
Erklärung von sich gebe, wieviel er an diesem
Darlehen zu entrichten habe; und versehen Wir
uns dabey gnädigst, daß Jeder getreu und auf;
richtig diese Erklärung verfassen werde, maßen
Wir Unsere in den Ländern bestehende Kriegs;
darlehns;Hofkommißionen anweisen, hierin mit
aller Genauigkeit vorzugehen, und wo sie die
Fatirung der Einkünfte dem Ebenmaße der billi;
gen Gleichheit, und den Vermögenskräften der
Fatirenden auffallend nicht entsprechend fänden,

den zu entrichtenden Betrag nach Recht und Billigkeit selbst auszumessen und zu bestimmen.

»Von dem Anlehen werden auch für dieses Jahr befreyt:

a) Die im Felde stehenden und zum Kriegsstaate gehörigen Personen, doch mit Ausschluß ihrer etwan mit besondern Einkünfte versehenen Ehegattinnen und Kinder.

b) Die aus fremden Staaten in unsern Erblanden domicilirenden Fremden, so weit sie ihre Einkünfte von auswärtigen Ländern beziehen.

c) Ueberhaupt alle jene, deren Einkünfte über jährliche Einhundert Gulden sich nicht erstrecken.

»Im Uebrigen wird bey jenen Staatseinwohnern, die ausser ihren Häusern und Realitäten, worüber die Vorschrift schon oben enthalten ist, oder die ausser landesfürstlichen, ständischen und städtischen Besoldungen, oder Pensionen, worüber besonders untereinstens verfügt wird, noch ein anderes Vermögen oder Einkünfte besitzen, zum Grundsatze zu nehmen seyn, daß von diesen nebenseitigen Einkünften, wenn sie eben so viel, oder noch mehr, als jene von Realitäten und Besoldungen zusammen genommen betragen, insbesondere das Darlehen mit zwölf von Hundert entrichtet werden müsse."

"Die Berichtigung dieses Geschäfts im Einzelnen, und vorzüglich zur Herstellung und Beobachtung der Gleichheit, haben die in einem jedem Lande unter dem Vorsitze des Landeschefs bereits bestehenden Kriegsdarlehens-Kommißionen in eben der Art zu besorgen, wie solche in dem jüngst abgewichenen Militärjahr geschehen ist, und räumen Wir diesen Kommißionen abermahls die Macht ein, mit der in einem moralischen Körper vereinigten Gattung Leute, als: Wechslern, Großhändlern, Kauf- und Handelsleuten, Fakultäten, Innungen, Zünften und dergleichen einen billigen, und ihrem Industrial-Verdienste angemessenen Pauschbetrag, welchen dieselben unter sich zu vertheilen hätten, zu behandeln, und zum Erlage bringen zu lassen, wo sodann auch in solchen Fällen die sonst bey dem quarto genere hominum für das erlegte Darlehen der einzelnen Individuen auszufertigende Obligazion von mehrbesagter Gattung auf das

ganze Gremium der Innung oder Zunft auszustellen seyn wird."

»Die Termine, in welchen das Darlehen
von dem quarto genere hominum einzubringen ist, werden für dieses Jahr auf den ersten
April und den ersten Julius festgesetzt. Gegeben 2c. Wien den 8ten Nov, 1794. *)

Wie drückend ist nicht diese Abgabe: 30
vom Hundert für die Unterthanen
und Judenschaft und für die Obrigkeiten
und Güterbesitzer den doppelten Betrag
der Contribution zu entrichten. D. h.
also den ärmern Claßen von Unterthanen, Nicht-
güterbesitzer u. dgl. von hundert Kreutzer 30 an
Se. Majestät erlegen, damit sie zu Dero Ehre,
Wohlfarth und Sicherheit in die Kriegskaße gelegt werden können und die Söhne, Brüder,
Wettern und übrigen Verwandten dieser braven
Unterthanen besolden helfen, die an den Gränzen
für die K. K. Majestät und oft aus Caprice und
Ehrgeitz Dero getreuesten Minister, Hofschran-
zen und Günstlinge, sich zu Krüppeln oder gar

---

*) S. Wien, Zeit, v. J. 1794. Nr. 105.

tod schießen laſſen müſſen, während ſie ſelbſt,
als die arbeitſamſte, nüzlichſte Claſſe der bürgerlichen Geſellſchaft, allen Bedrückungen und Hu-
deleien der Contribuentscommißaren, und der
geheimen Spionerei ausgeſezt ſind. Wenn ſie
denn doch noch die Wahrheit von dem Gange
des Krieges anführen, nun, ſo wäre dies noch
inniger Troſt für ſie; wenigſtens würden ſie das
Ziel ihrer Leiden auf eine wahrſcheinliche weiſe
berechnen können. Aber auch dieſer Troſt hat
ihnen die geheime Polizei oder vielmehr das Mi-
niſterium durch die verſtümmelten und treuloſen
Berichte in den einländiſchen Zeitungen verſagt,
wie ich Dir oben ſchon gemeldet habe. Auslän-
diſche Journale und Zeitungen ſind ja ganz verboten, und jezt noch in dieſem Augenblick da ich
dieſes ſchreibe, wollte ich es keinem K. K. Unterthan rathen, ſich öffentlich den Moniteur,
den Republicain oder den Redacteur
durch die Poſt kommen zu laſſen, ob es gleich in
allen unſern Zeitungen ſchou vor einigen Monaten, kurz vor meiner Abreiſe aus Frankreich hieß,
der Moniteur ſey zu Wien wieder erlaubt worden, zu leſen. Diejenigen, die dieſe Blätter

zu Geſicht bekommen, ſuchen ſie durch Umwege
zu erlangen und dürfen ſie nur verſteckt und im
Verborgenen leſen.

Daß man die Obrigkeiten und Güterbeſitzer
auf das doppelte erhöht hat, wird Dich nicht
wundern; dieſe müſſen ja wohl das Beiſpiel des
Patriotismuſſes und der Ergebenheit gegen die
Dekrete kaiſerlicher Majeſtät zeigen; daß man
aber nicht daran gedacht hat, die reichen Capita-
liſten, Hofſchranzen, Bankeroutiers und andre
Müßiggänger und privilegirte Faullenzer, die
keine Güter d. h. liegende Gründe beſitzen, nicht
mehr bezahlen läßt wie die erſten Claſſen in den
bürgerlichen Geſellſchaften dies wahrlich wird
Dich nicht wundern, aber ärgern. —

Doch nun zu meiner Geſchichte des großen
Proceſſes zurück:

An der Spitze dieſer Staatsverbrecher und
Verſchwörer ſezte man zwei ſehr gute Köpfe
die aber wahrſcheinlich eben deshalb der geheimen Polizei ſehr misfielen. Es waren

A. Hebenſtreit K. K. Platz-Oberlieute-
nant Ignatz Joſeph Martinovicz in-

fulirter Abt von Spazwar und königlich ungarischer Rath.

Der Oberlieutenant Hebenstreit war ein
helldenkender aufgeklärter Kopf, der nur zu
leichtsinnig und sehr zur Satire geneigt, verschiedne witzige, aber damals höchst gefährliche
Aufsätze und Gedichte in Prosa und in Versen
machte. Unter den Lezteren war vorzüglich das
sogenannte Eipeldauer Lied merkwürdig,
das für ihn eines der Haupturfachen seines Todes wurde. — Dies hier in Wien ziemlich be-
tannte Eipeldauer Lied entstand auf folgende
Weise:

Hier in Wien kam vor mehreren Jahren ein
in Briefform geschriebenes Journal heraus, das
der Eipeldauer genannt wurde. Diese Be-
nennung hatte etwas burleskes und wollte ohngefähr soviel sagen, als ein Schöppenstädter,
ein Schwabe d. h. ein einfältiger, dummer
Mensch, da die Bewohner des würklich existirenden Dorfes Eipeldau in diesem Rufe
stehn. Das Journal war für das gemeine Volk
sehr passend eingerichtet und unter dem Deckmantel seines Titels sagte es manche gute und kräfti-

ge Wahrheit, die aber wenig vom Volke ver=
standen wurde. Dies las den Eipeldauer
sehr begierig weil er mit einer plumpen und der=
ben Sprache auch starken und plumpen Wiß
verband, den jeder ungebildete und rohe Mensch
mit Vergnügen ließt und hört. —

Hebenstreit, der in Gesellschaften sehr lustig
gewesen seyn soll, verfiel auf den Gedanken,
ein auf dem damaligen Kriege mit Frankreich
und auf verschiedne Regenten Europas passendes
in diesen Eipeldauer Tone geschriebenes satiri=
sches Lied zu verfertigen und nannte es das Ei=
peldauer Lied. Als guter Musikus verfer=
tigte er eine passende Melodie dazu und sang es
mehreren Freunden in dem gesellschaftlichen Zir=
kel vor. Das Lied enthielt ohngefähr folgendes:
In einem ziemlich freien und demokratischen
Ton sagt es von der Hinrichtung Ludwig des
XVI. Catharina die II. Kaiserinn aller
Reußen hätte doch ihren Gemahl Peter auf
eine grausame Art und unschuldigerweise vergif=
ten und umbringen lassen, warum sollten denn
die Franzosen nicht einen straffälligen bundbrüchi=
gen König öffentlich hinrichten! —

Er sang dies Lied, wie ich Dir gesagt habe, in verschiednen freundschaftlichen Cirkeln vor und da es witzig, lebhaft und die Musik dazu leicht und munter war, so fand es allgemeinen Beifall; seine intimsten Freunde warnten ihn dennoch mehremals es ja nicht weiter zu verbreiten. Hebenstreit aber, weit entfernt von dieser weisen und freundschaftlichen Warnung Gebrauch zu machen, sang und rezitirte es öfters her, ließ auch Abschriften davon circuliren; genug, die Spione der Polizei kamen dahinter, er ward bald als der Verfasser dieses Liedes angegeben und im August 1794 des Nachts aus seinem Bette geholt und als ein Hauptwerkzeug der großen vermeintlich existirenden Verschwörung ins Gefängniß geworfen und sein Proceß mit der größten Strenge instruirt.

Ignatz, Joseph Martinovicz war ein gebohrner Ungar, ehedem Mönch, nachher ward er zum Profeßor der Naturgeschichte an der Universität zu Lemberg ernannt und unter Joseph II., der Verdienste und Kenntnisse zu schätzen wußte zum Bischoff erhoben. Unter Leopold II. kam er nach Wien, wo ihn der Kai-

ser mit seinem ganzen Gehalt in den Ruhestand
sezte und ihn zum Direktor seines chemischen Ca-
binetts machte und ihn dabei die Abtei von
Szazwar verlieh, wogegen sich die ungarische
Canzlei lange aber vergeblich widersezte.

Die Hauptursach seines Unglücks war wohl
die Verfertigung des aristokratischen Cathechismus wodurch er sich vorzüglich bei dem Adel,
außerordentlich viele Feinde machte. Dieser
Cathechismus hatte ohngefähr folgende Vor-
rede:

»Da der Zusammenstoß der izigen Umstände
»in Ungarn eben solche Revolution hervorbringen
»kann als in Frankreich; diese Revolution aber
»um desto schrecklicher seyn wird, je roher und
»unwissender die Nation ist, überhaupt da es
»für unsre Landsleute zuträglicher ist, diese
»Gräuel so viel möglich durch Unterricht von ih-
»nen abzuwenden, so haben wir diesen Cathe-
»chismus verfertigt um ihn dem Volke in die
»Hände zu geben, und durch ihn Aufklärung zu
»verbreiten und die Vergießung des Menschen-
»blutes zu verhindern.« —

Nun folgten die Fragen und Antworten, ganz in Form eines gewöhnlichen Catechismusses. Hier einige Sätze daraus.

„Was ist der Mensch? —

„Was ist Freiheit? —

„Was ist Gleichheit? —

„Was sind Menschenrechte? —

Nun kam auch die Frage

Was ist der ungrische Bauer?

Antw. Ein Ochs, der für seinen Herrn arbeitet, und dabei zum Krüppel geschlagen wird; ein zweibeinigtes Vieh, das sein sauer erworbenes Brodt im Schweiße seines Angesichts verzehrt. 2c. —

Du kannst Dir leicht denken, daß ein solcher Catechismus der Regierung, vorzüglich aber den Herrn Adlichen und hohen Herrschaften nicht sehr angenehm seyn konnte, schon dadurch befürchteten sie eine Revolution unter ihren Unterthanen, wenn sie einmal anfingen sich zu fühlen und er führen, wer sie wären und was sie seyn könnten! — Besser hin hoffe ich Dir etwas von dem Zustande des ungrischen Bauers sagen zu können.

Auch er wurde als das Haupt der in Ungarn entstandenen Verschwörung arretirt und sein Proceß mit der größten Strenge instruirt.

Mit dem Leztern wurden noch folgende Ungarn arretirt die ich Dir hier hersetzen will:

Joseph Hainnoczy, K. Rath, ehemaliger Vicegespann des Syrmier Camitats und nunmehriger Hofkammer Sekretair.

Jos. Laczkovics, ehemaliger Rittmeister vom Gravensteinischem Husarenregimente.

Franz Szentmariay, Privatsekretair.

Graf Joseph von Sigray, Beisitzer der Distriktstafel. Alexander Szolarisek und

Joseph Batsanyc.

Zu Wien wurden mit dem Oberlieutenant Hebenstreit noch folgende Personen arretirt.

Von Riedeln, K. K. pensionirter Oberlieutenant.

Wollstein, Direktor und Profeßor der Veterinairschule zu Wien.

Billeck von Billenberg, Profeßor der Mathematik an der Neustädter Akademie.

Joh. Hakel, Kaufmann zu Wien.

Gotthardi, ehemaliger Polizeidirektor zu Pesth.

Troll, Polizeibeamter von Lemberg.

Dies sind die merkwürdigsten unter den Arretirten und zwar Alle Männer von dem unbescholtensten Ruf und dem besten Charakter die dem östreichischen Staate sehr viele Dienste geleistet haben.

Der berühmteste unter Allen, der sich auch bei uns am bekanntesten gemacht hat, ist unstreitig, der Direktor, Doktor und Profeßor Wollstein. N. hat mir folgendes über ihn mitgetheilt.

Er ist ein gebohrner Schlesier, der schon unter Maria Theresia nach Wien berufen wurde, um als Profeßor der Vieharzneikunde wichtige Dienste zu leisten. Er erwarb sich das Vertrauen der Kaiserinn, die Verdienste auch in den unteren Ständen zu schätzen wußte und stiftete schon dadurch sehr vieles Gute. Von der Gelehrsamkeit und den guten Kenntnissen dieses Mannes nur folgendes:

Er schrieb 1781 zu Wien: Bemerkungen über die Krankheiten des Horn-

viehes in Oestreich, mit einer Ab:
handlung gegen den Gebrauch es bei
entstehenden Krankheiten zu tödten.

Das deutsche Original hat 5 starke Aufla:
gen gehabt und ist in spanischer, böhmischer,
ungrischer, illyrischer, polnischer, flämischer,
holländischer, schwedischer, französischer, italiä:
nischer und lateinischer Sprache übersezt. —

Sein Werk über die Krankheiten der
Thiere zum Gebrauch für den Landmann
Wien 1783 geschrieben, hat auch 5 Auflagen
in der deutschen Originalsprache gehabt; übri:
gens ist es noch in polnischer, ungrischer, illyri:
scher, mährischer und zweimal in italiänischer
Sprache übersezt worden.

Diese vielfältigen Auflagen und die Ueber:
sezungen die seine Schriften gehabt haben, sind
gewiß der beste Beweiß der Güte derselben.

Er stiftete nicht allein durch seine Schriften
den mannigfaltigsten Nußen, sondern er prakti:
sirte auch und hielt unteranderm bei der Armee
unter Kaiser Joseph Vorlesungen über Pferde:
arzneikunde, die mit der Gabe der Deutlichkeit
auch tiefe Kenntnisse mit der innern und äußern

Einrichtung dieser Thiere verbanden. Aus der ganzen damahls sehr zahlreichen K. K. Armee kamen dem Befehle des Kaisers gemäß, von je= dem Corps zwei ja mehrere Huf= und Fahnen= schmiede zusammen, um nach der neuen Metho= de des Direktor Wollsteins auch Pferde beschla= gen zu lernen und seinen Vorlesungen beizuwoh= nen. Er hielt darüber regelmäßige Vorlesungen und führte dann die geschicktesten selbst an, diese Lehren in Ausübung zu bringen. Diese wieder instruirten ihre mindergeschickten Camaraden und so verbreitete sich diese neue Methode, die Pferde zu beschlagen, mit ungemeiner Geschwindigkeit und das mit dem besten Erfolge. Worinn diese Methode bestand, kann ich Dir nicht sagen, ob mir gleich verschiedne kaiserliche Cavallerieoffi= ciere versicherten, sie sey dem Hufe der Pferde sehr zuträglich. Wo ich nicht irre so sagte mir einer von ihnen, das Eisen wird so gemacht, daß dem Pferde gar nichts von seinem Hufe ab= gestoßen werden darf, wie man es bei uns noch so allgemein hat, sondern, daß es ganz platt nach der Ründung des Hufes unter demselben befestigt wird. ⊷

Ich sprach zu Wien zwei seiner Schüler, die sich noch mit Rührung seines Unterrichts und seiner ausgestandenen Leiden erinnerten. Sie konnten mir nicht genug von diesem rechtschaffnen braven Mann erzählen, der so ganz das Gepräge eines ehrlichen deutschen Biedermanns haben soll. — Man sagte mir, er lebe jezt in Altona nahe bei Hamburg ganz still und eingezogen, tief gebeugt über die ihm widerfahrnen Ungerechtigkeiten, über die er nie sprechen soll, und dabei hinge er noch sehr an sein Vaterland, wo er so gute und vortrefliche Dienste geleistet hat.

Und solch' einen Mann stößt Oestreich von sich, vergißt in einigen Tagen, die Verdienste und den großen Werth eines Mannes, der sein ganzes Leben beinah sich dem Wohl und dem Nutzen seiner Mitbürger und eben dieses Landes weihte, das ihn um Anhörung eines einzigen leichtsinnigen Liedes willen in einer Nacht um Brodt, Ehre und guten Ruf bringt und nachher des Landes verweist! — Wer möchte sich wohl nach Wollsteinen einem solchen Lande anvertrauen, ihm seine Kräfte, Talente und Kennt-

nisse kurz seine ganze Existenz weihen, wenn
dies der Lohn so vieler Arbeiten seyn sollte! doch
nein — wir müssen gerecht und unpartheiisch
urtheilen; sicher ist es das Land nicht, welches
Wollsteinen von sich gestoßen hat, sondern es ist
eine Gesellschaft feindseeliger und gewissenloser
Menschen, die Sicherheit und Wohlfarth
des Landes beständig im Munde führen und am
ersten an die Untergrabung dieser Sicherheit,
dieser Ruhe arbeiten, und den Ruin des Landes
vorbereiten. Doch — was kümmern sie sich darum — ihre Leidenschaften sind befriedigt, —
sie sind zufrieden!

Doch — ich gerathe zu sehr in Eifer, wenn
ich nur an alle diese Menschen denke; sie allein
wissen am besten, wessen Blut auf ihre Seele
klebt; wenn ihre Mitbürger sie nicht richten,
nun, so wirds die Nachwelt und derjenige, dem
keine unsrer Handlungen entgehn.

Zwölfter Brief.

Wien, den 28ſten März 1798,

Während des Proceſſes dieſer ſogenannten Staatsverbrecher und Verſchwörer, gingen die Staatsgeſchäfte immer ihren Gang wie zuvor, d. h. man ſchrieb Kriegsdarlehn aus, ſezte die freiwilligen Kriegsbeiträge in den Zeitungen, die oft zwei Bogen enggedruckt füllten, führte die Soldaten und Unterofficiere namentlich an, welche goldne und ſilberne Medaillen bekommen hatten und dgl. m. Doch verſuchte man izt den Unterthanen einige Erleichterung bei dieſen Beiträgen zu verſchaffen. Man errichtete nun eine

Staatskreditcaſſe, wie es folgende Ankündigung zeigen wird.

„Um dem Publikum in Allerhöchſtdero Erb-ſtaaten alle mögliche Erleichterung zu verſchaffen, an den freywilligen inländiſchen Darlehen mit billigem Vortheile Antheil nehmen zu können, haben Se. K. K. Apoſt. Maj. allergnädigſt zu geſtatten geruhet, daß die untengenannten Staats-Kredits-Kaſſen hier und in den verſchie-denen Provinzen der K. K. Erblande, vom 1ſten Februar anzufangen, zu einer mit jährlichen fünf pro Cento verzinslicher, und beynebſt mit dem Vortheile einer Gratifikazion begleiteter Ka-pitals-Anlage eröffnet, überdieß auch den Be-ſitzern älterer Staatsobligazionen die Gelegenheit verſchaffet werden möge, ihre zu einem mindern Intereſſe ausgeſtellten Staatspapiere für das künftige höher zu benützen.

„Die Bedingungen dieſer neuen Kapitals-Anlage beſtehen in folgenden Sätzen:

1) Wer eine Staatsobligazion zu $3\frac{1}{2}$ pro Cento als Darlehen einleget, und den nähmli-chen Kapitalsbetrag im barem Gelde zuleget, er-hält für die ganze Summe des Papiers, und

baren Geldes, eine neue Obligazion zu vier vom Hundert, und überdieß wird ihm eine Gratifikazion von zwey pro Cento von der ganzen Summe zu Guten gerechnet.

2) Auf die nähmliche Art wird derjenige, der eine Staatsobligazion zu 4 pro Cento darleihet, und für eben diesen Kapitalsbetrag bares Geld dazu leget, für den ganzen Kapitalsbetrag eine neue Obligazion zu 4½ pro Cento, und nebst diesem noch zwey pro Cento Gratifikazion erhalten.

3) Endlich wird demjenigen, der bloß bares Geld als Darlehen einlegen wird, eine Obligazion zu fünf pro Cento verabfolget, und dazu eine ebenmäßige Gratifikazion von zwey pro Cento entrichtet werden.

4) Damit jene Kapitalisten, die bloß bares Geld darleihen, und dafür eine 5 prozentige Obligazion empfangen, von der höheren Verzinsung ihres dargeliehenen baren Kapitals auf längere Zeit hinaus sich versichert halten können; so wird eine Zeit von zehen Jahren festgesetzet, und sogleich den Obligazionen eingeschaltet, binnen welcher das Kapital stille zu liegen hat, und erst

nach Verfließung dieser 10 Jahre die halbjährige Aufkündung beyden Theilen freystehen soll.

„Die zu der obenerklärten Kapitals-Anlage geneigten Kapitalisten haben sich nach ihrer Willkühr, hier zu Wien an die Universal-Staats-Schuldenkasse, an die Kupferamts Zahlungs-hauptkasse, an das ständische Obereinnehmeramt, und an das Stadt Wienerische Oberkammeramt, in den deutschen Provinzen aber an die ständischen Kredits-Kassen in den Hauptstädten jeden Landes, und in den ungarischen Provinzen an die Kredits Hauptkasse zu O f e n zu wenden, welche insgesammt mit dem Auftrage sich versehen finden, diese Kapitals-Anlage von allen Parteyen anzunehmen, und denselben dafür die neuen Obligazionen auszuhändigen.

„Dieser allerhöchste Entschluß und die hiernach getroffene Verfügung wird zu jedermanns Wissenschaft hiermit bekannt gemacht. W i e n den 12ten Januar 1795.'' *)

Die Finanzen waren, wie man sich leicht vorstellen wird in der schlechtesten Lage und dennoch kann man immer noch auf die Fortsetzung

*) S. Wiener Zeit. Nr. 5. 1795.

des Krieges. Man nahm also seine Zuflucht zu folgenden Mitteln.

1) Man suchte bei den Reichen und Vornehmern, Bankiers und Kaufleuten sowohl als auch bei Beamten und bei denen in K. K. Sold und Brodt stehenden Personen durch sogenannte Hofdekrete diese Leute öffentlich anzumuthen, ein Anlehn zu eröffnen, das mit einer Lotterie verbunden, dem Staate d. h. den Ministern neue Hülfsquellen eröffnen sollte.

So öffentlich aufgefordert, konnte und durfte man nicht wohl abschlagen, man muste hingegen Alles anwenden, um dieser K. K. Zumuthung mit patriotischem Eifer zu willfahren; eine abschlägige Antwort würde Verdacht erregt haben, und dieser schon war der geheimen Polizey hinlänglich, um ihr ganzes Vermögen nicht allein zu confisciren, sondern sie auch nach Willkühr an ihrer Freiheit oder am Leben zu bestrafen. — So stand denn unterm 31sten Januar 1795 folgendes merkwürdige Schreiben der Nieder Oestr. Stände, das mit einer K. K. Antwort schließt, in welcher der Kaiser den Gebern und Willfah-

tern seines K. K. Willens seiner ganzen Gnade
versichert. Hier setze ich Dir beyde Stücke her:

»Von Seiten der Nied. Oesterr. Stände
ist nachstehende Kundmachung erschienen:

»Wir am Ende genannte, der N. Oest. Landmarschall, Ausschußräthe und Verorordnete des
N. Oest. Prälaten- Herrn- und Ritterstandes
machen hiermit jedermann bekannt, daß die drey
obern Stände dieses Erzherzogthums Oesterreich unter der Ens Sr. K. K. apostol.
Majestät, ihrem allergnädigsten Herrn und Landesfürsten, in Folge des an dieselben vermittelst
eines gnädigsten Hofdekretes vom 12ten des gegenwärtigen Monaths und laufenden Jahrs her-
abgelangten allerhöchsten Ansinnens, den unter-
thänigsten Vorschlag gemacht, und sich erkläret
haben, zum Behufe der allgemeinen Staatsfi-
nanzen auf ihren Credit, und unter ihrer Gewährleistung ein mit einer Lotterie verbundenes
Anlehen von sechs Millionen Gulden nach
dem dazu vorgelegten Plane, wie solcher in der
Folge durch gegenwärtiges Patent zu jedermanns
Kenntniß ausführlich dargestellet werden wird,
gegen dem zu eröffnen, daß höchstgedachte Se.

K. K. apostol. Majestät denselben einen solchen
Theil der ordentlichen Landes-Contribution als
Unterpfand allergnädigst zu überlassen geruhen
wollten, welcher zur völligen Bedeckung dieser
Creditsoperation erforderlich ist.

„Da nun allerhöchst Se. Maj. Kraft eines
darüber allergnädigst ausgefertigten Recesses,
nach Inhalt der Beylage A.; diese ihre treue-
voteste Erklärung nicht nur allein mit gnädigstem
Wohlgefallen aufgenommen, ferner diese Creditsoperation im Wesentlichen, und in ihrer Form,
wie solche durch gegenwärtiges Patent angekündigt wird, zu genehmigen, und aus landesfürstlicher Machtvollkommenheit zu bestätigen, sondern auch dem allerunterthänigsten Ansuchen dieser Ihrer treugehorsamsten Stände gnädigst
Statt zu geben geruhet haben, daß ihnen frey
bleiben soll, von der in das ständische Obereinnehmeramt einfliessenden Landes-Contribution
von Jahr zu Jahr den ausgewiesenen, bis zur
gänzlichen Tilgung dieses Anlehens erforderlichen
Betrag inne- und in so fern zurückgehalten, als
zur jedesmahligen Berichtigung der Interessen,
der Lotterie-Prämien, und der Capitalien-Zu-

rückzahlung nothwendig seyn wird; so erklären
wir hiermit auf das Feyerlichste, im Nahmen
gedachter Herren Stände, daß sie die Gewährleistung für diese Creisoperation dergestalt übernehmen, daß jeder der drey oberen Stände,
nähmlich der löbl. Prälaten- Herrn- und Ritter-
stand, für den andern, und alle für einen, sich
den an diesem Staatsanlehen theilnehmenden
Gläubigern, als Vertreter und Bezahler sowohl
des Capitals, als der Interessen, dann der damit verbundenen Lotterie - Prämien auf das
Rechtskräftigste darstellen.

»Die wesentliche Auseinandersetzung dieser
Creditsoperation bestehet darin:

§. 1. An diesem mit einer Lotterie verknüpf-
ten Staatsanlehen von sechs Millionen Gulden
können ohne Unterschied In- und Ausländer Antheil nehmen.

§. 2. Die Einlage kann nur mit baarem
Gelde, oder, wie es sich von selbst versteht, mit,
das baare Geld vorstellenden, Bankzetteln geschehen.

§. 3. Die dafür nach dem beygedruckten
Formular B. auszustellenden Obligationen, welche

zugleich die Eigenschaft des Lotterieloſes haben,
wo folglich die Nummer der Obligationen von
ſelbſt jene des Looſes iſt, werden auf die drey
Summen von 250, 500, und 1000 Guld. W.
W. beſchränket.

§. 4. Die Einlage wird am 1ſten Februar
1795 geöffnet, und am letzten Julius des nähm=
lichen Jahrs geſchloſſen; alle Obligationen aber
werden vom 1ſten Auguſt 1795 datirt werden.

§. 5. Um der Billigkeit gemäß die früheren
Einlagen zu begünſtigen, und die Gläubiger we=
gen des Intercalar= (Zwiſchenzeit) Intereſſe zu
entſchädigen, werden für die baare Einlage im
Februar 3 — im März 2½ — im April 2 —
im May 1½ — im Junius 1 — endlich im
Julius ½ Percent nach dem Verhältniſſe des
Einlagskapitals baar vergütet, und zugleich wird
die Obligation ausgehändiget werden.

§. 6. Das eingelegte Capital wird beyder=
ſeits unaufkündbar durch 12 Jahre liegen blei=
ben, im 13., 14., 15. nnd 16 Jahre aber in
vier gleichen Theilen, jedes Mahl mit 1½ Mil=
lion Gulden, an die Gläubiger, nach dem Aus=
ſchlage der gezogenen Loſe, zurückbezahlet werden.

§. 7. Das Capital wird bis zur Tilgung oder Zurückzahlung an die Gläubiger mit 4 Percenten verzinset, und das Interesse gewöhnlicher Maßen von halb zu halb Jahr ununterbrochen bey dem N. Oest. Landschafts-Obereinnehmeramte ausgefolget werden.

§. 8. Da der Staat aber den Gläubigern in Concreto (zusammengenommen) einen, jenen von vier Percenten übersteigenden Genuß ihrer Einlage zuwenden will: so werden gemäß des beyliegenden Lotterieplanes C. Prämien unter die Gläubiger in dem Maße vertheilet werden, als jedem das Glück bey den durch zwölf nach einander folgende Jahre, jedes Mahl am 15ten Junius mit gewöhnlicher Publicität veranstalteten Lotterieziehungen, mehr oder weniger begünstigen wird; auch werden die jedes Mahl gezogenen Loosnumern mit dem darauf gefallenen Gewinnsbetrage auf gewöhnliche Art durch den Druck öffentlich bekannt gemacht werden.

§. 9. Jeder Darleiher erhält eine zu 4 Procenten ausgestellte Obligation, welche in der §. 3. bemerkten Eigenschaft eines Lotterielooses für eingelegte 1000 Gulden ein ganzes, für 500

A a

Gulden ein halbes, endlich für 250 Gulden
ein viertel Loos gilt. Dem Inhaber wird
die unbeschränkte Freyheit eingeräumt, die Obligation gleich einem anderen Eigenthume zu cedi-
ren; daher findet auch, wie es sich von selbst ver-
stehet, die Umschreibung Statt: nur kann bey
dieser, da die Obligation zugleich die Stelle des
Lotterielooses vertritt, die ursprüngliche Nummer
der Obligation niemahls geändert, sondern dieselbe muß immer beybehalten werden.

§. 10. Um den Actionaren alle mögliche Erleichterung und Annehmlichkeit bey der Lotterie
zu verschaffen, wird ihnen nicht nur eingestan-
den, ihre ganzen, für die Einlage von 1000
Gulden erhaltenen, durch die Obligationen zugleich dargestellten Loose in halbe oder viertel, und eben so die halben in viertel Loose ab-
theilen zu lassen, sondern auch die Auswahl der
verschiedenen Nummern, es möge ganze, halbe
oder viertel Loose betreffen, mit Rücksicht auf
die in dem unmittelbar nachfolgenden §. bemerkte
Loosanzahl bewilliget; weshalb die Actionar, die
eine solche Auswahl selbst zu treffen gedenken,
sich nach geschehenem Gelderlage, und dafür von

dem zu dieser Creditsoperation eines angestellten
Caßire empfangener Anweisung, mit derselben
an das ständische Creditsbuch in der Absicht zu
wenden haben, damit sie die Auskunft erhalten,
ob die gewählte ganze, halbe oder viertel Obli-
gations- und zugleich Loosnummer noch vorhanden sey oder nicht, wo alsdann im ersteren Falle
der bestehenden Manipulation gemäß ihnen die
Obligation mit der gewählten Nummer bezeichnet, von dem Obereinnehmer ausgehändiget werden wird.

§. 11. In Absicht auf die den Actionaren
zugestandene Freyheit kommt jedoch zu bemerken,
daß, da die Vertheilung des Gewinns bey Her-
ausziehung eines Trefflooses immer dergestalt geschieht, daß alle, welche Eigenthümer eines Be-
standtheils von einem solchen Treffloose sind, an
dem Gewinne nach dem Verhältnisse ihres An-
theiles, z. B. eines Viertels, der Hälfte, oder
drey Viertel Theil nehmen, die Bestandtheile
eines ganzen, jedoch abgetheilten Looses eine und
die nähmliche Nummer führen müssen, da niemahls als 6000 ganze, durch die Obligationen
vertretene Loose, oder eigentlicher 6000 ganze

Obligationsnummern, wenn gleich diese in Vier=
tel abgetheilt wären, seyn können.

§. 12. Die bey der ersten, zweyten, und
allen folgenden Ziehungen herausgezogenen Loose
bleiben, ungeachtet der damit schon ein oder meh=
rere Male gewonnenen Prämien doch immer bis
zur zwölften und letzten Ziehung (diese mit ein=
geschlossen) im Spiele, so, daß ein und das
nehmliche Loos zwölf, und mit den planmäßigen
Nebenprämien vier und zwanzig Male, folglich
in dem zwar ausserordentlichen, aber, welcher
doch möglich ist, glücklichsten Falle 146,650 Gul=
den gewinnen kann.

Kein Loos kann ohne Gewinn zurückbleiben,
da schon bey der ersten Ziehung alle 6000 Loos=
nummern herauskommen, wovon die geringste
40 Gulden gewinnt, dergestalt, daß der von dem
Glücke am wenigsten begünstigte Actionat sein
eingelegtes Capital gleich im ersten Jahre mit
Einschlusse des laufenden Interesse wenigstens zu
8 Percenten sicher genießt.

§. 13. Den Theilnehmern an dieser Cre=
ditsoperation werden nach Inhalt des vorher
angeführten allerhöchsten Recesses alle Vortheile

und Privilegien, deren sich die Gläubiger der
Wiener Stadtbank zu erfreuen haben, zugesichert.

§. 14. Wird diese Creditsoperation von den
gewährleistenden drey oberen Herren Ständen,
d. i. die Annahme der Capitalien, die halbjährige Interessen- und die jährliche Prämien Zahlung, so wie am Ende die Capitalien-Zurückzah-
lung selbst, vermittelst des ständischen Oberein-
nehmeramtes, in Verbindung mit der Land-
schaftsbuchhaltung, gemäß des bestehenden Ge-
schäftszuges, unter der oberen Leitung des N.
Oesterr. ständischen Verordneten-Collegiums be-
sorget werden, gleichwie die Ziehung der Lotterieprämien, dann durch die vier letzten Jahre
der Capitalienloose ebenfalls unter der Leitung und
Aufsicht der Verordneten, und in Gegenwart
eines landesfürstlichen Herrn Commissärs erfolgen
wird.

§. 15. Damit aber den Actionären selbst zu
noch mehrerer Bestärkung ihres zwar ohne dieß
nicht zu bezweifelnden Zutrauens eine Art von
Controlle bey der Manipulation, in so fern sie
die Ziehung der Lotterieprämien und Capitalien

betrifft, eingeräumt werde, so werden einige dieser Actionare, die am meisten bey dieser Creditsoperation intereßirt und hier angesessen sind, als
Ausschuß und Repräsentanten der übrigen bey
Verfertigung und Eintragung der Loose in die
dazu bestimmten Gefässe, und bey den mit gewöhnlicher Publicität im Landschaftshause zu
veranstaltenden Ziehungen gegenwärtig seyn, mit
der Befugniß und Obliegenheit, an die Gefässe
der Loose ausser der Ziehungszeit die Gegensperre
legen zu können. So geschehen Wien am
31sten Januar 1795.

(Hier sind unterschrieben, der Nied. Oesterr.
Landmarschall, Franz Anton Graf von
Khevenhüller, und sämmtliche Glieder des
Nied. Oesterr. ständischen Ausschusses und
das Kollegium der Verordneten.)

*   *   *

Wir Franz der Zweyte ꝛc. ꝛc. Entbie-
ten Unseren treugehorsamsten Ständen des Erzherzogthums Oesterreich unter der Ens Unsere
Gnade und alles Gutes, und geben euch hiermit
gnädigst zu vernehmen, daß, nachdem ihr euch
unter dem 23sten des gegenwärtigen Monaths

und laufenden Jahrs gegen Uns unterthänig erkläret und angeboten habt, bey der dermaligen
ausserordentlichen Staats-Erforderniß, zum Behufe Unserer Finanzen, auf euren Crodit und unter eurer Gewährleistung ein mit einer Lotterie
verbundenes Anlehen von sechs Millionen
Gulden hiesiger Währung, nach dem Uns zur
höchsten Einsicht und Genehmigung vorgelegten
Plane zu eröffnen, und öffentlich verkündigen zu
lassen, Wir dieses euer treudevotestes Anerbieten
nicht allein mit gnädigstem Wohlgefallen annehmen, sondern auch die Hauptsache und die Form
dieses Anlehens, wie ihr solches zu bewerkstelligen,
und dem Publikum anzukündigen vermeinet, in
allen Punkten gnädigst genehmigen, und aus
landesfürstlicher Machts-Vollkommenheit bestätigen.. Um euch aber auch desto mehr in Stand
zu setzen, den Bedingungen und Vortheilen, die
ihr den an diesem Darlehen theilnehmenden
Gläubigern zusicheret, in der Sache und in der
Zeit vollkommenes Genüge leisten zu können:
so erklären Wir für Uns und Unsere Nachfolger
in der Regierung hiermit gnädigst und unwider-
ruflich, daß es euch frey bleiben soll, von der in

euer Obereinnehmeramte einfließenden Landes-
Kontributionen. von Jahr zu Jahr, und bis zur
gänzlichen Tilgung dieses Anlehens, einen solchen Theil innen und zurückzuhalten, als zur
jedesmaligen Berichtigung der Interessen, der
Lotterie-Prämien und Kapitalien-Rückzahlung erforderlich ist, und zwar:

Im Jahre	Auf Interessen	Auf Lotterie-Prämien	Auf Kapitalien Rück-zahlung	Zusammen
1796	240000	435000	— —	675000
1797	240000	220000	— —	460000
1798	240000	158000	— —	398000
1799	240000	120000	— —	360000
1800	240000	90000	— —	330000
1801	240000	70000	— —	310000
1802	240000	56000	— —	296000
1803	240000	45000	— —	285000
1804	240000	36000	— —	276000
1805	240000	30000	— —	270000
1806	240000	25000	— —	265000
1807	240000	20000	— —	260000
1808	240000	— —	1500000	1740000
1809	180000	— —	1500000	1680000
1810	120000	— —	1500000	1620000
1811	60000	— —	1500000	1560000
Summa	1305000	1305000	6000000	10785000

Endlich erklären Wir euch gnädigst, daß die
an diesem Staats-Anlehen theilnehmenden Gläubiger alle Vortheile und Privilegien, welche jenen
Unsers Wiener Stadt-Banko zugesichert sind, in
gleicher Maße zu genießen haben werden. Die-

ses alles ist Unser gnädigster Wille mit Urkund
dieses Briefs, besiegelt mit Unserm Kaiserl.
Königl. und Erzherzoglichen anhangenden grösseren Insiegel, der gegeben ist in Unserer Haupt-
und Residenzstadt W i e n den 30sten Monathstag
Januar, im siebenzehnhundert fünf und neunzig-
sten, Unserer Reiche des Römischen und der Erbländischen im dritten Jahre." *)

F r a n z.

2) Das zweite Mittel, um den Krieg fortsetzen zu können, war die Prägung einer Kriegsmünze von 6 und 12 Kreutzerstücken, die von
weit schlechterm Schrot und Korn waren, als die
gewöhnliche Conventionsmünze. Deshalb versprachen auch Se. K. K. Majestät sie, sobald sich
die e r f o r d e r l i c h e Menge an kleiner ordi-
nairer Conventionsmünze wieder e i n f i n d e n
würde, diese Kriegsmünze wieder umsetzen und
schmelzen zu lassen. — Wahrscheinlich ist aber

*) S. Wiener Zeitung. Nr. 14. J. 1795.

Die Beilage B. enthält die Form der Obligationen,
die nichts besonders sagt.

Beilage C. enthält die Liste der Prämien, deren
Summe sich in obiger Liste befindet.

diese erforderliche Menge von Conventionsmünze noch nicht in Circulation, denn hier coursiren diese 12 und 6 Kreuzerstücke noch heut zu Tage, wie vorher. Hier ist das darauf sich beziehende Dekret.

»Da in dem allgemeinen Geld-Umlaufe wegen der dermahligen grösseren als gewöhnlichen Ausfuhr der Conventions-Münzen ein besonders den inländischen Kleinhandel erschwerender Mangel an den zum leichteren Verkehr, und zur Verwechselung bequemen kleinen und mittleren Silbermünzen wahrgenommen wird: so haben Se. K. K. Maj. in Folge höchsten Hofdekrets vom 20sten dieses Monaths, eine mäßige, lediglich auf die unumgängliche Nothdurft eingeschränkte Ausprägung einer eigenen, nur für den inländischen Umlauf bestimmten silbernen Landsmünze, bestehend in zwölf und sechs Kreuzerstücken, (wovon die Zeichnung des Gepräges und der Form, vermittelst eines unter dem heutigen Datum besonders bekannt gemachten Circulare, im Abdruck erscheint,) allergnädigst anzuordnen, und dabey zu befehlen geruhet: daß diese Landsmünzen sowohl in dem gemeinen Handel und

Wandel bey jeder Privatzahlung, als auch bey allen Gefälls: Contributions: und anderen öffentlichen Aerarial: Ständischen und Städtischen Kassen, in dem ihnen bestimmten Werthe zu zwölf und sechs Kreuzern, unweigerlich angenommen und ausgeben, seiner Zeit aber, wenn sich in dem allgemeinen Umlaufe die erforderliche Menge an kleinern Conventionsmünzen wieder einfinden wird, diese einsweiligen Landmünzen bey den Aerarial: Kassen nicht mehr wieder hinausgegeben, sondern an die Münzämter, zur Umprägung in gewöhnliche conventionsmäßige Münzgattungen, abgegeben, auf diese Art also ohne Verlust des Publikums, aus dem allgemeinen Umlaufe gebracht werden sollen. Welches zur allgemeinen Wissenschaft und Nachachtung hiermit bekannt gemacht wird. Wien den 20sten April 1795." *)

Der Proceß der Staatsgefangenen ging nun um desto sicherer von Statten, da das Dekret gegen die Staatsverbrecher die verschiednen Commißionen ausdrücklich authorisirte, die Gefangenen strafbar zu finden.

*) S. Wiener Zeit. Nr. 32. 1795.

Am 13ten Januar kam nun endlich nach
einem kurzem Verhöre das Urtheil des Profeßor
Wollſteins und des Hauptmanns und Profeſ=
ſors Billeck von Billenberg, das man
ſich aber wohl hüthete in der Wiener Hofzeitung
oder irgendwo öffentlich durch den Druck bekannt
zu machen; es ſtand bloß in der Wiener Hofzei=
tung vom 11ten Februar 1795 folgende kurze:

Nachricht

„In Folge Hofdekrets vom 23ſten Januar
„d. J. (was nirgends publicirt ſteht) — wird
„bekannt gemacht, daß der bei dem Militair=
„Kadettenhauſe angeſtellt geweſene Profeßor und
„Hauptmann Billeck, vermöge kriegsrechtlichen
„Urtheils des Adels entſezt und von ſeiner Stelle
„cum infamia kaßirt, ferner der Direktor und
„Profeßor der Vieharzneiſchule Wollſtein ſeiner
„Stelle entſezt worden iſt.“

Mit dieſer kurzen Anzeige begnügte man ſich
alſo, zwei rechtſchaffne brave Männer ſo öffent=
lich zu brandmarken und ihrem bisherigen unbe=
ſcholtenen gutem Ruſe einen unauslöſchlichen
Flecken anzuhängen. Denn da ihr Urtheil ſelbſt
und folglich die Urſach dieſer angekündigten Stra=

fen nicht eben so öffentlich angezeigt war, so wird man sich ja ganz natürlich sagen : »Es muß denn »doch Etwas gegen diese beiden Männer ge= »funden worden seyn, wodurch sie dies harte Ur= »theil verschuldet haben und dies Etwas ist »schon genug, ein falsches Licht über ihren Cha= »rakter zu werfen, da ein Jeder sich einen belie= »bigen Commentar dazu machen kann."

Hier ist das Urtheil dieser beiden Männer.

»Der Hauptmann Billeck von Billens= »berg Professor der Mathematik an der Neu= »städter Akademie soll seines Adels entsetzt, cum »infamia kaßirt und 10 Jahre Festungsstrafe er= »dulden, weil er überführt worden, an verschieds »nen Planen zur Unterstützung der französischen »Verfassung und Hervorbringung einer Revolu= »tion in den K. K. Staaten und andre derglei= »chen Entwürfe gearbeitet zu haben, um den »K. K. Thron zu untergraben und Unruhen, »Unglück und bürgerlichen Krieg und Verderben »über alle K. K. Erbstaaten zu verbreiten — Ferner

»Der Direktor und Professor der Vieharznei= »schule Wollstein aber aus Kenntniß und Mit=

»wissenschaft dieser zum Ruin der K. K. Staaten
»abzweckenden Plane und wegen Anhörung des
»sogenannten Elpeldauer Liedes, soll seines Amtes
»entsezt und binnen 24 Stunden die K. K. Staa-
»ten räumen."! —

Diesem kriegsrechtlichem Urtheile gemäß ward Bulleck förmlich kaßirt und auf die Festung geschickt und Wollstein, nachdem er noch
einigen Aufschub gefordert und erhalten hatte,
wanderte mit seiner Familie aus den K. K.
Staaten und soll nach Altona gegangen seyn,
wo er unter dem Schuze der Königl. dänischen
Regierung leben soll und gewiß nichts von dergleichen Inquisitionen zu befürchten hat.

Fast zu gleicher Zeit wurde das Urtheil folgender Gefangenen bekannt gemacht und vollzogen.

1) »Der Plazoberlieutenant Hebenstreit
»als Urheber und Verfaßer einer Kriegsmaschine
»sowohl für die französische als polnische Republik,
»als Verfertiger eines aufrührerischen gefährlichen
»sogenannten Eipeldauer Liedes und meh-
»rerer auf den Umsturz und den gänzlichen Ruin
»des Staats abzielender Skizzen, Brochüren
»und anderer Piecen, soll vermöge kriegsrechtli-

»chen Urtheils cum infamia kaßirt, sein Vermö-
»gen dem Fiskus anheim fallen und er auf dem
»Glacis gehenkt werden, andern zum abschrecken-
»den Beispiel und zur Warnung." —

2) »Der pensionirte Oberlieutenant von
»Riedeln als Verfaßer und Urheber verschied-
»ner aufrührerischer Entwürfe, die eben so,
»wie die hebenstreitischen, auf gänzlichen Umsturz
»der Regierung und des K. K. Thrones abzweck-
»ten, vorzüglich aber als Abschreiber des Auf-
»rufs an die deutsche Nation und als Verfaßer
»vieler und mancherlei Briefe an auswärtige ja-
»cobinische Versammlungen, soll seiner Pension
»und seines Adels verlustig und zu zweijährigem
»Festungsarrest verurtheilt werden." —

Diesem Urtheile gemäß ward der Platz-
Oberlieutenant Hebenstreit unter einer un-
zähligen Menge Volks den 8ten Januar 1795
auf dem Glacis gehenkt. Der Zug war von
einer außerordentlich starken Bedeckung von In-
fanterie und Cavallerie begleitet und starke Patrouillen gingen in den Straßen der Hauptstadt
auf und ab, denn man fürchtete einen Aufstand,
da die geheime Polizei recht sehr gut wußte, daß

ein Mann wie Hebenstreit seine Freunde und
Anhänger habe und das heimliche Bewußtseyn
auch wohl dabei haben mußte: einen Unschuldigen oder einen doch nur in etwas Schuldigen zu hart gestraft zu haben; kurz — dem
sei wie ihm wolle, die zahlreichsten Patrouillen
gingen die ganze Zeit und selbst nach der Execution an diesem Tage hindurch in Wien umher.

Man hatte die raffinirte Grausamkeit, einige von den Gefangenen, sogenannte Mitschuldige,
die Freunde Hebenstreits waren, bei der Execution gegenwärtig seyn zu lassen, damit sie ja sich
von dem Tode ihres geliebten Freundes überzeugen konnten.

Die Anhänger und die Spione der Regierung und der geheimen Polizei sprengten noch
immer mit großer Sorgfalt aus: Man habe unter Hebenstreits Papieren unter andern eine geheime Correspondenz mit dem französischen Na-
tionalconvente und verschiedne Beweise gefunden, daß er jährlich eine Pension von der französischen Republik gezogen. — Dies haben mir
noch neulich verschiedne Leute für zuverläßig aus-
gegeben, die wahrlich sehr brave und aufgeklärte

Männer waren, die es aber auch durch bloßes
Gerücht gehört hatten. Denn als ich sie fragte
ob man Beweise davon habe und wo sie zu finden
wären, antworteten sie mir bloß mit kaltem Achselzucken und einem: »Man sagts! —

Die geheime Polizei hatte Ursach, mehrere
Unruhen zu fürchten, denn das Murren und die
Unzufriedenheit mit dem harten Urtheile aller
dieser braven und guten allgemein geschäzten und geliebten Männer nahm sehr zu und
ward nur durch die Furcht vor ähnlicher Strafe
unterdrückt. Dabei wußte die Polizei auch wohl,
daß sie von der Masse der Einwohner Wiens
und ganz Oestreichs möchte ich sagen, nichts zu
fürchten hatten, da diese so blindlings den Dekreten ihrer Regierung und ihres gnädigen Kaisers ergeben war, daß sie Alles gut hieß, was im
Namen des Kaisers geschah.

Du wirst ja wohl aus verschiednen Schriften
über die Oestreichischen Staaten und deren Bewohner von dem starken Aberglauben in religiösen Dingen gehört haben? Hier aber noch ein
Beispiel wie man im Jahr 1796 eine Marien
Säule aufrichtete, um die Oestreicher von der

Franken Freiheit zu retten! Hier haſt Du das
ganze Schreiben aus Grätz.

»Nachdem zu Grätz, die Einrichtung der
Marien = Säule auf dem Jakomini = Platze,
wozu der Landes = Gouverneur am 2ten Jun.
den Grundſtein gelegt hatte, ganz vollendet war,
ſo erfolgte nun, den 14. Auguſt, als am
Vorabende des Marien = Feſtes, derſelben Einſeg=
nung. Der Hr. Fürſtbiſchof, begleitet von dem
Domkapitel, und im Gefolge einer zahlreichen
Menge von den Einwohnern der Stadt, begab
ſich unter dem Geläute der Glocken, aus der
Domkirche nach erwähntem Platze, wo die Ein=
ſegnung gegen 5 Uhr Nachmittags, mit der ge=
wöhnlichen Feyerlichkeit, unter einer wohl beſetz=
ten Choral = Muſik, und unter dem Schalle von
Trompeten und Paucken, ingleichen unter Ab=
feurung des groben Geſchützes, vor ſich ging.
Des Abends waren nicht nur dieſes Monument
und der Platz, ſondern auch ſämmtliche Gäſſen
auf das herrlichſte beleuchtet. Beſonders zeich=
nete ſich das Haus des Hrn. v. Jakomini
durch eine geſchmackvolle Beleuchtung von auſſen

und von innen aus. Nebst der Beleuchtung waren viele Häuser mit Inschriften, Versen, Chronodistichen und Schildereyen, welche auf den Gegenstand des Festes und der Zeit anspielten, verzieret. Auf einem dieser Häuser las man folgende an die Mutter Gottes gerichtete, sehr gut gerathene Verse:

Einst hast du gegen Osten uns befreyt
    Von Türken-Sclaverey und Ketten;
Geruhe gegen West in dieser Zeit,
    Von Franken-Freyheit uns zu retten.

Bey dieser Gelegenheit gibt die Grätzer Zeituug von erwähnter Säule folgende Beschreibung: »Das Fußgestelle ist von Salzburgischem Marmor 9′ 8″ lang und breit, und 8′ 4″ hoch; es hat ringsum eine Böschung von Rasen, und diese ist von 12 mit Ketten verbundenen Streifsteinen umgeben. Auf den 4 Seiten dieses Fußgestells liest man folgende 4 Aufschriften:

Monumentum voti de immaculata conceptione editi. Anno MDCLXIV. 2. Feb. Victoria super Rabam imminens avertit excidium. Sequitur alma pax.

Styria, quod jurasti grata, si vis servari,
   serva.

Ponte ad Ossecum succenso tardantur Turcæ,
   nec deinde proximis nocent.

„Ueber diesem Fußgestelle erhebt sich der
Säulenstuhl von Steyermärkischem Marmor
aus dem sogenannten Steinberge; er ist 6′ 9″
hoch, und dessen Würfel ist aus einem einzigen
Stücke, das 95 Centner wiegt. Auf der vor-
dern Seite liest man:

„Unter der Regierung des Kaisers
Franz des Zweyten, der Landesver-
waltung des Philipp Grafen von
Welsberg, dann unter der Gerichtsbarkeit und auf eigene Kosten des An-
dreas Edlen von Jacomini, ist dieses
Denkmahl von dem Carmeliten-Platze
nach einem Jahrhunderte hierher
übersetzt worden 1796.

„Auf diesem Säulenstuhle nun ruhet eine
180 Centner schwere Säule von gegossenem Me-
tall, von schöner und regelmäßiger Arbeit nach
der Römischen Ordnung. Der Säulenfuß ist
1′ 4″ hoch, der Schaft 20′ hoch, hat unten 2′

und oben 1' 9" im Durchschnitt, und der Knauf
ist 2' 8" hoch; die ganze metallene Säule hat
also eine Höhe von 24' oder 4 Klaftern.   Die
darauf ruhende Statue von reich vergoldetem Mes-
sing,   die nach mehr als einem Jahrhunderte
noch in ihrem ersten Glanze prangt, stellt die
gegen den Himmel betende Maria vor; sie steht
auf einem Gewölke, aus dem zwey Mondeshör-
ner hervorragen, ihr Haupt ist mit einer mit
Sternen umgebenen Krone geziert.   Die körperliche Höhe beträgt 8' die ganze Höhe der in einem Stücke bestehenden Bildsäule aber, das ist,
sammt dem Gewölke und der Krone, 11' 3".

"Die ganze Höhe dieses Monumentes ist also
8 Klafter 2' 4". Die mit nicht wenigen Schwierigkeiten verbundene Uebersetzung dieses Denk-
mahls (vorzüglich aber die Abnehmung und Wie-
dererrichtung des über 120 Centner schweren
Säulenschaftes) ist unter Anleitung des geschickten
Steinmetzmeisters, Hrn. Pack, ohne allen widrigen Zufall und durch den einfachsten Mecha-
nismus bewerkstelliget worden." *)

*) S. Wiener Zeit. Nr. 67. Jahrg. 1796.

Wenn nun der Aberglauben bei diesen Din=
gen, welche sie täglich vor Augen haben, herrscht,
wie vielmehr sollte er nicht in Rücksicht auf unsre
Revolution seyn, die so weit von ihnen vorging
und die man mit so vieler Sorgfalt von allen
Seiten her vergrößerte, entstellte, verabscheu=
ungswürdiger zu suchen machte und uns arme
Franzosen als einen Haufen von Cannibalen und
Barbaren an den Pranger stellt, die man, wie
die Pest, fliehen müsse. — Kein Wunder also
daß die geheime Polizei eine starke Stütze an
dem Geiste und der Stimmung des großen Hau=
fens haben mußte und dreust den unglücklichen
Hebenstreit öffentlich aufhängen und die übrigen
zu so harter Bestrafung ziehen konnte.

Uebrigens glaubt man hier, daß sich bei die=
sen Gefangnen und Verurtheilten mehr per sön=
li cher Haß gewißer Personen gegen diese
Unglücklichen als irgend eine bestimmte Ueberfüh=
rung ihres beschuldigten Verbrechens gezeigt
habe. Der redendste Beweis, daß man sie schul=
dig finden wollte, ist wohl der, daß sie nur
z we i mal während der ganzen Zeit ihrer Ge=
fangenschaft und zwar sehr kurz, verhört worden

sind. Man hat ihnen weder schriftliche noch mündliche Vertheidigung, noch einen Sachwal-ter zu haben erlaubt und nicht einmal die Na-men ihrer Ankläger und die Beweise zur Ueber-führung ihrer beschuldigten Verbrechen genannt noch gezeigt. — Die Zeit allein, nur sie, frei-lich wohl auch die geheime Polizei (wenn sie es thun will) wird uns lehren, was man da-rüber zu urtheilen habe.

Leb indeß recht wohl und schreib mir doch bald was meine Familie macht, seit 14 Tagen habe ich keine Sylbe von ihr.

Dreizehnter Brief.

Beinahe zu derselben Zeit daß man Hebenstrei-
ten, Wollsteinen, Billeck von Billenbergen und
Riedeln das Urtheil sprach, wurden auch die
der folgenden Personen bekannt gemacht.

1) »Franz Gotthardi Titular Regie-
»rungsrath soll wegen überführten Landesverrath
»und Theilnehmer an der großen und exiſtirenden
»Conspiration seines Titels verluſtig, 3 Tage
»hindurch auf der Schandbühne und 30 Jahre
»mit Feſtungsarreſt belegt werden und sein gan-
»zes Vermögen dem Fiskus anheim fallen.«

2) »Franz Xaver von Troll Lember=
»ger Polizei Oberkommißar soll gleichfalls wegen
»Landesverrath 3 Tage auf der Schandbühne
»stehn, seines Adels gänzlich für verlustig erklärt
»und 30 Jahre hindurch mit Festungsarrest be=
»straft werden.«

3) »Johann Hackel, Kaufmann hie=
»selbst soll wegen gleichfallsiger Verbrechen 3 Tage
»hindurch auf der Schandbühne stehn, mit 30
»Jahre Festungsarrest belegt werden und sein
»ganzes Vermögen dem Fiskus anheim fallen.«

Dies ist das Urtheil dieser 3 Unglücklichen,
die jezt im Gefängnisse schmachten. Die 30
Jahre Festungsarrest wollen wohl ohngefähr so=
viel sagen, als lebenslängliche Gefangenschaft.
Denn, wenn wir nur das ohngefähre Alter die=
ser 3 Personen im Durchschnitt zu 30 Jahre an=
nehmen, da doch wohl mehrere oder alle diese
Gefangenen älter seyn möchten, so sind sie 60
Jahre alt, ehe sie heraus kommen. Nun rechne
man, daß eine solche Behandlung, wie die Ge=
fangenen sie in den Staätsgefängnissen erdulden
müssen und davon ich eine ohngefähre Beschrei=
bung gegeben habe, ihre Lebenszeit nur um das

Drittheil verkürzt (das ich wahrlich sehr niedrig
ansetze, wenn Du ihre dumpfen, engen, dunklen und unterirdischen Kerker, den sie verzehren-
den Gram, den Mangel an guten und gehörigen
Lebensmittel, an Bewegung, Zerstreuung u. dgl. m.
und endlich ihre gänzliche Abgestorbenheit für
ihre Familien, Freunde, Verwandte und für
Alles was ihnen lieb und theuer seyn muß das
mögliche Elend ihrer Familien bei Verlust ihrer
Pensionen, ihrer Ehre und ihres Vermögens
dazu rechnest) so kann ich sicher annehmen, diese
30jährige Gefangenschaft sey hinlänglich um sie
darinn begraben zu lassen.

Oh ihr unglücklichen Schlachtopfer einer übel
verstandenen Politik, wann werdet ihr aus euren
Kerkern erlöst, eurer Familie, euren Freunden wie-
dergegeben und vereint mit diese Eure grausamen
Verfolger dem rächenden Schicksale das sie verdienen, überliefern! — Doch nein, ihr werdet sie
ihrem Gewissen, wenn sie noch eines haben, ihrer eignen Schande, wenn sie deren noch fähig
sind, großmüthig überlassen und Euch bloß Eurer
kostbaren Freiheit im Schooße Eurer Familien

Freunde und Mitbürger um desto mehr erfreuen, jemehr Ihr erfahren habt, was der Verlust derselben ist! —

Merkwürdig ist es, daß weder die Verhaftnehmung noch das Urtheil des Oberlieutenants Hebenstreit in den Zeitungen bekannt gemacht wurde, allein dieser leztern drei Gefangnen mit folgenden Worten darinn Erwähnung geschah. *)

Nachricht.

»Vermöge des Urtheils, welches über die »mit dem Titular Regierungsrath Franz »Gotthardi, dann dem Leinberger Polizei »Oberkommißar Franz Xaver von Troll »und dem bürgerlichen Handelsmann Johann »Hackel abgeführten Criminal Inquisiti= »onsacten ergangen ist, wurde, nebst den ih= »nen wegen Theilnahme an Landesverrath zuer= »kannten besondern Strafen, der erstere auch »des Regierungsrathstitels und seiner Pension, »so wie Troll seines Dienstes und Adels ent= »sezt und das allenfällige Vermögen des Gotthar=

*) S. Wien. Zeit. Nr. 21. Jahrg. 1795.

»bi, und des Hackels dem Fiskus heimgefallen er;
»kläret." —

Während dies zu Wien vorging, wurden die
damals hier arretirten Ungarn nach Peſtß abge:
führt und ihr Proceß förmlich inſtruirt.

Doch ehe ich weiter in der Erzählung des
Proceßes gehe, muß ich noch verſchiedene Vor:
fälle erwähnen, die wenigſtens das Volk in den
Oeſtreichiſchen Staaten ſehr beſchäftigte; ich ſage
das Volk; denn die Miniſter, vorzüglich der
Baron von Thugut wußten wahrſcheinlich ſehr
gut, daß ſie keinen Frieden noch nicht mit uns
haben würden.

Schon am 14ten Februar 1795 wurde zu
Regensburg durch die Reichsdictatur ein
Kaiſerl. Kommißionsdecret an die allgemeine
Reichsverſammlung übergeben, welches den
Reichskrieg, aber insbeſondre die Einleitung
zu einem annehmbaren Frieden be:
trifft.

Nachdem darinn die Gründe von Seiten des
Kaiſers in dem erwähnten Dekrete zu einem zu
ſchließenden billigen, gerechten, anſtändi:
gen und annehmlichen Frieden mit Frankreich

erwogen und gebilligt worden, so sagt er am
Ende: »desto dringender ist es wo gegen beßres
»Wünschen und Hoffen ein undurchdringliches
»Schicksal oder Frankreichs beharrliche Wei-
»gerung oder Ueberspannung und Unannehmlich-
»keit der Friedensbedingnisse die Möglichkeit der
»Aussöhnung so leicht vereiteln kann, daß nach
»der eignen reichspatriotischen Aeußerung der
»allgemeinen Reichsversammlung, zur gleichen
»Zeit die reichsschlußmäßige Rüstung zum näch-
»sten Feldzuge mit dem thätigsten Eifer ohne
»Unterlaß betrieben werde.« — ꝛc. — ꝛc. —

Bewunderst Du hier nicht die Geschicklichkeit
Sr. K. K. Majestät, oder der Minister die es
in seinem Namen verfertigten, beide Partheien,
das deutsche Reich sowohl als Frankreich, so zu
schmeicheln und zu flattiren, daß er von beiden
Vortheil zieht und seinen Zweck nicht aus den
Augen läßt. Denn — kommt der Friede zu
Stande, nun, so messe er es sich zu, denselben,
seiner weisen Mäßigung zu Folge, herbeigebracht
zu haben; bricht der Krieg wieder los, nun, so
hat man ihm seines Erachtens nichts vorzuwer-
fen. Alles Gehässige fällt auf uns zurück, und

er, da er die allgemeine Reichsversammlung sehr
flattirt, behält eine Hinterthür offen, um sich
von neuem auf Kosten der deutschen Bürger und
Bauern in den Kreisen des heil. röm. deutschen
Reichs tapfer zu rüsten; dafür heißen sie auch
reichspatriotisch!

Endlich geräth der Verfaßer dieser Proclamation, denn ich kann nicht sagen, der Kaiser,
der wahrscheinlich wenig davon wußte, in heili-
gem Eifer und spricht folgendergestalt.

»Se. Kaiserl. Maj. beschwören daher noch
einmahl vor Gott, und dem lieben Vaterlande
alle und jede Reichsstände, sich nicht selbst durch
noch entfernte Hoffnungen einzuschläfern, und
diejenigen Pflichten in ihrem ganzen Umfange
deutsch-biedermännisch zu erfüllen, welche Reichs-
verband und Gesetze, Vaterland und Selbster-
haltung erfordern; noch insbesondere aber patrio-
tisch zu erwägen, wie nach dem von Sr. Kaiserl.
Maj. in dem am 14ten Junius erlassenen Hof-
Ratifications-Dekrete schon gemachten Antrage,
den in verschiedenen vorliegenden Landen und
Kreisen vorgekehrten ruhmwürdigen Anstalten
zur Bewaffnung der Unterthanen, oder noch

zweckmäßiger, zur Aufstellung einer verhältnißmäßigen Landmiliz noch mehr Wirksamkeit, Con-
sistenz und Zusammenhang auf die gezwungene
Fortdauer des gegenwärtigen Krieges gegeben
werden könne; und wobey schon vieles gewonnen
wäre, wenn nach der Abstimmung einiger patriotischen Reichsfürsten die vorliegenden so sehr be-
drängten Reichskreise von den rückliegenden biß-
her durch diese Vormauer geschützten Kreisen, besonders durch Artillerie, Gewehr, Munition
und andere Kriegsbedürfnisse unterstützet würden:
Ja! Se. Kaiserl. Maj. beschwören sämmtliche
Reichsstände, und unter Rückerinnerung des nicht
zu bezweifelnden Grundsatzes: daß außerordentliche Umstände auch außerordentliche Maßregeln erheischen, und daß ein Staat bey steigender Gefahr zu seiner Vertheidigung, Sicherheit und Erhaltung selbst das Aeußerste wagen müsse, schon
zum voraus auf jeden widrigen Fall diesen außerordentlichen Rettungsmitteln nachzudenken,
da Deutschlandes innere Kräfte noch nicht
erschöpfet sind, auch gewißlich der Feind nicht
durch einen sinkenden Muth bekämpft, und zu
billigen und gerechten, anständigen und annehm-

lichen Bedingnissen bewogen werden kann; also
auf jeden widrigen Fall eher alle Kräfte aufzu-
biethen, als die Schande Deutschlandes,
und den Umsturz der deutschen Verfassung in einem Friedensschlusse zu unterzeichnen." *)

Am 3ten Juli desselben Jahrs 1795 reichte
der Reichstag zu Regensburg von neuem einen
genommenen Beschluß wegen des Friedens mit
Frankreich (von der französischen Republik
war nie die Rede) dem Kaiser alleruntertänigst
ein. Man stellte darinn in einem festen und dringenden Ton vor, es sey für das allgemeine Beste
sehr nützlich Frieden zu machen und den König
von Preußen um seine Vermittelung in diesen
Unterhandlungen zu bitten.

Hier ist die unterm 29sten Julius in jedem
Betracht sehr merkwürdige Kaiserl. Antwort,
die ich hier in extenso Dir hersetzen will.

»Von der Röm. Kaiserl. Maj. Franz des
Zweyten, unsers allergnädigsten Herrn wegen,
den bey gegenwärtiger allgemeiner Reichsversammlung anwesenden des heil. röm. Reichs-

*) S. Wien. Zeit. Nr. 16. 1795. S. 531. Anhang.

Kurfürsten, Fürsten und Stände, fürtreflichen Räthen, Bothschaftern und Gesandten in Gnaden anzufügen:

„Se. Röm. Kaiserl. Maj. haben sich das an Allerhöchste über die Einleitung zu einem annehmlichen Reichs-Frieden am 3ten Jul. des laufenden Jahres erstattete allerunterthänigste Reichs-Gutachten ehrerbiethigst vorlegen lassen, und aus demselben ersehen, daß es

1) vorderſamſt als ein neuer Beweis der redlichen sich immer gleichen Fürsorge für das Beßte des Reichs dankbar zu erkennen sey, daß Ihre Röm. Kais. Majestät die allgemeine Reichsversammlung von dem Vollzuge des allergnädigst genehmigten Reichs-Gutachtens vom 22ſten December vorigen Jahres genau zu unterrichten, die nähere Bestimmung, wie das besonders vorbehaltene Zuthun des Reichs, und dessen Konkurrenz zu den Friedensunterhandlungen, in Wirklichkeit und Ausübung gebracht werden solle, frühzeitig zu verlangen, und zu Eröffnung aller Mittel und Wege, welche man zu Erreichung des großen Zweckes eines dauerhaften und anständigen Friedens beförderlich erachtet, die Veranlaſ-

sülig durch das höchstverehrliche Hofdekret vom
19ten May der allgemeinen Reichsversammlung
zu geben geruhet haben; daß sofort

2) der beharrliche Wunsch und Entschluß des
Reichs dahin gerichtet bleibe, in ungetheilter und
unwandelbarer Vereinigung sämmtlicher Reichsstände mit dem Reichs-Oberhaupte einen allgemeinen Reichs-Frieden im Wege der Konstitu-
zion, und durch denselben Wiederherstellung der
Integrität seines Gebiethes, und Sicherheit seiner Verfassung je eher je besser auf eine dauerhafte Art zu erhalten; daß zu diesem Ende

3) in der dermahligen Lage der Sachen die
Geneigtheit und Bereitwilligkeit des Reichs zur
Eröffnung der Friedensunterhandlungen zwischen
beyderseitigen Bevollmächtigten an Frankreich
zu erklären, und sich über die Zeit und den Ort
der wechselseitigen Zusammenkunft vor allen zu
vereinbaren seyn werde; daß

4) diese erste Einleitung lediglich Ihrer
Röm. Kaiserl. Maj. auf eine Art, wie es Aller-
höchstihro Weisheit am angemessensten dünke, in
ehrerbiethigem Vertrauen anheim zu lassen, jedoch das Ersuchen beyzufügen sey, selbige in Al-

lerhöchstihrem und des Reichs Nahmen zu machen, sie nach Möglichkeit zu beschleunigen, zu
dem Orte des Kongresses die Reichsstadt Frankfurt, wenn dabey kein besonderes Bedenken ob-
walte, sonst aber eine andere gutgelegene Stadt
in Vorschlag zu bringen, für die gänzliche Sicherheit des Kongresses die vorsorgliche Uebereins-
kunft zu treffen, und zugleich den Bedacht darauf
zu nehmen, daß (wo es ohne Nachtheil für die
Friedensunterhandlungen geschehen kann) wo
nicht ein Waffenstillstand, wenigstens die einsweis-
lige Einstellung aller Requisitionen, Lieferungen
und Verheerungen erzielet werden möge, und
wie alles dieses erreichet worden, der Reichsversammlung die Nachricht zugehen zu lassen; daß

5) zur gewissern Erreichung dieses Zweckes
Ihrer Maj. dem König in Preußen das zu-
versichtliche Vertrauen und der Antrag des Reichs
zu erkennen zu geben sey, daß Höchstdieselbe zur
Erreichung eines allgemeinen, die Integrität
und die Verfassung des Reichs sichernden Friedens, nach ihren öftern freywilligen trostvollen
Versicherungen, Ihre beyhülfliche Verwendung

und Mitwirkung eintreten zu lassen geruhen wer=
den; daß

6) während Ihre Kaiserl. Maj. die erste
Einleitung in vorstehender Maaße zu treffen be=
schäftiget seyn werden, die Berathschlagung über
die übrigen Punkte des allerhöchsten Hofdekrets
fortgesetzt, und baldmöglichst über dieselbe der
weitere Schluß befördert werden solle. Welches
alles denn

7) an Ihre Römisch=Kaiserl. Maj. zur vor=
dersamen allerhöchsten Genehmigung allerge=
horsamst zu bringen sey.

»Vor allem erwiedern Se. Kaiserl. Maj.
den lebhaften Ausdruck des Dankes, welchen
Kurfürsten, Fürsten und Stände Allerhöchstihnen
in Ansehung Ihrer aufs neue an Tag gelegten
redlichsten sich immer gleichen Fürsorge für das
Beste des Reichs zu erkennen gaben, mit der
reinsten Empfindung erkenntlicher Zufriedenheit.

»Insonderheit gereichte Allerhöchstdenselben
der in dem zweyten Absatze des erstatteten Gut=
achtens erklärte beharrliche Wunsch und
Entschluß des Reichs zur besondern reichs=
oberhauptlichen Beruhigung; nämlich in unge=

theilter unwandelbarer Vereinigung sämmtlicher Reichsstände mit dem Reichs-Oberhaupte einen allgemeinen Reichsfrieden
im Wege der Konstitution, und durch
denselben Wiederherstellung der Integrität seines
Gebiets, und Sicherheit seiner Verfassung, je
eher, je besser, auf eine dauerhafte Art zu erhalten, mit welcher Friedens-Basi die bereits im
Reichs-Gutachten vom 22sten December v. J.
angenommene, von Sr. Kaiserl. Maj. geneh-
migte, und auf die Erzielung eines billigen, gerechten, anständigen und annehmlichen Friedens
gerichtete Grundlage nach ihrem wesentlichen Inhalte und Sinne genau übereinstimmet. Dieser
beharrliche Wunsch und Entschluß — da nach
dem Inhalte der deutschen Grundgesetze bey dem
Komitial-Geschäfte eines Reichsfriedens, so wie
bey Beschließung eines Reichskrieges, weder das
Oberhaupt von den Ständen, noch das Reich
von dem Oberhaupte getrennt werden kann —
ist der ächte und rühmliche Ausdruck ganz verfassungsmäßiger, standhafter und edler gemeinva-
terländischer Gesinnungen, und Deutschlands
Konstitution kann forthin noch eine glückliche

Dauer genießen, wenn Kurfürsten, Fürsten und
Stände im rechtlichen und moralischen Gefühle
für ihre Pflichten, und beseelt durch einen Ge-
meinsinn, diesen feyerlich erklärten Gesinnungen
mit patriotischer Beharrlichkeit getreu verbleiben:
Se. Kaiserl. Maj. aber würden Sich selbst bey
Ihrer so vielfältig erprobten, und durch das am
19ten May erlassene Hofdekret neuerdings bestä-
tigten treuesten Anhänglichkeit an die deutsche
Verfassung und deren Aufrechthaltung in allen
ihren Theilen, Gliedern und Rechten einem un-
erklärbaren Widerspruche mit ihren eigenen Erklärungen und Handlungen aussetzen, wenn Al-
lerhöchstsie nicht willfährigst geneigt wären, dem
mit Ihren reichsväterlichen Gesinnungen und
oberhäuptlichen Pflichten vollkommen überein-
stimmenden Inhalte des vorgedachten zweyten
Absatzes Ihre ausdrückliche Kaiserl. Genehmigung zu ertheilen.

»Ferner bezeigen Se. Kaiserl. Maj. Ihre
Geneigtwilligkeit, die Allerhöchstihnen im ehrer-
bietigsten Vertrauen übertragene erste Friedens-
Einleitung zu übernehmen, welche in Ansehung
der Auswahl des Orts zum Kongresse der nähern

eigenen Beurtheilung Sr. Kaiserl. Maj. anheim;
gestellt ist. Um es an der von der allgemeinen
Reichsversammlung gewünschten Beschleunigung
des Reichsfriedens nicht ermangeln zu lassen, ha;
ben auch bereits Se. Kaiserl. Maj. in der Eigen;
schaft als Reichsoberhaupt, die dießfalsige Anord;
nung getroffen, von derem Erfolge Allerhöchstdie;
selbe dem versammelten Reiche zu seiner Zeit die
weitere Nachricht ertheilen werden; woran au;
bey die vorzügliche Absendung des Kaiserl. Be;
vollmächtigten, nebst der Reichsdeputation, an
den Ort der Friedensunterhandlungen abhangen
wird. Ob aber ohne Nachtheil der künf;
tigen Friedensunterhandlungen ein
Waffenstillstand bewürkt werden könne, wird
wohl erst alsdann mit einer zuversichtlichen Be;
ruhigung zu beurtheilen seyn, wenn diese zwi;
schen den beyderseitigen Bevollmächtigten wirk;
lich eröffnet sind, und sich demnächst, nach dem
Inhalte des auf das Reichsgutachten vom 22sten
Dez. d. v. J. erfolgten allergnädigsten Kommis;
sionsdekrets, eine wahrscheinliche Aussicht zur
Erzielung eines billigen, gerechten, anständigen
und annehmlichen Friedens darstellet, woraus zu

gleich, ja, auf jeden möglichen Fall — die harte
Nothwendigkeit entsteht, daß Kurfürsten, Fürsten und Stände von der verbands- und reichs-
schlußmäßigen Gegenwehre, nebst der Erfüllung
aller übrigen gesetzlichen Verbindlichkeiten, selbst
in Folge ihrer eigenen vielfältigen Zusicherungen,
nicht eher ablassen, bis Deutschland wieder
auf dem Wege der deutschen Verfassung das
Glück und den Segen eines allgemeinen Reichsfriedens erhalten wird. Jedoch kann sich hierbey
die allgemeine Reichsversammlung von der reichsväterlichen Fürsorge Sr. Kaiserl. Maj. versichert
halten, daß, wenn inzwischen bey den jetzt wieder zu gemäßigtern Gesinnungen zurückgekehrten
französischen Gewalthabern aus Gründen der leidenden Menschheit eine Mäßigung oder die einst-
weilige Einstellung der feindlichen Requisitionen
und Verheerungen zu erzielen seyn sollte, Aller-
höchstsie es diesfalls an zweckmäßigen Anträgen
nicht werden fehlen lassen.

»Uebrigens halten Se. Kaiserl. Majestät dafür, daß solche dringende politische Verhältnisse
noch nicht eingetreten seyn, welche geradezu die
Annahme eines mit den erforderlichen Eigenschaf-

ten der Geschicklichkeit, Klugheit, Redlichkeit,
und Unparteylichkeit zwischen den streitenden Theilen ausgezeichneten Vermittlers (Mediateur)
weder die besondere Verwendung (bons
offices) eines Dritten nothwendig, oder aus
überwiegenden Gründen vorzüglich räthlich machen; da das deutsche Reich, das erste im Range, mächtig und kraftvoll in seinem Oberhaupte,
und seinen Gliedern, wenn diese mit deutschem
Gemeingeiste zu einem grossen Zwecke vereinigt
sind, Ansehen und Macht genug besitzt, durch
sich selbst einen billigen, gerechten, anständigen
und annehmlichen Frieden zu erwirken: nachdem
aber die allgemeine Reichs-Versammlung nach
der Mehrheit der Stimmen in einer mitwirken-
den Verwendung des Königs in Preußen Maj.
eine besondere Beruhigung suchet: so wollen Se.
Kaiserl. Maj. auch dießfalls — jedoch, sowohl
den unmittelbaren Friedensunterhandlungen zwischen dem Reichsoberhaupte, mit Zuthun der deputirten Stände, und den Bevollmächtigten
Frankreichs, als der reichsverfassungsmäßi-
gen Behandlungsart in allen andern Punkten
unhinderlich — dem Wunsche der Reichsstände

gern Statt geben, und bey dieser Voraussetzung
mit Ihrer reichsoberhauptlichen Genehmigung
nicht entstehen, wenn des Königs in Preußen
Maj. sich auch ihrer Seits bey Frankreich
nach ihren öftern freywilligen Versicherungen auf
die von dem Reiche bedingte und bestimmte Basis
verwenden, und auf solche Art in Folge des von
den Reichs=Ständen geäusserten zuversichtlichen
Vertrauens zu Erreichung eines allgemeinen die
Integrität und Verfassung des Reichs sichernden
Friedens für sich beyhülflich mitwirken werden.

„Schließlich wiederhohlen Se. Kaiserl. Maj.
Allerhöchstihre im Kaiserl. Hofdekrete vom 19ten
May bereits geschehene Ausserung, da sie nach
Ihrem reichsväterlichen Erachten nicht zu oft wie=
derhohlt werden kann: Deutschlands politi=
sches Ansehen und Gewicht gründet sich auf
glückliche Uebereinstimmung des deutschen Ge=
sammtwillens der mit ihrem Oberhaupte gesetzlich
vereinigten Kurfürsten, Fürsten und Stände,
und dessen dauerhaftes Wohl auf die Achtung
für die Unverletzlichkeit seiner Grundgesetze und
Reichsschlüsse. Die Gesetze gebiethen dem
Haupte und den Gliedern, — allen und jeden,

Mindermächtigen oder Mächtigen ohne Ausnah:
me — und untersagen jede Willkühr und Eigen:
macht. Allerhöchstdenselben, welchen noch inson:
derheit sowohl kraft Ihres Kaiserl. Amtes, als
durch die mit dem Reichsoberhaupte von den
Kurfürsten für sich und sämmtliche Fürsten und
Stände des heil. röm. Reichs in Form des feyer:
lichsten Vertrags verglichene Wahlkapitulazion
die Handhabung der Gesetze auferlegt ist, liegt
es daher ob, durch eine gerade und pflichtmäßige
Offenheit die Rechte der Konstitution wider alle
Handlungen zu verwahren, die mit denselben
nicht vereinbarlich sind, da sonsten selbst für die
Zukunft aus Beyspielen einer stillschweigenden Ab:
änderung in den zu Deutschlands Sicherheit
und Wohlfahrt bestehenden wichtigsten Grundge:
setzen gefolgert werden könnte." 2c. — 2c.

Ein anderes weit längeres K. K. Hof: Ra:
tifications: Dekret vom 19ten Nov. 1795
die Einleitung zu einem allgemeinen Reichsfrie:
den betreffen, machte auch sehr viele Sensation.
Der Kaiser wollte darinn nicht zugeben, daß das
linke Rheinufer die neue Gränze der Republik

ausmachen folle und ging nun alle die Schritte
durch, die ihn zur Führung des Krieges, zur
Vertheidigung des Landes gezwungen hatte und
fagt unter andern — »So ward demnach für:
»wahr Deutschland unter dem Schuße des All:
»mächtigen, durch die standhafte Beharrlichkeit
»Sr. Kaif. Majeft. in Vertheidigung des deut:
»schen Vaterlandes, durch die klugen Dispofitio:
»nen des Generalkommandos zur Vollftreckung
»der an daffelbe ergangenen allerhöchften Befehle:
»für Deutschlands Rettung Alles zu
»wagen, durch die militairische Einfïcht den
»Nachgeordneten und den unerschrockendften
»Muth der ftreitenden Mannschaft. aus der ge:
»fahrvollften Krife gerettet.'' — Die übrigen
Negociationen hieher zu feßen, würden zu weit:
läuftig feyn. Im künftigen Briefe follft Du
den Verfolg der Geschichte der geheimen Polizei
haben.

Vierzehnter Brief.

Auch die geheime Pollzei war während dieser Negociationen nicht unthätig. Der Unterstützung der Regierung, die eine der Haupttriebfedern ihrer Thätigkeit war, versichert, ging sie mit Riesenschritten ihren furchtbaren Gang fort.

Der Proceß der unglücklichen Ungarn wurde durch den königlichen Kronfiscal Nemeth der königl. Tafel übergeben und die Anklage lautete folgendermaaßen.

Ignaz Joseph Martinovics, gewesener K. K. Rath und infulirter Abt von Szaß

war habe die alle bürgerliche Gesellschaft auflösen-
den demokratischen Grundsätze, welche Frankreich
zu Grunde gerichtet hätten, angenommen und
den Plan entworfen, eine ähnliche Revolution in
Ungarn zu bewürken und deshalb die Gesellschaft
der Freiheit und Gleichheit errichtet.

Joseph Hainoczy ehemaliger Hof-Kam-
mer-Sekretair

Johann Laczkovics ehemaliger Rittmeister vom Grauensteinischen Husarenregimente

Franz Szentmariay Privatsekretair

Graf Jacob von Sigray Supernume-
rar-Beisitzer der Districtual-Tafel zu Günß

Alexander Szolarisek und

Johann Batsanyi

hätten zusammen ihrer Pflichten gegen Gott,
dem Landesfürsten und dem Staate uneingedenk
und der von dem Landesfürsten erhaltenen Wohl-
thaten ohnerachtet, sich in eine Gesellschaft verbunden, um dieselbe zu begründen und weiter zu
verbreiten; deshalb hätten sie mit dem Mart-
nowics einverstanden, einen zwiefachen Catechismus entworfen, die Grundsätze, Zeichen und

Vorschriften der Gesellschaft: der Freiheit und
Gleichheit festgesezt und mehrere giftige zum
Aufruhr reißende und die geheiligte Person
des Königs herabwürdigende Schriften verbreitet,
folglich Alles darauf angelegt, die Ruhe und die
Verfassung des Landes zu untergraben.

Deshalb trage ich königlicher Fiskal darauf
an, daß diese Personen, die in gutem Verwahr=
sam sind, nach den bestehenden Landesgesetzen
ihre Köpfe vom Rumpfe getrennt und ihre Gü=
ter eingezogen, dem Fiskus anheim fallen sollen.

Ehe ich weiter in der Erzählung dieses merk=
würdigen und für die Menschheit höchst traurigen
Processes gehe, muß ich Dir doch etwas über
die Gerichtsverfassung des Königreichs Ungarn,
das wir so wenig kennen, sagen.

Wenn der Bürger den Adlichen belangen
will, so muß er erst um die Erlaubniß ansu=
chen, ihn zu verklagen. Einem Armen wird
ein solcher Gesuch nicht gestattet; hat aber ein
Bürger Vermögen, so wird ihm seine unterthä=
nigste Bitte zugestanden, auf die Gefahr sich und
seine Familie durch einen langwierigen Proceß

gegen seinen adlichen Gegner zu Grunde zu richten.

Wird gegen einen Adlichen eine Execution erkannt, um ihn aus dem unrechtmäßigen Besitz eines Andern zu werfen, so widersezt er sich an der Spitze seiner Leute mit dem Säbel in der Faust und protestirt feierlich gegen die Vollziehung des Rechtsspruches. — Ist es gar eine Dame gegen die eine solche Execution erkannt ist, so braucht sie statt des Säbels einen Stock.

Ist ein Edelmann durch Ausführung der Sentenz würklich aus dem Besitz getrieben, weil er sich wegen Abwesenheit oder Krankheit nicht widersetzen konnte, oder seine Widersetzung nicht mehr half, so überfällt er seinen Gegner mit bewafneter Hand und sezt sich wieder in den Besitz alles dessen, was demselben gerichtlich überliefert war.

Den Bürgern und Bauern aber ist es nicht einmal erlaubt, ihre Klagen über richterliche Ungerechtigkeit vor den Thron zu bringen. Dieses wird als ein Verbrechen gegen die Landesgesetze angesehn. — Ganze Gemeinden, die sich eines solchen Verbrechens schuldig gemacht haben, werden vom Militair zusammengetrieben und vierzig bis funfzig von ihnen vor den Augen der übrigen mit Stockprügel abgestraft um Alle zu lehren, daß die Comitatsherren nicht Unrecht haben können. Die benachtbarten Gespannschaften leihen einander gern ihre Haiducken und Husaren zu diesen Expeditionen gegen die Rebellen.

Es giebt Gerichtshöfe genug in Ungarn, aber nur sehr wenige wissen es, an welches Gericht sie sich in ihren Streitigkeiten zu wenden haben: Ein Advocat selbst muß schon viele Erfahrung haben, um zu beurtheilen, vor welches Gericht dieser oder jener Rechtsfall gehöre.

Die höhern Gerichtshöfe sind die Comitatsgerichte, die vier Districtualtafeln die königliche und die Septemviraltafel. — Jedes grundherrschaftliche Gericht hat das Recht auf Lebensstrafe zu erkennen; eins der abscheulichsten Rechte vorzüglich in einem Lande wo Menschenleben gegen die Anmaßungen und das Interesse des Adels für nichts gerechnet wird. — Alle Todesurtheile sollten dem Könige durch die ungrische Hofkanzlei zur Genehmigung und Unterschrift vorgelegt werden; allein auch über diese

Formalität sezen sich die Richter oft hinweg und
folgen dem Beispiele der ungrischen Hofkanzlei,
welche auch in andern Fällen so oft im Namen
des Landesherrn willkührlich verfährt und ihm
nichts als was sie ihm mittheilen will zur Unter=
schrift vorlegt; oft auch Sentenzen von ihr an
des Königs Statt unterschrieben schickt, wodurch
den Staatsbürgern Ehre und Leben abgesprochen
werden.

Die Bestechungen sind ganz allgemein, so
daß es das Ansehn hat, als ob sie wesentlich zu
der ungrischen Gerichtsordnung gehörten. Der
ehrlichste Mann darf sich, wenn seine Sache noch
so klar, noch so gerecht ist, nicht die Hoffnung
machen, einen günstigen Ausspruch zu erhalten,
wenn er seinen Gründen nicht mit Dukatenrollen
Nachdruck zu verschaffen vermag. Die Par=
theien überbieten einander. Was die Bestechun=
gen einbringen, wird unter diejenigen Mitglie=
der der Gerichtsstellen die nicht unmittelbar von
den Partheien empfangen haben, und deren
Stimmen doch der höhere Richter zur Unter=
stützung der seinigen nöthig hat, nach dem Ver=
hältnisse des Ranges ordentlich vertheilt; es ver=

sieht sich daß er den größten Theil erst für sich
nimmt. Auf die Weise macht sich jeder Richter
eine Parthei für den Rechtsuchenden, dessen er
sich annimmt. Doch geschieht es auch bisweis
len, daß die schwächere Parthei gewinnt, indem
sie wohl die Zeit wahrnimmt da die Gegenpars
thei Krankheiten oder Reisen wegen nicht erscheis
nen können und dann in ihrer Abwesenheit die
Sache aburtheilt.

Alle Landescollegien, sowohl politische als
gerichtliche, bestehen aus Adlichen und Priester.
Dieselben Verbrechen, für die der Bürger, und
Landmann mit Leib und Leben gestraft wird,
werden bei dem Adlichen, wenn sie nicht vers
tuscht werden können, größtentheils mit einer ers
träglichen Geldstrafe gebüßt. Selbst der Mord
gehört unter diese Klasse von Verbrechen; und
die ärgste Strafe die jemandem vom Adel dafür
aufgelegt werden kann, ist ein zeitiges Gefänge
niß. Der Bürgerliche oder der Bauer auf den
ein Verdacht wegen einer begangenen Mordthat
fällt, wird ohne Umstände eingezogen. Aber
ein Adlicher, wenn er auch eines Mordes noch
so verdächtig ist, wenn er auch an dem Orte ans

getroffen wird, wo noch das Blut des Erschlage-
nen raucht, darf nicht auf der Stelle in sichre
Verwahrung genommen werden. — Bürger
und Bauern, die sich an dem Eigenthum eines
andern vergreifen, werden nach den Landesgesetzen gehängt; Abliche rauben und plündern öffentlich, ohne etwas anders als eine gerichtliche
Untersuchung und höchstens Wiedererstattung befürchten zu dürfen und auch das nur, wenn er
jemanden von Adel beraubte; ja hat
er Vermögen genug, um einen Theil des Rau-
bes mit seinen Richtern zu theilen, so wird ihm
wohl noch das Uebrige gerichtlich zugespro-
chen. Wittwen und unmündige Waisen sind am
meisten solchen Räubereien ausgesezt, weil sie am
wenigsten im Stande sind, Gewaltthätigkeiten
abzutreiben.

Die Richter sind vielleicht in keinem Lande
weniger beschäftigt, als in Ungarn; der größte
Theil des Jahres geht mit Gerichtsferien hin;
nicht mehr als achtzig Tage sind jährlich bei der
Septemviraltafel und hundert und zwanzig bei
der königl. Tafel für die Gerechtigkeitspflege bestimmt; die erste versammlet sich zweimal und

Ue andre dreimal im Jahre; die jedesmalige
vierzigtägige Sitzung heißt ein Termin. Hier
kömmt es vorzüglich auf gute Dukatenrollen an,
um zu wissen, welche Sachen in einem Termine
sollen vorgenommen werden. Wer keine solche
hat um den Richter einen überzeugenden Beweis
der Wichtigkeit seiner Sache zu geben, ist sicher
daß seine Sache auf unbestimmte Zeit, bisweilen auch sogleich auf zwei und dreyßig Jahre zu-
rückgelegt. Daher kömmt daß oftmals ein Pro-
tonotarius in einem einzigen Termine zehn ja
funfzehntausend Gulden mit nach Hause nimmt.

Verschiedne barbarische Gesetze welche die
Geistlichkeit in den finstersten Jahrhunderten des
Aberglaubens einführte, bestehn noch gegenwärtig. Nach einem derselben wird den Laien, der
einen katholischen Geistlichen schlägt, die rechte
Hand abgehauen. Nach einem andern wird
einem Gotteslästerer die Zunge an dem Genicke
herausgerissen und in gewissen Fällen wird
er lebendig gerädert! Und eines solchen
Verbrechens macht sich schon derjenige schuldig,
der die ewige Jungfrauschaft der Mutter Jesu
leugnet!!

Doch genug von diesen die Menschheit enteh-
renden Gräueln; Du wirst schon aus dem kurzen Abriß der Verfaſſung Ungarns erſehen, wie
kläglich es daſelbſt hergehn muß. Nur noch zum
Schluß folgendes:

Der verstorbene Viergespann von Laczko-
vits im Peſther Comitate und der Herr von
Bida, Oberstuhlrichter in einem Bezirke derſelben Geſpannſchaft, ließen durch ihre eignen
Hüter Pferde und Hornvieh aus fremden Geſtü-
ten und Heerden in die ihrigen treiben und gaben
dem Diebe für jedes Stück eine beſtimmte Belohnung. Einer dieſer Menschen wurde im Heveſcher Comitat über einen ſolchen Dießſtahl ertappt
und gab im Verhöre die hohen Richter an, für
die er dieſes Handwerk trieb. Die Heveſcher
Geſpanſchaft kam als Klägerin gegen die Herren
bei dem Peſther Comitate ein. Aber auf einen
Befehl, den ſie von der ungriſchen Hofkanzlei
empfing, mußte der Unglückliche nach Peſth geliefert werden, um ſeine Strafe in ſeiner Hei-
math zu empfangen. Hier wurde er zum Stran-
ge verurtheilt. Seine Frau stürzte ſich bei der

Execution unter die Zuschauer, klagte schreiend
und heulend die Urheber seines Unglücks an und
wurde eingekerkert, während die Execution ge=
schah!! —

Wenn ein Bauer von weitem einen Edel=
mann ihm entgegenfahren sieht, und demselben
nicht geschwinde genug ausweicht, so hält sich
dieser berechtigt, den Unglücklichen auf der Stelle
zu mishandeln oder niederzuschießen; und er be=
zahlt, wenn wegen des Mordes wider ihn ge=
klagt wird, sechs und dreißig Gulden!
Dieselbe Strafe wird gemeiniglich entrichtet,
wenn ein Edelmann auch wegen andren Ursa=
chen einen Landmann tödtet und der Mord
wird mit einer Aufwallung von Zorn entschul=
digt, — ! !

Bürger und Bauern allein bezahlen Contri=
butionen und Steuern; der Adel und die Geist=
lichkeit sind von diesen so wie von allen
Mauthen, und andern Zollgefällen gänzlich
frei. Dazu werden die Abgaben, welche
den niedern Ständen aufgelegt sind, nur

zu oft willkührlich erhöht und von mancher Gemeinde wird mehr als zweimal soviel erpreßt,
als sie eigentlich zu contribuiren hatte. Von
der Anwendung der öffentlichen Gelder erfährt
das Publikum nichts.

Künftig sollst Du den Verfolg des großen
Proceßes weiter hören.

———————

Funfzehnter Brief.

Wien, den 8ten April 1798.

Der Proceß aller dieser Ungarn wurde nun bei der königlichen Tafel *) zu Pesth anhän.

*) Diese königliche Tafel ist ein höheres adliches Tribunal, von dem an die Septemviraltafel appellirt wird. Beide haben ihren Sitz zu Pesth. Bei der ersten sitzen beständig der Personal als Präsident, zwei Prälaten, zwei Barone (Barones tabulae genannt) vier Protonotarien oder Landes-richter die einzigen Referenten, der Präsident des königl. Fiscalamts (Causarum regalium director) zwei königl. und zwei erzbischöfliche Beisitzer — Die zweite die Septemviraltafel, oder das Gericht der Siebenmänner hat seinen Namen von der vormaligen Anzahl seiner Mitglieder. Sie be-steht aus zwanzig Personen, worunter vier Präla-ten. Der Palatin oder wenn kein Palatin gewählt ist, der königl. Statthalter präsidirt bei derselben; in beider Abwesenheit hat der judex Curiae oder ein andrer Reichsbaron den Vorsitz. Von hier fin-det weiter keine Appellation statt.

gig gemacht, und mit großer Eilfertigkeit betrieben, und zwar so daß man ihnen nicht einmal
die Zeit ließ, sie gehörig zu vertheidigen; man
behandelte sie schon völlig als überwiesene Verbrecher, welches Dich nun, da Du in etwas die
Verfassung der ungrischen Gerichtshöfe kennst,
sehr wenig wundern wird. Nach einigen Debatten, erschien am 19ten Mai 1795 folgendes Urtheil:

»Ignatz Joseph Martinovics gewe-
»sener K. K. Rath, Abt zu Szazvar u. s. w.
»uneingedenk aller ihm zugeflossenen Allerhöchsten
»Gnaden da er das vergangene Jahr eine der
»ruchlosesten Verschwörungen zu Pesth seinem
»Geburtsorte angezettelt hat, vermöge welcher
»er eine völlige den barbarischen Grundsätzen der
»Franzosen ähnliche Revolution in seinem Vater-
»lande hervorbringen wollte, deshalb mehrere
»Gesellschaften stiftete die die ruchlosesten und got-
»tesvergessensten Grundsätze enthielten und sich des-
»halb untergeordneter Aufseher und Mitwirker
»wählte, soll aller dieser überwiesenen und hin-
»länglich untersuchten Verbrechen wegen, seines
»Amtes und seiner Würden entsetzt, seines Ver-

„mögens beraubt, mit dem Schwerdte öffentlich
„hingerichtet werden.

Seine Mitverbundenen Helfershelfer

Joseph Hainoczy

Johann Laczkovics

Franz Szentmariay und

„Graf von Sigray ebenfalls derselben
„Verbrechen überwiesen, sollen gleichfalls mit dem
„Schwerdte hingerichtet werden und andern zum
„warnenden Beispiele dienen."

Wirklich hatte die Hinrichtung am folgenden
20ſten May zwiſchen 6 und halb 8 Uhr Morgens
unter dem Zulaufe einer Menge Perſonen ſtatt.

Martinovics wurde als Geiſtlicher erſt
förmlich in der Kirche aus dieſem heiligen Stande geſtoßen, welches in Ungarn, ſo wie ir allen
acht katholiſchen Staaten eine der ärgſten Strafen iſt, die einem Gläubigen widerfahren kann,
denn nach ihnen fährt ein ſolcher lebendig
zur Hölle. Die Ceremonie geſchah durch einen
Biſchof in der Kirche zu Peſth unter dem Zulauf
einer Menge Volks, wovon einige gewiß den
leibhaftigen Gott ſey bei Uns! mit ſeinen
Krallen, ſeinem Pferdefuß und Schwanze zu

ſehn bekommen glaubten, wie er ſo die arme
Seele des Gerichteten abholen würde. Martinovics blieb ſtandhaft, kalt und gelaſſen und hielt
die 2ſtündige Ceremonie zum Erſtaunen der ver-
ſammleten Menge mit einem Anſtande und einer
Würde aus, die ihn noch im Grabe ſeinen Freunden theuer und der Nachwelt ehrwürdig ſeyn
muß. Nur vor dem Händewaſchen des Biſchofs,
nachdem dieſer heilige Mann den Fluch der
Kirche über ihn ausgeſprochen hatte, überfiel
ihm eine Todtenbläſſe, wahrſcheinlich wegen des
lange Stehens und der angeſtrengten leidenden
Aufmerkſamkeit; er forderte ein Glas Waſſer
und hielt nun muthig die Ceremonie aus.

Auf den Richtplatz hatte er die Standhaftigkeit ſeine vier intimſten Freunde vorher hinrichten zu ſehn. Als man den Grafen S i g r a y
den lezten vor ihm, hinrichtete, hieß der Scharf-
richter z w e i m a l; es war grade ſein Buſen-
freund; er ſah ihn ſo jämmerlich zugerichtet,
ſeine Standhaftigkeit verließ ihn, — er fiel in
Ohnmacht! — Kaum zu ſich gekommen, ſah er
den noch rauchenden Leichnam des Freundes,
raffte ſich zuſammen, ſtieg auf das noch mit dem

Blute seiner Freunde befleckte Gerüst, betrachtete
die erstaunte Menge der Tausenden seiner Mitbürger mit mitleidsvollem aber ruhigem Blick, und
reichte so seinen Nacken dem Schwerdte des Henkers hin, ohne zu leiden daß man seinen Kopf
hielt, noch ihm die Augen verband! —

Ueber diese Hinrichtungen ward folgende
Nachricht in der Wiener Zeitung Nr. 42 vom
27sten May 1795 bekannt gemacht:

„Ignatz Joseph Martinovics, gewesener K. K. Rath, und infulirter Abt von Szazvar, uneingedenk aller ihm zugeflossenen allerhöchsten Gnaden, zettelte das vergangene Jahr
eine der ruchlosesten Verschwörungen zu Pest,
in seinem Geburtsorte an, wählte zu diesen
schwarzen Absichten untergeordnete Aufseher
und Mitwirker, nähmlich den ehemahligen Hof-
Kammer-Sekretair, Joseph Hainoczy, den
ausgetretenen Rittmeister, Johann Laczkovics, den Franz Szentmarjay, und den
Supernumerar-Beysitzer der Distriktual-Tafel
zu Günß, Grafen Jakob Sigray. Und nachdem er sich zum Haupt der Verschwörung aufgeworfen hatte, verband er sich mit seinen Spießgesel-

len um mit vereintgten Kräften fein gottlofes Unternehmen weiter auszubreiten, die Grundfefte des
Staats, die Gefeße umzuwerfen, den Thron
und die königliche Macht umzuftürzen, die öffentliche Sicherheit zu untergraben, das Leben
fowohl, als das Eigenthum unzähliger Menfchen
auf das Spiel zu feßen, und die Grundfäße der
Religion fowohl, als der bürgerlichen Ordnung
zu zernichten. Diefer durch eigene Geftändniffe,
und unumftößliche Urkunden erprobten, mit dem
Lafter der beleidigten Majeftät verbundenen, und
gegen den Staat begangenen Verbrechen halber,
find, obbemeldte Staatsverräther, den hierüber
beftehenden Landesgefeßen gemäß, zum Tode
verurtheilet, und andern zum warnenden Bey-
fpiele, fich aber felbft zur wohlverdienten Strafe,
mit dem Schwerdte hingerichtet worden." *)

Mit diefen Hinrichtungen aber begnügte fich
die geheime Polizei noch nicht; es wurden neue
Schlachtopfer ausfpionirt und feftgefeßt, die alle
zu der Gefellfchaft der Freiheit und Gleichheit
gehören und an einer ungarifchen Revolution gearbeitet haben follten.

*) S. Wien. Zeit. Nr. 42. J. 1795.

Diese Arretirungen geschahen zu Pesth, Lemberg, Ofen und einigen andern Städten dieser Provinzen, so daß man einige funfzig Personen und drüber in die Gefängnisse als Staatsgefangene vertheilte. Darunter waren Leute von allen Ständen, 17 Edelleute, 5 catholische Priester, 4 Advocaten, mehrere K. K. Beamte und einige angesehene Bürger die alle eingezogen wurden.

Einer unter ihnen, der an der Spitze der andern Branche der Verschwörung in Ungarn stand Namens M... that folgendes: Als er arretirt werden sollte und der K. K. Hauptmann zu ihm ins Zimmer kam, that er ganz unbefangen, als wenn er von nichts wüßte und sprach eine ganze Zeitlang sehr munter mit ihm. Als der Hauptmann ihm seine Arretirung verkündete, bat er um Erlaubniß eines gewissen Bedürfnißes wegen einen Augenblick abtreten zu dürfen, ging in ein Seitenzimmer und schrieb schnell folgende Worte: Ob ich gleich weiß daß wir sterben müssen, so wird doch unser Zweck gewiß erreicht werden. — Er ergriff nun eine Pistole und erschoß sich! — Die her

beeilende Wache fand ihn in seinem Blute
schwimmend.

Ihr Proceß war bald instruirt, aber ihr Ur=
theil lautete verschieden, je nachdem sie mehr
oder mindern Antheil an der Verschwörung des
Abt Martinovics genommen, seiner Person
mehr oder wenigere Anhänglichkeit bewiesen,
mehr oder wenigere Feinde unter den Richtern
hatten, die aber selbst freilich nicht frei waren,
sondern auch befürchten mußten, ähnliche Stra=
fen zu erleiden, wenn sie diese Unglücklichen
nicht schuldig fänden.

Sieben von diesen Ungarn wurden bald dar=
auf mit dem Schwerdte hingerichtet; Andre zu
lebenslänglicher, andre wieder zu 10, 20, 30
und mehrere auch wenigere Jahre Festungsarrest
verurtheilt und schmachten noch jezt in den
scheußlichsten Kerkern zu Munkátsch, Kufstein,
Pleß, Ollmütz und auf dem Spielberge. Eini=
ge blieben mehrere Monate im Gefängniße und
wurden nach diesem wieder los gelassen, doch,
diese waren leider sehr gering an Zahl.

Am 3ten Juni 1795 sollten noch 13 ihrer
Mitschuldigen hingerichtet werden, allein nur

zwei davon wurden geköpft, die übrigen auch
mit Festungsarrest belegt.

Während diese Gräuel in Ungarn vorgingen,
ward auch die geheime Polizei zu Wien selbst
unternehmender und dreister in ihren Arretirun=
gen. — Auf den §. 2. des Dekrets vom 2ten
Januar 1795 gestüzt, ließ sie Alles arretiren,
was nur im mindesten verdächtig seyn konnte oder
vielmehr, sie suchte alle diejenigen schuldig zu
finden, die das Unglück hatten, diesem oder je=
nem Minister, Polizeicommißar, Direktor,
Spion u. dgl. m. zu mißfallen, die sich das min=
deste nur irgend auf diese geheiligten Personen
Bezug habende und Mißbilligende merken ließen.

Im April desselben Jahres wurden deshalb
noch 17 Personen als Mitschuldige an der Ver=
schwörung des Martinovics und Hebenstreits:
eine Revolution in den K. K. Staaten zu be=
würken, hier in Wien arretirt.

Man kann sich leicht einen Begriff von der
Unrechtmäßigkeit dieses Verfahrens dadurch ma=
chen, daß alle Arretirungen des Nachts in der
tiefsten Dunkelheit und Verschwiegenheit gescha=
hen. Man verbot den Gefangenen bei Le=

E e

bensstrafe nicht zu schreien, noch den gering=
sten Lärmen um Hülfe zu machen; das Schlacht=
opfer wurde ohne Barmherzigkeit von der Seite
seiner trostlosen Gattinn gerissen, dieser selbst
unter gleicher Strafe verbothen, das geringste
Aufsehn zu erregen und so führte man den Ge=
fangenen unter Schluchzen und Jammern seiner
Angehörigen ins Gefängniß, in welchem
er bis zu Ende seines Processes blieb und dann
entweder zu einer Festung oder zum Richtplatz
geführt wurde.

Der zweite Beweis wie willkührlich und grau=
sam die geheime Polizei verfährt, ist der, daß
ein jeder Richter, Geschworne, Commißar, Di=
rektor oder andre Agent dieser Inquisition bei der
Antretung seines Dienstes die größte Verschwie=
genheit unter Androhung der härtesten Strafen
versprechen muß; deshalb hat auch jeder Polizei=
beamte, Spion oder andre Agent der geheimen
Polizei die heimliche Anweisung, unter der Hand
auf das Betragen, die Reden, Gebehrden, Mei=
nungen und Aeußerungen seiner Collegen zu sehn,
damit sie ihre Pflicht ja treulich beobachten.

Hier haſt Du die Pflichten der Spione der geheimen Polizei, ſo wie ſie mir N. mit der Verſicherung aufgezeichnet hat, ſie kämen aus guter Hand.

1ſte Pflicht. Traue keinem Menſchen, viel weniger deinen Collegen und Mitgehülfen.

2te Beobachte, höre und merke auf Alles, ſage aber keinem etwas davon, als der Behörde.

3te Hörſt Du etwas zweideutiges, ſo lege es auf die ſchlechteſte Seite aus; denn es iſt beſſer zehn Unſchuldige anzugeben, als einen Schuldigen entwiſchen zu laſſen.

4te Nimm bei dieſen Aeußerungen keine Rückſicht auf Blutsverwandſchaft, Freundſchaft, Empfehlung oder Verbindungen jeder Art, habe bloß das Beſte des Staats und des Landesherrn vor Augen.

Ihre 5te Pflicht endlich heißt: Wende alle Mittel an, Schuldige zu finden oder Geſtändniſſe aus ihnen herauszukriegen.

Wer dieſe hölliſchen Pflichten erdacht hat, iſt gewiß in der Geſchichte der Inquiſition ſehr bewandert geweſen; denn bei Durchleſung derſelben fallen einem ſogleich die Sbirren und die

andren Diener dieses geistlichen Tribunals bei,
die als blinde Werkzeuge den wüthenden Schü-
lern des heiligen Dominicus das waren, was die
Spione der geheimen Polizei den Chefs sind. —

Aus dem kurzen Verzeichnisse der Pflichten
dieser Spione kannst Du Dir einen ohngefähren
Begriff von den Menschen mit welchen man
in der geheimen Polizei zu thun bekömmt, machen und Dir leicht vorstellen, daß ein solches
Institut wohl nicht auf eine legale Art bestehen
könne. — Auch sind keine Menschen geschicktere
Advocaten, um die verwickelsten Fälle, Streitigkeiten oder Processe ausfindig zu machen, als
die Polizei-Commißaire. — Eine Miene, das
geringste Wort, die kleinste Verlegenheit oder der
mindeste Widerspruch in dem Verhöre der Gefangenen wird verdächtig; die Beschuldigung,
sie mag noch so ungereimt seyn, ist erwiesen, der
Angeklagte ist schuldig, wird verurtheilt hingerichtet zu werden, oder im ewigen Gefängnisse
zu schmachten.

Freilich giebt es unter den Polizei-Commi-
ßaren auch hin und wieder brave und redliche
Menschen; doch aber sind diese selten zu finden

und im Ganzen genommen iſt ihr Betragen kalt,
zurückhaltend, finſter, rauh, grauſam und rach=
ſüchtig, ſelbſt gegen ihre vertrauteſten Freunde
ſehr behutſam.

Obgleich das Verbot der Geheimhaltung Alles
deſſen, was bei dieſem Tribunale vorginge, ziem=
lich beſtimmt und ſcharf war, ſo trauten doch die
Obern der geheimen Polizei die Geheimhaltung
dieſes großen Proceſſes ihren Unteragenten nicht
zu; ſie erließen deshalb ein eigenes ſehr ſtrenges
Reſcript, das an die Richter, Geſchwornen,
Commißare, Beiſitzer und an andre Agenten ge=
richtet war, die bei dieſem Proceß vorzüglich ge=
braucht wurden. Es wurde darinn bei Caſſation,
Gefängniß, ju nach den Umſtänden bei To=
desſtrafe verboten, irgend etwas zu Günſten der
Gefangenen zu ſagen, noch zu thun, vielweniger
das Gehörte im Publiko zu verbreiten. — Das
Reſcript ſelbſt iſt äußerſt ſelten und mit aller Mühe
die N. ſich gegeben hat, es uns zu verſchaffen,
iſt es ihm nicht gelungen, da man die größte
Behutſamkeit anwenden muß, dergleichen Sachen
nur zur Mittheilung zu fordern! — Du kannſt Dir
leicht vorſtellen, daß man alle dieſe Schrif=

ten nicht in den Buchläden findet. — Dies
Verbot war aber noch nicht genug! — Den wenigen
Gefangenen, die nach einigen Monaten heraus-
kamen, um entweder deportirt oder gänzlich auf
freiem Fuß gesezt zu werden, schärfte man bei ihrer Loslassung ein, unter Androhung der härtesten Strafen keinem Menschen etwas von dem
Gehörten, Gesehenen, Erfahrnen mitzutheilen,
es sey unter was für einem Vorwande
es immer wolle!

Zwei Umstände waren bei diesem großen
Proceße, der noch tägliche Arretirungen veran-
laßte, äußerst merkwürdig.

1) Die Absezung mehrerer Beamten in Ungarn und

2) Die Standeserhöhung des Grafen Franz
von Saurau.

Beide Partheien hatten sich um die Menschheit verewigt. Erstere wurden wahrscheinlich deßhalb abgesezt, weil sie nicht ganz nach dem Willen ihrer Vorgesezten bei dem großen Proceße
der Staatsverräther gehandelt hatten und Lezte-
rer deshalb erhöht, weil er nur zu thätig die so-

genannten Staatsverbrecher verfolgte und wichtige Dienste dabei leistete. —

Während dieser inquisitionsmäßigen Verfol-
gung ging Kaiser Franz mit seiner Gemahlinn
und seinen Kindern wie vorher fleißig in den
Kirchen seiner Residenz, sang, betete, hörte
Messen an, verrichtete nebst seiner Gemahlinn
der Kaiserinn die Fußwaschungen an 12 alten
Weibern und 12 Männern, dem hergebrachten
Gebrauche gemäß regelmäßig alle grüne Donners-
stage und ließ einkerkern, verurtheilen und hinrichten, ohne daß er sich im Geringsten darum
bekümmerte. — Wenn man ihm etwas davon
sagte, so sprach man dem schon vor Unruhen und
Revolutionen so furchtsamen Franz von Verschwörern gegen seine geheiligte Person, gegen
die Sicherheit des Staats, gegen seine Unterthanen
vor, die nichts weniger zum Zweck hätten, als
seinen kaiserl. königl. Thron zu untergraben und
die ganze östreichische Monarchie in einen Aschen-
und Leichenhaufen zu verwandeln. Schnell ergriff dann der geängstigte gute aber schwache Monarch die Feder und unterschrieb Hofdekrete,

Edikte, Mandate, Einziehungs- und Todesurtheile, soviel man deren nur haben wollte!

Manches unschuldige Blut und die Freiheit
vieler Hunderte wäre verschont, so viele tausend
Thränen weniger vergossen worden, wenn Kaiser
Franz strenge aber gerecht gewesen wäre. —
Allein — auch er ist wenigstens in etwas zu entschuldigen. Von Höflingen, Vertrauten und Ministern
umgeben, deren Religion getäuscht oder deren Leidenschaften zu mächtig waren, um die Stimme der
Vernunft zu hören, ließ sich der schwache Franz
von ihnen ganz leiten, sprach, dachte und handelte durch sie und glaubte nur Gerechtigkeit da
widerfahren zu lassen, wo er mit einem Feder-
strich mehrere Unschuldige ja ganze Familien auf
ewig unglücklich machte. So also ward Franz
getäuscht, er verfolgte wo er hätte schützen, er
tödtete wo er hätte ins Leben wieder zurück rufen
sollen, und dies Alles nicht durch sich selbst, nicht
nach seiner vollkommnen Ueberzeugung, sondern
durch Andre!

Aber Euch ihr Wüthriche, die ihr verkappt
und ungestraft so viele unschuldig Ermordete, so
viele in vermodertem Kerker schmachtende

Schlachtopfer eurer Wuth und eures heuchleri=
schen Patriotismusses opfertet, sprecht, seyd ihr
zu entschuldigen, habt ihr aus Unwissenheit, aus
zu großem Eifer für die g u t e S a c h e (wie ihr
sie zu nennen beliebt) gefehlt, euch übereilt.
Wollte doch der Himmel, ihr könntet dies mit
reinem Gewissen sagen, wenigstens wäre noch
Hoffnung zur Befreiung der noch izt so zahlrei=
chen Schlachtopfer übrig, wenigstens würde die
Menschheit, unser Jahrzehend sich nicht vor
dergleichen Unmenschen zu schämen haben! —
Doch, ich lasse mich zu sehr hinreißen! — Ich
gehe wieder zur Geschichte der Polizei über.

Im August des in den Annalen der gehei=
men Polizei im Oestreichischen ewig denkwürdi=
gen 1795sten Jahres wurden noch f ü n f Unglück=
liche verurtheilt, drei Tage hindurch auf der
Schandbühne zu stehen, und sechzig Jahre lang
in eine Festung als sogenannte Staatsverbrecher
eingesperrt zu werden. Die vornehmsten davon
hießen:

A. P r a n d s t ä t t e r, ehemaliger Magistrats=
rath, ein junger Mann von vielen Talenten, der
sich auch als Dichter rühmlich bekannt gemacht

und den besten Ruf mit den liebenswürdigsten Eigenschaften verband.

Der Baron von Riedel, der einen Gnadengehalt von 2000 fl. genoß und sehr gute Kenntnisse besaß. Er ward vorher seines Adels und seines Gehalts für verlustig erklärt, dann 3 Tage lang auf der Schandbühne auf dem öffentlichen Markt gestellt und 30 Jahre auf eine Festung geschickt.

Feline, Privathofmeister bei einem Edelmanne zu Wien und ein guter Freund von Prandstätter; noch ein junger Mann von großen Talenten.

Prandstätter war auf den Punkt sich mit einem liebenswürdigen und geschäzten jungem Frauenzimmer zu verbinden, deren Eltern zu Wien lebten, als er arretirt ward. Du kannst Dir leicht den Schreck dieses unglücklichen Mädchens vorstellen, die nun ihren Geliebten auf einmal von sich gerissen, lebendig begraben und vielleicht auf ewig unglücklich sehn mußte! Sie und ihre rechtschaffnen Eltern versuchten Beide alles mögliche zur Rettung des jungen Mannes zu versuchen; man ließ ihnen aber unter der Hand zu verstehen geben, daß wofern sie sich im Geringsten um den Gefangenen bekümmerten, nur das Mindeste gegen die geheime Polizei unternähmen, sie Alle insgesammt auf Zeitlebens unglücklich seyn würden. — Man umringte sie nun mit

Spionen, die auf die geringste Miene, auf den
kleinsten ihrer Schritte Acht haben mußten.
Wehe ihnen wenn sie sich hätten etwas merken
lassen! — !

Das Ende dieser großen und furchtbaren Untersuchung war, daß viele dieser Unglücklichen
zum ewigen Gefängnisse, Andre verbannt, Andre
gehenkt, geköpft und erschossen, noch Andre nach
Ungarn abgeführt und dort mit dem Schwerdte
hingerichtet wurden!

Die Unruhen und die Unzufriedenheit die
durch diese Menge von Arretirungen erregt wurden, nahmen täglich zu, allein auch die Spionerei;
denn wo die Spione nur irgend einen Verdächtigen angeben konnten, der wurde des Nachts aus
seinem Bette geholt und ins Gefängniß geschleppt.

Man beobachtete aber jezt eine ganz andre
Methode; man war nemlich weit verschwiegener
als ehemals; man hob die bei der Polizei Ange-
gebnen des Nachts heimlich auf, hatte sogleich
Soldaten oder Polizeibeamte bei der Hand die
den Delinquenten in Fesseln legten, und ihn in
einem bereitstehenden Wagen nach irgend einer
Festung schleppten, so daß kein Mensch weiter,
sowohl von seinen Mitbürgern noch von seinen
nächsten Verwandten, Angehörigen und Freunden
wußte, wo er geblieben noch wo er hingeführt
war, bis es der geheimen Polizei gefiel, ihn entwe-

der loszulaſſen, oder ihn Zeitlebens nach Umſtän=
den in der ſtrengſten Gefangenſchaft ſchmachten ließ.

Dies nennt man hier zu Lande: das h e i m =
li ch e Verſchw in d e n einer Perſon. — Jeder
der nur etwas mit dem Verfahren dieſer geheimen
Polizei bekannt iſt, weiß, daß ich dreiſt behaupten
kann: Es ſeyen, von der Beendigung dieſer
großen Unterſuchung an, bis auf die Ankunft des
Generals Bernadotte, unſers Geſandten zu Wien,
wenigſtens ein p a a r h u r d e r t L e u t e
auf d i e ſ e Art in d e r ganzen öſt r e i ch =
ſch en M o n a r ch i e verſchwunden! —

Da haſt Du die Geſchichte der geheimen Po=
lizei ſo weit ſie mir unſer gute N. mitgetheilt
hat. Er verſpricht mir in ſeinem lezten Briefe
die Fortſetzung derſelben, die ich Dir auch künf=
tig mittheilen werde, ſobald ich ſie von N. be=
komme. Dieſer Theil allein ſchon wird Dich
hinreichend überzeugen, wie willführlich, ab=
ſcheulich und himmelſchreiend ihr Verfahren iſt.
Jeder rechtliche und brave Mann, mit dem ich
hier Gelegenheit hatte zu ſprechen, ſeufzt über
das Schändliche dieſes Verfahrens, doch n u r
im Stillen; Niemand wagt es öffentlich und
laut ſeine Mißbilligung darüber zu erkennen zu
geben, daſſelbe Schickſal würde ihn treffen.

In vier bis ſechs Wochen hoffe ich meine
Geſchäfte hieſelbſt beendigt zu ſehn und dann ein
Mehreres mündlich,

Sechzehnter Brief.

Wien, den 15ten April 1798.

Sonderbare und sehr beunruhigende Ereignisse haben sich hier zugetragen; Bernadotte und wir Alle sind in seiner Person gröblich beleidigt worden; der Gesandte ist äußerst aufgebracht und hat schon um einen Paß angehalten, um abzureisen. Du kannst Dir leicht denken, daß ich und mein Cousin und mehrere andre Franzosen nicht länger hier bleiben werden, deshalb spare ich Dir das, was den Gesandten und diesen Vorfall betrifft, bis zu meiner Rückkunft auf; dann werde ich Dir Alles sehr detaillirt erzählen; Du wirst es gewiß mit vielem Interesse hören.

Heute bin ich nur kurz, mein Brief geht mit
der Post und meine Geschäfte lassen ein längeres
Schreiben nicht zu. Leb wohl. *)

*) Das Publikum wird wahrscheinlich auch begierig
seyn, diesen Vorfall aus dem Munde eines Au-
genzeugen und eines Freundes von Bernadotte zu
hören. Der Herausgeber und Uebersetzer dieser
Briefe ist im Stande, dieselbe dem Publiko mitzutheilen. Da aber dieser Band schon ziemlich stark
angewachsen ist, so verspricht er diese Erzählungen
nebst einer skizzirten Lebensbeschreibung des Generals
Bernadotte und der Fortsetzung der Geschichte der
geheimen Polizei zu Wien, die nur als einen Ver-
such anzusehn ist, in einem zweiten Theile, wenn
nemlich das Publikum dieses erste Bändchen gut
aufnimmt. — Das französische Original wird
auch nächstens erscheinen.

Wichtige

Wichtige Druckfehler,

die vor der Lesung des Buches bemerkt werden müssen.

***

Seite 9 Zeile 11 ließ — in dem im Jahre 1787
— 19 — 7 ließ — dieser wäre
— 28 — 11 — Armuth und Elend gebracht hatte —

Ibid. Note Zeile 1 in welchem die kaiserliche
— 31 — 15 auf dem Thron
— 33. — 3 und folgende müssen heißen:
der goldnen Dosen, und andern schönen Sächelchen der Art, das gewöhnliche Steckenpferd der
regierenden Herren die mit Zueignungsschriften
mancherlei Calibers beehrt werden bekam unser
Jacobinerritter höchst selten, oder gar nicht, ob
er gleich sehr darnach angelte. Leider ist die
Sucht Dedikationen zu verfertigen, in Deutschland fast allgemein eingebrochen und viele Gelehrte und Nichtgelehrte wissen ihrem nagelneuen

)(

Geistesprodukte keinen beſſern Werth zu geben,
als wenn ſie es einem Geſtrengen, Allerdurch-
lauchtigſten, Großmächtigſten Landesfürſten und
Herrn mit der Unterſchrift: Ich erſterbe
Ew. ꝛc. alleruntertänigſter Knecht,
in tiefſter Devotion verehren! (Welche Schande
für die Menſchheit!) Dies thun die Mehrſten
unter dieſen Herrn nicht aus Ehrfurcht oder aus
Dankbarkeit, daß ſie ſich ſo öffentlich am Pranger ſtellen, nein — ſie thun es aus Ehr- und
Habſucht! — Ein Ring, eine ſchöne Tabatiere,
eine goldne Uhr, hundert Dukaten oder Louis-
d'or, — oder die vermeintliche Ehre in den öffentlichen Blättern auspoſaunt zu werden, das
iſt ihr Zweck, der ihnen auch oft genug gelingt,
wie wir dies vorzüglich bei der Kaiſerinn Catharina II. ſahen! — Al. Hoffmann aber wurde
oft ſehr kärglich abgeſpeiſt — Schon 1791 kündigte er ꝛc. — (ſ. unten p. 33.)

Seite 70 Zeile 3 aus dieses Priesters Munde
— 70 — 7 v. unten Kriegssteuern zu
— 71 — 2 umgiebt, mit solcher Kunst
Ibid. —— 3 Zweck verfehlt
Ibid. —— 7 St. Stephanskirche
— 74 — 7 v. unten einen Vorzug
— 80 — 7 es selbst ist
— 82 — 3 sogenannter Staatsverbrecher
— 96 — 14 geheime Polizei nach Würden
                     zu benennen
— 100 — 7 als Staatsgefangenen
— 103 — 14 so öffentlich
— 108 — 9 von unten seine Minister
— 136 — 11 zeigte
— 186 — 11 und 13 an Ihnen
— 187 — 8 v. unten bei diesem
— 188 — 12 auf der Straße
— 189 — 1 heimlich etwas
— — — 3 Ihnen umdrehte
— — — 9 auf der Schulter
— — — 8 v. unten Verhältniße
— 228 — 6 und 7 v. unten ließ alle andre
                  vernünftig geschriebene und für
                  sie lehrreiche
— 245 — 10 Bekescher
— 247 — 8 v. unt. andre Concerte
— — — 2 —— vom Fräulein
— 249 — 3 einer Verbeßerung